丛书编委会

主　　任：张力鸣

副主任：何健明　章才根

成　　员：张力鸣　何健明　章才根　周均悦　丁耀方　倪国君

审　　稿：章才根　丁耀方（义教段部分）

本书主编：魏　巍

本书编委：丁瑞富　王小颖　王宏业　冯冰峰　张先萍
　　　　　褚炳君　魏晓红

（按姓氏笔画排序）

本书主编 魏巍

微课实录丛书

校本课程卷

宁波出版社

图书在版编目（CIP）数据

微课实录丛书.校本课程卷 / 魏巍主编.—宁波：宁波出版社，2017.12
ISBN 978-7-5526-3040-4

Ⅰ．①微… Ⅱ．①魏… Ⅲ．①课程－中小学－教学参考资料 Ⅳ．① G633

中国版本图书馆 CIP 数据核字（2017）第 219983 号

微课实录丛书　校本课程卷

本书主编	魏　巍
出版发行	宁波出版社
地址邮编	宁波市甬江大道1号宁波书城8号楼6楼　315040
网　　址	http://www.nbcbs.com
策划编辑	吴　波
责任编辑	杨　满
责任校对	李　强　赵旭腾
装帧设计	金字斋
印　　刷	宁波白云印刷有限公司
开　　本	787毫米×1092毫米　1/16
印　　张	21.5
字　　数	360千
版　　次	2017年12月第1版
印　　次	2017年12月第1次印刷
标准书号	ISBN 978-7-5526-3040-4
定　　价	39.80元

本书若有倒装缺页影响阅读，请与承印厂联系调换，联系电话 0574-83875165

总　序

宁波市教育局教研室编写了这套《微课实录丛书》，请我写几句话，我没有推辞，因为这是一件有意义的事，值得肯定和推广。

传统的教学论以教师、学生、教材这三个教学要素以及它们之间的关系为主要研究对象，后来的教学设计以教学目标、教学过程、教学评价这三个教学范畴以及它们之间的关系为重要研究对象。因此，长期以来，直接为课堂教学服务的教学资源和教学手段的研究和开发并没有受到一线教师的足够重视。最近几年，现代教育技术在课堂教学和学生自主学习中得到广泛应用、深度融合，不仅深刻影响着教学的发展，影响着教学途径、教学组织形式、教学方式、教学评价的变化，还极大地改变了人们对教学资源和教学手段的现代化的认识。

"微课"是运用信息技术呈现片段教学以及相关背景材料的一类教学形态和资源。由于它具有教学主题突出、问题聚集、时间较短、制作简便的鲜明特点，因而受到越来越多师生的青睐。

宁波市教育局教研室各学科各学段的教研员组织一批优秀教师制作了1500余堂微课，丰富了我市基础教育教学资源。在此基础上，为了帮助一线教师具体、详细了解"微课"的种类、特征、内容组成和制作要求，又将视频资源转化为文字资源，编印了本丛书，包括微课实录、教学设计、教学反思、练习测试与教师点评等内容（各学科有所侧重）。各位教研员为此花费了相当多的时间和精力，几易其稿，精益求精。今天终于与大家见面了。

相信这套源自一线教师,又服务于一线教师的《微课实录丛书》能为广大教师提供切实而有效的帮助。

是为序。

张力鸣

2017 年 3 月

序

  自计算机普及以来，现代教育技术在教育领域开始蓬勃发展，它在教育上的应用给教育事业和教育改革注入了新的生机与活力。近些年，一种新的教育技术——微课在教育界悄悄流行，这种教育形式短小、精悍，满足了移动互联时代学生的学习要求，成为一种新型的教学模式和学习方式。这既是现代技术与教育融合的又一具体表现，也是学习方式和教学方式的变革。可以预见，未来教师将在很多教学环节上使用微课这种教学形式。

  但要让教师普遍使用微课，就需要大量的微课资源，国家课程需要，校本课程更加需要。从这个角度说，本书的出版无疑是有意义的，它包括六十多节微课，共涉及七门校本课程。值得一说的是，这七门校本课程都有一个共同的特点，内容均为传统文化类。手工技能类的内容有上林越瓷风韵（第一章）、灰雕（第二章）、游刃纸海育素养（第四章）、家乡草编情（第五章）；民族戏曲类的内容有甬剧艺术（第六章）、信芳京韵（第七章）；还有具有中国传统特色的益智类体育运动——象棋（第三章）。每门课程都独立成章，每个章节含有八至十个微课，这八至十个微课构成了一个独立的微课程，如果读者能认真读完，对每个课程的目标指向及内容特点都会有一个详细的了解。

  不同于国家课程，校本课程在内容体系和选择上都有其独特性，为了让读者能准确地了解每章微课程与学校开展的课程之间的关系，本书在每个章节后面都附了课程纲要。

编者

目 录

总　序 …………………………………… 001
序 ……………………………………… 003

第一章　上林越瓷风韵

第一节　越窑青瓷的发展历史
……………………………… 徐幼芳 005
第二节　越窑青瓷的种类…… 王小颖 009
第三节　青瓷碎片赏析……… 徐幼芳 013
第四节　越窑青瓷瓯乐……… 王小颖 016
第五节　青瓷的制作工具与工序
………………………………… 王小颖 021
第六节　徒手捏制法——制作快乐的小鸟……………………… 王小颖 025
第七节　泥条盘筑成型法——瓶子的制作……………………… 王小颖 028
第八节　泥板成型法——笔筒的制作
………………………………… 王小颖 032

第九节　模制成型法………… 王小颖 035
第十节　拉坯成型法——瓷碗的制作
………………………………… 王小颖 038
《上林越瓷风韵》课程纲要 …………… 041

第二章　灰雕

第一节　传统灰雕历史……… 王宏业 053
第二节　灰雕传承人介绍…… 王宏业 056
第三节　灰雕工具及材料介绍
………………………………… 王宏业 060
第四节　灰雕制作步骤……… 王宏业 064
第五节　灰雕制作技法……… 王宏业 067
第六节　跳跃的鱼…………… 王宏业 070
第七节　凤凰涅槃…………… 王宏业 074
第八节　灰雕照壁…………… 王宏业 078
第九节　我自民间来………… 王宏业 082
《灰雕》课程纲要 ……………………… 086

第三章　中国象棋

第一节　"战场"——棋盘 …… 汪　丽 095
第二节　"战士"——棋子 …… 汪　丽 098
第三节　摆棋布阵……………… 汪　丽 100
第四节　棋中之王——将、帅
　　　　　　　　　　　　 尤梦楠 102
第五节　贴身保镖——士（仕）
　　　　　　　　　　　　 尤梦楠 105
第六节　以守为攻——相（象）
　　　　　　　　　　　　 卢倩倩 109
第七节　能攻能守——车（車）
　　　　　　　　　　　　 汪　丽 113
第八节　八面威风——马 … 卢倩倩 116
第九节　以攻为守——炮 … 尤梦楠 119
第十节　"有名"小卒（兵） 尤梦楠 122
《中国象棋》课程纲要 …………… 125

第四章　游刃纸海育素养

第一节　三折法——雪花迎春
　　　　　　　　　　　　 魏晓红 136
第二节　民间剪纸中的抓髻娃娃
　　　　　　　　　　　　 徐静佩 139
第三节　小纸作大画……… 魏晓红 143
第四节　剪纸的种类……… 徐建良 147
第五节　同桌的你………… 魏晓红 153

第六节　剪纸的寓意……… 徐建良 158
第七节　找中心…………… 魏晓红 163
第八节　剪纸题材………… 徐静佩 167
第九节　"挂蜘蛛"——青花瓷瓶的剪纸
设计……………………… 魏晓红 173
第十节　剪纸中的鱼文化… 徐静佩 177
《剪纸》课程纲要 ………………… 181

第五章　家乡草编情

第一节　走近家乡草编文化（一）
　　　　　　　　　　　　 张先萍 201
第二节　走近家乡草编文化（二）
　　　　　　　　　　　　 宓春丽 205
第三节　草编花篮………… 余　雯 208
第四节　创意提包（一）… 景旦丹 212
第五节　创意提包（二）… 张先萍 217
第六节　创意提包（三）… 马　上 223
第七节　创意提包（四）… 史群波 226
第八节　创意提包（五）… 景丽芳 230
《慈溪新草编》课程纲要 ………… 234

第六章　甬剧艺术

第一节　蝶衣社课程——冕冠的制作
　　　　　　　　　　　　 盛瑜琤 243
第二节　乡韵社课程——甬剧的慈调和
唱词编配………………… 褚炳君 247

第三节 乡音社课程 —— 宁波方言名词后缀"子、头"的构词学习…… 杨 艳 251

第四节 乡音社课程 —— 甬剧方言数词形式特点…… 杨 艳 254

第五节 新芽社课程 —— 综述甬剧知识…… 张柳栋 257

第六节 DIY社课程 —— 道具火戳枪矢的制作…… 谷明勇 260

第七节 蝶美社课程 —— 甬剧化妆的表现方法…… 陈颖平 264

第八节 蝶衣社课程 —— 盘扣的制作…… 盛瑜琤 267

第九节 舞美社课程 —— 甬剧课本剧《负荆请罪》背景图片的制作…… 韩 琳 269

第十节 蝶舞社课程 —— 甬剧旦角身训组合：台步训练…… 盛瑜琤 272

《少儿甬剧综合课程》课程纲要 ……275

第七章 信芳京韵

第一节 五花八门的京剧行头 —— 盔帽…… 冯冰峰 287

第二节 五花八门的京剧行头 —— 髯口…… 冯冰峰 291

第三节 五花八门的京剧行头 —— 戏服…… 冯冰峰 295

第四节 五花八门的京剧行头 —— 戏服图案…… 冯冰峰 298

第五节 五花八门的京剧行头 —— 鞋靴…… 冯冰峰 302

第六节 五彩的脸谱…… 冯冰峰 306

第七节 京剧四大行当…… 冯冰峰 310

第八节 京剧伴奏乐器…… 冯冰峰 315

《信芳京韵》课程纲要 ……319

第一章
上林越瓷风韵

越窑青瓷是中华民族优秀的文化艺术遗产,有一千多年的历史,内涵深厚,名扬中外。目前,越窑青瓷作为国家级非物质文化遗产,越来越受到国家和地方政府的重视和保护。

慈溪是越窑青瓷的发源地之一,拥有"唐宋瓷都"之美誉的上林湖窑址遗址。慈溪市匡堰镇中心小学地处有着千年历史的越窑故地,周边有越窑青瓷研究所、上林湖越窑遗址等越窑青瓷相关地,有着极其厚重的青瓷文化所积淀的地理优势,这为其开发开设青瓷校本课程提供了有利的条件。经过多年的努力,匡堰镇中心小学开设了《上林越瓷风韵》微课程。

《上林越瓷风韵》微课程由十节微课组成,这十节微课系统介绍了青瓷文化的基础知识和手工制作的基本方法。通过本课程的学习,学生能走进青瓷世界了解越窑青瓷,感受青瓷文化;通过手工制作,学生可以提升动手实践能力及创新精神,提高团队协作能力,促进个性潜能的发展。

十节课由两部分组成,上半部分包括四节微课,系统介绍了越窑青瓷的历史文化。《越窑青瓷的发展历史》讲述了瓷的产生、越窑青瓷发展过程中所经历的四个时期及越窑青瓷的现状;《越窑青瓷的种类》详细介绍了越窑青瓷的六大种类:食具、茶具、卫生用具、文房用具、化妆用具和明器。通过教师解说和对应图片的欣赏,学生能够一目了然。

除了一些博物馆展出和民间收藏家藏有的少量珍贵的古陶瓷收藏品外,现在已很难见到完整而珍贵的古陶瓷。现存较多的是碎瓷片,我们借助碎瓷片上的釉色、纹饰、款字,通过《青瓷碎片赏析》这一课,让学生透过青瓷碎片纹饰的赏析,了解古代越窑青瓷工艺的技术、人文风情。

越窑青瓷瓯乐是伴随着越窑青瓷的产生而衍生出来的艺术表现形式。它随着越窑青瓷的繁荣而繁荣,消亡而消亡。现在越窑青瓷重新在慈溪燃起了熊熊炉火,越窑青瓷瓯乐也再次被人们重视和传承。《越窑青瓷瓯乐》这一课介绍了古代青瓷瓯乐和现代青瓷瓯乐,还有瓯乐乐器的种类及学校的瓯乐小艺术团。

下半部分包括六节微课,介绍了越窑青瓷的常用制作方法。《青瓷的制作工具与工序》介绍了青瓷制作的工具和古代、现代青瓷制作的具体工序。徒手捏制法、泥条盘筑法、泥板成型法是比较容易的制作方法，模制成型法是现代青瓷制作工厂批量生产常用的方法，拉坯成型法是制作越窑青瓷最难的方法。我们在这六节微课中每课用一个典型的物件制作来说明各个方法的技术，学生对制作的流程可以一目了然。

  通过观看学习这十节课，希望学生能对越窑青瓷有一个全方位的认识和了解，能初步学会制作越窑青瓷。希望有更多的人了解、保护和传承越窑青瓷这一非物质文化遗产。

第一节　越窑青瓷的发展历史

慈溪市匡堰镇中心小学　徐幼芳

一、教学目标

1. 介绍瓷的产生与越窑青瓷的发展历史,初步了解越窑青瓷经历的四个时期。
2. 形成积极探索、认真思考的能力,激发学生对越窑青瓷的喜爱之情。

二、教学重难点

重点:了解越窑青瓷经历的四个时期。

难点:激发学生对越窑青瓷的喜爱之情。

三、教学过程实录

(一)直接导入

同学们,今天老师要和大家一起来认识越窑青瓷的发展历史。

(二)瓷的产生

说到瓷器,我们要从陶器开始认识。11700多年前,上古时代的先民们就开始用泥土捏成一些形状,并用火烧制一些陶器。但是陶器有粗糙、不易清洗的缺点,于是我们的祖先不断改进,终于在距今3500多年前的商代中期出现了早期的瓷器。因为其无论在胎体上还是在釉层的烧制工艺上都尚显粗糙,所以将其称为"原始瓷"。1800多年前,真正的瓷器在慈溪上林湖一带被成功烧制。

陶器　　　　　　　　原始瓷　　　　　　　　瓷

（三）认识越窑青瓷的发祥地 —— 上林湖

越窑青瓷是最早的青瓷，因此又被称为"母亲瓷"。古代慈溪上林湖是越窑青瓷的重要产区之一。直到现在，上林湖周边还有很多青瓷碎片，被称为"露天青瓷博物馆"。

（四）青瓷的发展历史

（教师播放青瓷发展历史视频，介绍青瓷经历的四个时期）

1. 发轫期（东汉）

历经夏、商、西周、春秋战国和秦汉近两千年的演进，原始瓷发生了脱胎换骨的变化。东汉晚期，一种全新面貌的青瓷在越窑的故乡产生。它胎质灰白、细腻致密，釉色有青、青绿、青黄等，胎釉结合良好，击之声如金石，这就是最早的越窑青瓷，它的出现结束了陶到瓷的漫长历程。

2. 发展期（三国 —— 隋朝）

三国、西晋是越窑青瓷发展的第一个高峰，产品种类繁多，特别是明器非常丰富，如鸡笼、狗圈、猪圈等。装饰题材和装饰技法多种多样，以动物题材最为普遍和重要。

3. 繁盛期（唐代 —— 北宋中期）

唐代是我国历史上繁荣昌盛的时期。这时，全国经济大为发展，人际交往更加频繁，瓷业得到蓬勃发展,并形成了南青北白的瓷业格局。而上林湖越窑又以其密布的窑群、可观的产量、精湛的技艺成为南方青瓷的杰出代表。

到唐代中期,瓷业进入繁荣时期,根据实际需要新的器物不断被设计出来。茶具、餐具、文具、玩具以及瓶、罐和各类陈设瓷,应有尽有。瓷器的形式新颖多样,造型精美,风格鲜明,生产的规模、产品的质量均超越前代。

许多质量上乘的瓷器开始被上贡朝廷。同时也是从这时开始,越窑青瓷迈出了外销第一步。上林湖出产的越窑青瓷,经浙东古运河、姚江抵达明州港,开始了中国对外文化交流史上伟大的航程。

4. 衰微期(北宋晚期 —— 南宋)

随着吴越钱氏统治的结束,越窑烧制宫廷用瓷的数量锐减,加上北方汝窑等名窑的兴起,到北宋中期,越窑青瓷在跨越了顶峰之后,开始走下坡路。南宋初期,由于朝廷征烧祭器和生活用瓷,促使上林湖寺龙口、低岭头、开刀山一带瓷业生产再度兴旺,出现了一个新的短暂繁荣时期,但好景不长,随着龙泉窑的兴起,越窑终于停烧。绵延千年的越窑炉火,在这里熄掉了最后的火苗。

(五)越窑青瓷的现在

现在,越窑青瓷在慈溪这片土地上,在美丽的上林湖畔,重新燃起熊熊窑火,续写千年前的辉煌。

2001年慈溪市政府邀请浙江省工艺美术大师孙迈华到慈溪市创立越窑青瓷有限公司,恢复并烧制了上百件上林湖越窑青瓷仿制品,以及上林湖越窑青瓷精品"秘色瓷",让失传千年的上林湖青瓷生产工艺"复活"。

越窑青瓷仿制品

秘色瓷

为进一步传承弘扬慈溪青瓷文化,2011年慈溪市成功举办"首届中国(慈溪)上林湖越窑青瓷文化节",为传承弘扬慈溪青瓷文化构建了新平台。此后每两年举行一届,至今已举办两届。

四、小结

同学们,学了今天这一课,你有什么收获吗?你觉得自己可以为青瓷的传承和发展做些什么呢?请把你的感受写下来吧!

第二节　越窑青瓷的种类

慈溪市匡堰镇中心小学　王小颖

一、教学目标

1. 初步了解青瓷的种类，知道越窑青瓷分为食具、茶具、卫生用具、文房用具、化妆用具和明器六大类别。

2. 感知青瓷文化，初步形成青瓷文化的审美情趣。

二、教学重难点

感知青瓷文化，初步形成青瓷文化的审美情趣。

三、教学过程实录

（一）了解青瓷分类

青瓷根据功能可分为六大类：食具、茶具、卫生用具、文房用具、化妆用具和明器。

（二）各类别详解

1. 食具

中国是世界四大文明古国之一。中国饮食文化历史悠久，几乎不逊于中国文明史。在茹毛饮血的原始生食阶段之后，加热成为食物的主要加工方式，食具应运而生。越窑青瓷食具烧造时间长，种类繁多，有罐、碗、盘、钵、魁等。它们在造型、釉色、纹饰上都有不同的发展衍化,折射出越窑青瓷的工艺特征和各时期的社会风尚习俗,对研究青瓷文化和食文化有很高的学术价值。其中,钵是洗涤或盛放东西的器具。魁是用来舀水或舀酒的器具。

罐　　　　　　　　　碗　　　　　　　　　盘

钵　　　　　　　　　魁

2. 茶具

中国茶文化深厚悠长,熠熠生辉。唐代陆羽著的《茶经》把茶和饮茶上升为一种文化,对世界文明产生了深远的影响。越窑青瓷与茶文化密不可分:茶具作为饮茶必备,直接影响茶的质量,而越瓷的色韵与茶之色调相得益彰,堪称茶具中的上品。越窑茶具主要有碗、盏、盏托等,青碧脱俗,优美典雅。

碗　　　　　　　　　盏　　　　　　　　　盏托

3. 卫生用具

卫生用具在人们日常生活中必不可少,是社会发展和文明进步的标志。古时的贵族、商贾之家,对卫生用具极为讲究,不但将其用于满足基本卫生需求,而且用于追求高尚的生活品味。在出土的越窑器物中,无论是虎子、唾盂,还是香薰和洗,都从细微之处显示出富贵名门的尊贵地位,造就了古代家居美饰的别样风景。

虎子:古时候的小便用具

唾盂:古人吐痰、吐口水用的器具

香薰:古时用来焚香的器具

洗:古时候盛水的器物

4. 文房用具

以笔、墨、纸、砚为代表的文房用具是中国传统文化的瑰宝,在书画、诗词领域扮演着重要角色,并随其不断发展成熟,自成一种文化。越窑文具较为常见的有砚、水盂和砚滴。青瓷砚造型简单质朴,体积小巧,不乏特立之处。水盂与砚滴的造型最能体现窑工的匠心独运,蛙形等富有创意和趣味外形的器物,形象生动,富含美好寓意,大雅之中透露出可爱玲珑的气质,可用可赏,别具一格。

砚

水盂

砚滴

5. 化妆用具

化妆是女性自我美化的重要方式，中国古代女子已深谙此道，她们对化妆的重视程度丝毫不亚于现代女性，并且把化妆提高到关系女性身心修养的高度。化妆用具的粗糙或精致代表了个人地位和品位上的差异，因此她们对精美绝伦的化妆用具趋之若鹜。越窑青瓷中最典型的化妆用具当属粉盒和油盒，尤以繁复细致的盒盖纹饰突显出唐宋时期越窑青瓷的精湛工艺和高雅的审美情趣。

粉盒　　　　　　　　　　　　　　油盒

6. 明器

明器，也称冥器，即陪葬器具，有人俑、器物、房屋、亭阁、动物模型等。汉至唐时，明器陪葬之风甚盛。三国、西晋是越窑青瓷明器发展的高峰时期，以动物形象为造型的鸡笼、猪圈、狗圈、羊形烛台、狮形烛台等明器较为常见。集多种动物、人物形象和亭台楼阁造型于一体的堆塑罐，寓示着往生者对世俗的留恋和对来世的向往，体现了这一时期越窑青瓷的最高工艺水准。明器虽是忌讳之物，但留存至今，已成为我们了解祖先丧葬文化的真实素材。

猪圈造型的明器　　　　　　　　　堆塑罐

四、小结

"千峰翠色，人文千年"，越窑青瓷以清润、温雅的特质向世人展示出其独特的风韵。课后，建议同学们去博物馆或网上欣赏更多的越窑青瓷珍品。

第三节 青瓷碎片赏析

慈溪市匡堰镇中心小学 徐幼芳

一、教学目标

1. 在原有认知的基础上,对青瓷碎片上的纹样进行进一步解析和认知,了解青瓷碎片上纹样的分类和装饰手法。

2. 通过对碎片的赏析,能从多种角度欣赏青瓷碎片,感受古代工匠高超的技艺,体会越窑青瓷的文化价值,培养良好的审美观。

二、教学重难点

能正确分辨青瓷碎片上的纹样。

三、教学过程实录

（一）情境导入

仔细观察几张青瓷碎片,说一说,你发现了什么?

观察得真仔细!我们发现,这些碎片表面的纹样都不一样。那么今天这节课,我们一起来认识青瓷碎片的纹样。

（二）初步了解青瓷碎片

唐宋时期的上林湖青瓷,其釉下细线刻划、划写、划画和浅浮雕纹饰以及后来的"半刀技法"图案,因清雅、秀丽而成为青瓷器装饰文化的典范。纹饰内容多样、内涵丰富,从花草虫鱼到龙凤,美不胜收,体现了当时人们的艺术审美观和社会生活的方方面面。

(三)观察并介绍青瓷碎片

青瓷碎片上的纹样分为四大类:动物类、植物花草类、水波云气纹类、人物类。

1. 动物类

可以分为两小类,一类是:龙、摩羯龙、鹦鹉、凤、金鸡。另一类是:蝴蝶、喜鹊、鸳鸯、雁、龟、鱼。

每个图案都具有独特寓意,晚唐时期粉盒盖上有双蝶喜鹊图案,白描式的蝴蝶头上有一对须,身体像蝉一样圆而短,两蝴蝶头相对刻画在同一器底心,样式整齐划一,其寓意为"双蝶(叠)喜临门"。

荷花鱼纹

2. 植物花草类

(1)荷(莲)花类。荷花类又可以分为两小类:"四出"器底荷花纹和器心刻画几条旋曲形分桠放射状荷叶茎线纹。

(2)其他花草纹:牡丹纹、菊花纹、梅花纹。

牡丹纹　　　　　菊花纹　　　　　梅花纹

3. 水波云气纹类

水波纹由五六根细线刻画,每一拨波浪间都以一定的角度斜交,形成起伏波面,或者用一段起伏的短线条表示。云气纹一般作为器物的边缘装饰或点缀图案。

 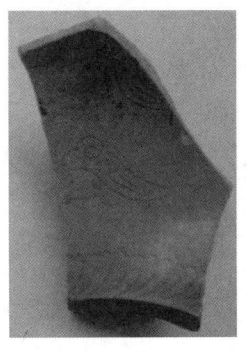

水波纹(钵)　　　　　　云气纹

4. 人物类

自汉晋南朝以来,除了谷仓塑人像外,用线条刻画的人物纹的实物极少,即使在唐宋时期的越窑器中也不多,大多是釉下细线刻画,单独塑像人物很少见。

这张是唐代的"胡人像":圈足,青釉细腻有开片,轮廓式塑像高2厘米;深眼高鼻,双手合掌于胸前,应为膜拜供器。

胡人像

(四)作业练习

上网或去博物馆细细欣赏青瓷碎片上的纹样。

第四节　越窑青瓷瓯乐

慈溪市匡堰镇中心小学　王小颖

一、教学目标

1. 了解青瓷瓯乐,知道瓯乐的由来。
2. 了解慈溪市青瓷瓯乐艺术团,认识青瓷演奏乐器。
3. 感受青瓷瓯乐这种传统音乐艺术的魅力,从小树立学习和传承优秀民族文化的精神。

二、教学重难点

了解瓯乐文化以及熟悉每种演奏瓯乐的乐器。

三、教学过程实录

(一)欣赏瓯乐演奏视频,激发学习兴趣

教师播放《越·瓷风》视频片段,教师同时语言提示:"同学们,让我们先来欣赏一段视频,仔细观察一下,他们使用的乐器与一般的乐器有什么不同?"

这些乐器大都是用青瓷制作而成。我们把这种用青瓷乐器演奏出来的乐曲统称为青瓷瓯乐。

（二）认识古代青瓷瓯乐

1. 古代青瓷瓯乐简介

唐朝有一种叫作击瓯的风尚。其方法是取数个瓷瓯（瓯：古时候类似碗的器具）内注不同量的清水，然后用筷敲击，使之发出高低不同的音调。这种音乐称为越窑青瓷瓯乐，简称"瓯乐"。

2. 古代青瓷瓯乐的兴衰

越窑青瓷瓯乐主要分布在以慈溪上林湖越窑为中心的杭州湾两岸，瓯乐伴随着越窑的发展而盛行。唐宋时期，瓯乐演奏活跃于民间茶楼、酒馆、梨园、乐坊等场所，还出现了郭道源、马处士（仕）等专攻瓯乐的演奏家。然而，由于历史的变迁，特别是越窑的衰落和口传心授传承方式的局限，越窑青瓷瓯乐慢慢地退出了人们的视线。

（三）现代青瓷瓯乐（慈溪市青瓷瓯乐艺术团）

1. 青瓷瓯乐的再次兴起

1998年上林湖寺龙口窑址的发掘，当年被评为全国十大考古新发现之一。出土的越瓯、越盘、越盆、越盅、越杯，特别是越钟、越埙和越鼓等一批青瓷乐器，无疑是音乐考古史上又一新的收获。

2001年11月19日慈溪民族乐团成立以章均立为组长的瓯乐专题科研组，并向慈溪市科委申报了科研项目"唐代乐器——越窑青瓷'瓯'的研究与仿造"，濒临失传的千年瓯乐从此翻开新的一页。

2003年开始，慈溪市委、市政府开始对青瓷瓯乐开展一系列的挽救和传承工作，组建专家团队开展研究。根据上林湖越窑遗址出土的青瓷乐器，成立了慈溪市青瓷瓯乐艺术团。越窑青瓷瓯乐又开始在慈溪这片土地上繁荣起来。

2. 慈溪市青瓷瓯乐艺术团简介

慈溪市青瓷瓯乐艺术团是慈溪市政府重点扶持的文艺表演团体。瓯乐艺术团以青瓷瓯乐为品牌，兼顾歌舞等艺术门类。

自2005年以来,《上林追忆》《越·瓷风》《月下笛》《鸣鹤梦寻》《春晓》等多部青瓷瓯乐文艺作品荣获省级及国家级金奖或大奖。自2009年以来,瓯乐艺术团创作排练了大型瓯乐音画《上林瓷风》、瓯乐《越风瓷韵》两台节目。

瓯乐艺术团曾应邀参加中央电视台民族器乐大赛、进京迎奥运、上海世博会、中国(深圳)国际文博会等重要展演。瓯乐艺术团还多次赴中国香港、中国台湾以及法国等地演出。其深厚的历史文化底蕴及精美典雅的艺术表演,深受观众们的喜爱。

3. 现代青瓷瓯乐演奏乐器的种类

(1)瓷编钟系列:瓷编磬、瓷编钟、瓷管钟等。

编钟是商、周及先秦皇室贵族的宫廷乐器,为八音之首,是古代帝皇权力的象征。唐宋时代,人们曾用青瓷编磬与编钟一起演奏。其造型古朴优雅,音色纯正悠扬。

瓷编磬　　　　　　　　　　　　瓷编钟

(2)瓷埙系列:芦埙、蟾埙、鸟哨、瓷箫、瓷笛等。

瓷埙、瓷笛、瓷箫为旋律型民族吹奏系列乐器。其中瓷(陶)埙是我国最早的吹奏乐器之一,在远古时代作为诱捕禽类的辅助工具,其音色既古朴憨厚,又苍凉忧郁。而瓷笛发声清脆明亮、婉转流畅,给人以轻松欢快之感。

瓷埙与瓷笛

（3）瓷瓯系列：瓷瓯、瓷盘、瓷片琴等。

瓷瓯音域宽广、音色清脆，适用于独奏、合奏，并能与西洋乐器配合演奏。

瓷瓯系列

（4）瓷奚琴系列：瓷奚琴（高、中音）、瓷二胡、瓷中胡等。

奚琴又称胡琴、嵇琴、奚胡、乡胡等。奚琴始于唐代，在唐宋时期，既是拉弦乐器，又是弹拨乐器，两种演奏方法兼而有之。

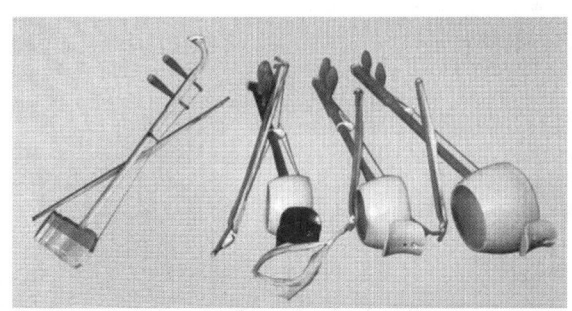

瓷奚琴系列

（5）瓷鼓系列：瓷堂鼓、瓷立鼓、瓷土鼓、瓷腰鼓等。

鼓是原始社会重要的打击乐器之一。鼓的制作材料大多以木框、兽皮为主。唐宋时代人们以青瓷为框，蒙以兽皮，制成瓷鼓，其外形美观，音色浑厚，能较好地保持鼓声的力度。

瓷鼓系列

四、小结

现在，青瓷文化已进入慈溪市的学校，有些学校还专门成立了青瓷瓯乐小艺术团，并聘请青瓷瓯乐艺术团专业教师进行艺术指导。同学们，听了老师的介绍，你一定对青瓷瓯乐有了全新的了解吧！如果你也有兴趣，欢迎来到慈溪市参观，也许会遇到青瓷瓯乐的现场演奏呢！

第五节　青瓷的制作工具与工序

慈溪市匡堰镇中心小学　王小颖

一、教学目标

1. 认识青瓷制作的主要工具，了解古代和现代青瓷制作的过程步骤。

2. 通过图片了解实践操作中的步骤，感受越窑青瓷制作过程的独特魅力，激发对传统文化的热爱之情。

二、教学重难点

掌握每种青瓷制作工具的用途。

三、教学过程实录

（一）直接导入

今天这节课，我们一起来认识青瓷的制作工具与工序。首先来了解一下越窑青瓷制作的工具。（揭示课题）

（二）认识青瓷制作工具

1. 拉坯机：青瓷制品成型的常用设备，主要用于以圆心轴为对称的圆体器皿形拉坯。

2. 转盘：青瓷创作中不可缺少的用具之一，它是制作青瓷作品的工作台。

3. 搭子：一般用木材制成，主要用来拍压泥团，制作泥板，调整坯体的基本形等。

  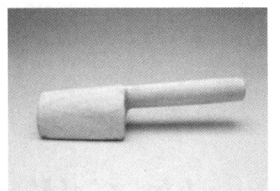

拉坯机　　　　　　　　　转盘　　　　　　　　　搭子

4. 拍子：主要用于打身筒、拍片子、拍口，材料以红木为最佳。

5. 雕塑刀：青瓷塑造过程中不可缺少的工具之一。一般选用黄杨木、竹、塑料、金属等材料制成，按刀头的形状分为尖、圆、平、锯齿四种，按用途分为塑、按、刮、雕、挖、削六种。

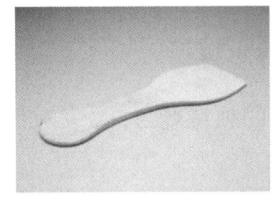  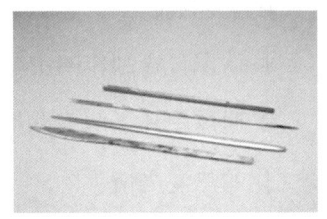

拍子　　　　　　　　　竹制雕塑刀　　　　　　　　金属雕塑刀

6. 挖刀：用于挖空实心器皿，亦可用来使木制品外表平滑。挖刀把手（普通木制）上装置各类外形的金属环，其中圆环用于削去多余的泥料，带角的环用于使器物的外表平滑，如使器皿的平底光滑。

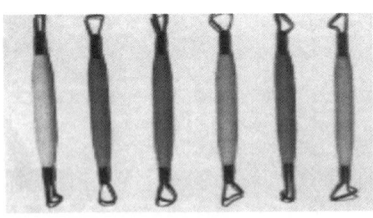 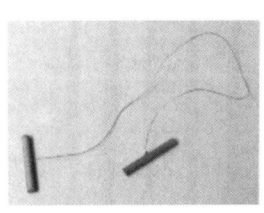 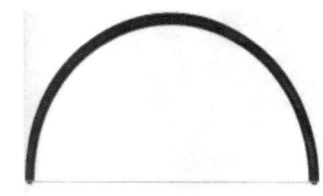

挖刀　　　　　　　　　切割钢丝　　　　　　　　　钢丝弓

7. 切割丝和钢丝弓：泥料加工和陶艺塑造过程中很重要的工具之一，用于切割泥块、泥片，或从拉坯机中切离湿坯等。

8. 擀压棒：主要由圆形木棒或铁管组成，两端有手柄。主要作用是制作泥板，是非常方便和有效的压板工具。

9. 喷水壶：制作陶艺的过程中，特别是制作较大作品时，如不能及时完成作品，为保持泥的湿度或使泥与泥之间更好地衔接，往往会用喷水壶向坯体均匀地喷水，再用塑料布包裹好，以确保作品能长时间的塑造。

10. 其他工具：青瓷制作工具繁多，除以上主要工具外，还有圈尺、角尺、板刀、关坯刀、钳具、锉刀、刮刀、刻刀、篦刀、塑料布、木棒、矩车等，这些都是制瓷的常用工具。每一种工具都有其独特的功能。除此之外，制瓷时往往还需要根据特定的造型要求制作一些不同又非常实用的制瓷工具。

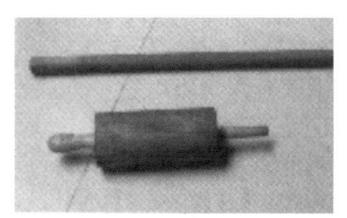
擀压棒

喷水壶

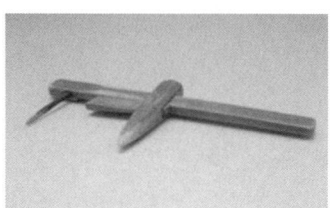
矩车

（三）了解青瓷制作的工序

青瓷的制作有着严谨、科学的工艺流程，工艺性很强，制作一件青瓷作品往往要经过好几道工序，主要包括练泥、做坯、修坯、晒坯、装饰、素烧、施釉、烧窑、出窑等。

1. 练泥：将高岭土经过磨洗、除杂，揉匀后调和成用于制作瓷器的瓷泥。

2. 做坯（包括拉坯和模制）：拉坯和模制是做坯的两种方法。拉坯是指工人熟练地将瓷泥拉成形状不同、高度不等的毛坯；模制是指工人将调制好的瓷泥经过模具塑造制成所需要的瓷器外形。

3. 修坯：将坯凉至半干后置于车盘，用刀旋削表面，保证瓷器外表的光洁，这是一道技术要求很高的工序。

4. 晒坯：将加工成型的坯摆放在木架上晾晒。

5. 装饰：用竹、骨或铁制的刀具在已干或半干的坯体上刻画出花纹。

6. 素烧：将坯体放入800—900摄氏度窑中烧制。

7. 施釉：依照瓷器的几何外形有不同的上釉方式。圆口瓷器将瓷胎浸泡在釉浆中上釉，大一些的瓷器或者形状不规则的瓷器，采用吹釉的方式上釉。无论采用何种方式，最重要的是保证釉浆均匀地分散开。

8.烧窑：现在烧窑主要采用液化气，也有用电的。窑炉里的温度需要达到1300摄氏度以上，将施釉后的坯体置于窑炉中连续烧24个小时，待冷却后，便是完整的青瓷作品了。

9.出窑。

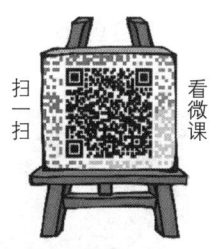

第六节　徒手捏制法——制作快乐的小鸟

慈溪市匡堰镇中心小学　王小颖

一、教学目标

1. 了解有关青瓷制作方法——徒手捏制法。

2. 会运用徒手捏制法设计制作一只小鸟,学会小组合作。

3. 培养良好的动手能力,形成良好的技术素养和审美能力,增强保护鸟类的意识。

二、教学重难点

运用徒手捏制法进行创新制作。

三、教学过程实录

(一)欣赏图片,引出主题

　　你去过杭州湾湿地公园吗?这是我们慈溪市第一个国家级公园,那里不仅景色优美,还生活着许多鸟类呢!让我们一起去看看吧……(结合配音)

这些小鸟可真可爱呀,怪不得古代青瓷大师喜欢把鸟的造型做在器物上。

青瓷鸟首大碗(南北朝)

青瓷鸟型盖盒(五代越窑)

青釉凤头龙柄壶
(唐初青釉瓷器)

今天,我们就要用瓷泥制作一只快乐的小鸟。怎么做呢?我们先来认识一下鸟由哪几部分组成。

(二)观察分析,自主探究

认识鸟的组成部分:鸟由头、身体、脚、翅膀、尾巴五部分组成。

麻雀

(三)教师示范

教师给同学们演示徒手捏制一只快乐的小鸟,步骤如下。

(视频播放结合文字解说)

1. 将瓷泥搓成圆形作为小鸟的头,将瓷泥捏成元宝形作为鸟的身体。

2. 取一块泥板,在泥板上画出小鸟翅膀的形状,然后把它裁下来,用同样的方法再做一个翅膀。用剩下的泥土做一个长条形的鸟尾巴,画上羽毛。

头

身体

翅膀

3. 取一点点泥土,搓成三角形,切出小鸟尖尖的嘴。

4. 取一点点泥土,用揉搓的方式做三个长条,再把这三个长条组合在一起做成小鸟的爪子。用同样的方法做另一个小爪子。

5. 用一点泥土揉成小圆球,做成小鸟的眼睛,再搓出小鸟头上的三根羽毛。

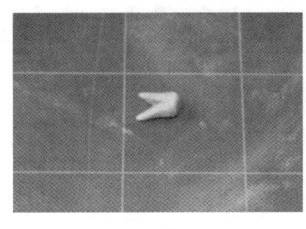 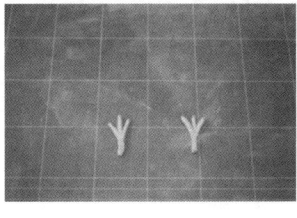 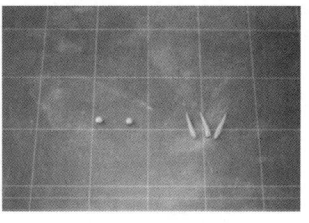

嘴　　　　　　　　　　爪子　　　　　　　　眼睛与羽毛

6. 组合:首先把头和身体连接在一起,用力拨,使头和身体紧密地连接在一起。接着安装翅膀,轻轻拨压,使翅膀和身体紧密地连接在一起,最后把尾巴也装上去。所有连接的地方都要轻轻拨压,使每一个相连的部位都紧密连接在一起。

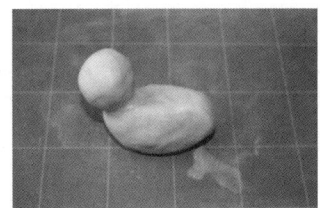 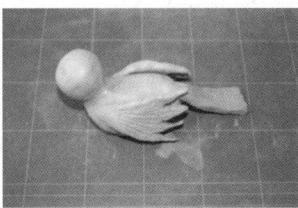 

头和身体组合　　　　头身体尾巴翅膀组合　　　　小鸟

(四)作业练习

用瓷泥以徒手捏制法制作一只快乐的小鸟。

小提示:可以采用夸张的手法,突出所制作的小鸟的特点。

第七节　泥条盘筑成型法——瓶子的制作

慈溪市匡堰镇中心小学　王小颖

一、教学目标

1. 通过欣赏泥条制作的器物图片，激发学习兴趣；通过欣赏视频了解两种泥条盘筑的方法，学习和掌握搓泥条和盘泥条的技法。
2. 能用盘泥条的技法制作一个简单的花瓶。
3. 养成良好的技术素养和审美能力。

二、教学重难点

熟练掌握搓泥条和盘泥条的技法，能制作一个简单的花瓶。

三、教学过程实录

（一）欣赏图片，激发兴趣，导入课题

同学们，我们一起来欣赏下列几张图片吧！请你们仔细观察，它们有什么共同点？

斑马

烟灰缸

果盘

我们发现,这些图片上的东西都是用泥条盘出来的。今天,我们就来学习用泥条盘筑成型法制作一个瓶子。

(二)学习泥条盘筑成型法

泥条盘筑成型法是先将泥土搓成均匀的圆条,再根据所需的造型,一层层叠加或将一根长泥条螺旋式向上盘筑成型。泥条盘筑成型法分为两步,第一步为搓泥条,第二部为盘泥条。怎么搓泥条呢?我们来看看视频。

1. 搓泥条

第一步:取一团泥,先粗捏成长条的形状,放在案板上。

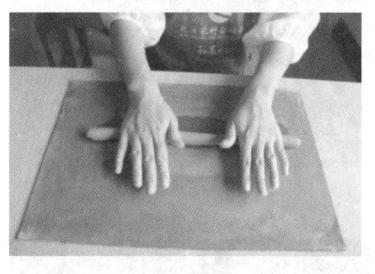

第二步:双手五指岔开,手指和泥成45度,均匀用力,轻轻前后滚动,由掌心到指尖反复操作。

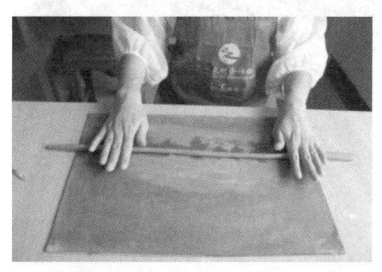

第三步:随着泥条的伸长,泥条由粗变细,双手逐渐向两侧移动。

第四步:搓泥条的过程中,有时用力不匀会把泥条压扁,这时我们可以将压扁的泥条拧成麻花状,继续在案上搓动,即可复原。

通过这些步骤,我们可以获得一条粗细均匀的泥条。

2.盘泥条

泥条搓完后,我们可以盘泥条了。盘泥条有两种方法,第一种是连续盘制法,第二种是单环盘制法。盘条时要认真仔细,下面的泥条不能太细,否则会导致成型立不稳;如果泥条较干则涂上适量泥浆或沾点清水,便于粘牢;在向上盘筑时有可能出现泥条下塌的现象,每连续盘几圈就要稍微调整一下。

连续盘制法的主要步骤如下:

第一步:将搓好的泥条盘在泥片的周边,用手指挤压泥条的内侧使其与泥片黏结牢固。

第二步:第二根泥条接前一根连续盘上,泥条外部也用指尖轻压与底片黏结。注意泥条与泥片之间不可以有气泡进入。

第三步:顺势向上盘起,转动转盘,用指尖将上一层泥条与下层的内外依次挤压粘牢。

单环盘制法的主要步骤如下:

第一步:把泥条盘与泥片旋转一周,独立成行,同样指压泥条内侧与泥片黏结。

第二步:上一层平行盘与下层之上独立层行,指压上层内侧与下层黏结,外部不作处理,保留泥条排列效果。

第三步:每做一层调整作品造型。做敞口造型,需将上层泥条盘与下层偏外一点,依次向上盘起;收口则反之。

第四步:盘完后用水拍拍平。

3. 装饰美化

瓶身做好了,接下来就是要装饰美化了。装饰时,我们可以先用泥条盘出各种图案的造型,然后粘贴在瓶子上或直接刻画。

初始作品　　　　　　各种装饰图案　　　　　　装饰后的作品

(三)作业练习

用泥条盘筑成型法制作一个瓶子,要求作品牢固、美观、有创意。

第八节　泥板成型法 —— 笔筒的制作

慈溪市匡堰镇中心小学　王小颖

一、教学目标

1. 通过黏结不同形状的平板泥片，做出各种规则的或不规则的器物，感受泥板成型法的过程，对现代青瓷的基本表现风格有所认知。

2. 感受泥性，以泥板成型的青瓷制作技法为手段，自由发挥，制作一个青瓷作品，培养动手能力和创造能力。

3. 在玩的过程中，感受泥土带来的乐趣；体会泥板成型法的过程，同时感受现代青瓷作品的魅力，激发学生无穷的创造力。

二、教学重难点

重点：泥板成型的制作技法。

难点：作品的造型。

三、教学过程实录

（一）欣赏图片，引出课题

同学们，让我们先来欣赏几张图片，请你们认真观察，这几张图片有什么共同特点？

(二)探究新知

你们发现了吧,这些物品都是由同一个工具——泥板制成,今天我们就要来学习泥板成型法。泥板成型法是指把泥土碾成或拍成板状,将湿软的泥板进行弯曲、卷合后制成器物的方法。今天我们要用泥板成型法来制作一个笔筒。所需工具和材料:泥团、报纸、泥浆、擀泥棒、雕塑刀等。

泥团　　　　　　　报纸　　　　　　　泥浆

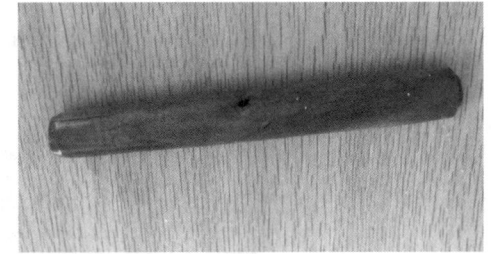 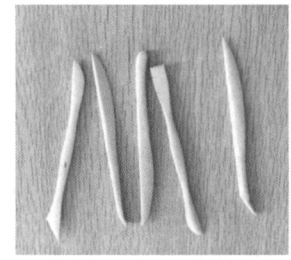

擀泥棒　　　　　　　　雕塑刀

(三)泥板成型法制作笔筒的方法和步骤

1. 制作笔筒的第一步:制作泥板

第一步:把泥团按压在台板上。

第二步:用擀泥棒把泥团碾压成泥板。

第三步:用雕塑刀在泥板上划出一个长方形的泥板。

第四步:剔除多余的泥土,一个长方形的泥板就做好了。

第五步：以同样的方法，做一个正方形的泥板。

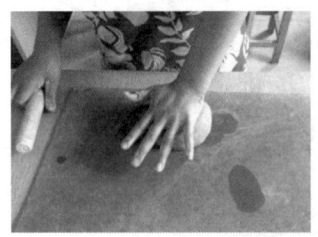

2. 观看圆形笔筒的制作视频

　　取其中一块泥板，将事先准备好的报纸放在泥板边上，放报纸的目的是为了防止卷起来的泥板变形，把泥板卷起来整理成圆柱形作为筒面，用大拇指把泥板的连接处搓平。把筒身放在另外一块泥板上，用雕塑刀划出另外一块泥板的形状，然后用雕塑刀把桶底切割出来。接着在筒底上涂上泥浆，与卷好的筒面黏结并整理好，用手把筒身和筒底紧密地黏结在一起，这样笔筒就初步做好了。为了使笔筒富有个性，我们可以根据自己的喜好对笔筒进行装饰，可以涂上泥浆或将装饰物贴到笔筒上。看，一个漂亮的笔筒就做好了。

筒身和筒底　　　　　　　　　　　　装饰后的笔筒

（四）作业练习

　　用泥板成型法制作一个好看又独特的笔筒，让它陪伴你学习。

第九节　模制成型法

慈溪市匡堰镇中心小学　王小颖

一、教学目标

1. 知道模制成型法有两种,一种为注浆模,另一种为印坯模。了解注浆模成型法的制作过程,感受劳动人民的聪明才智。

2. 了解印坯模的制作,通过学习形成良好的技术素养和审美能力。

二、教学重难点

掌握注浆模制作技法。

三、教学过程实录

(一)直接导入课题

同学们,今天我们来学习青瓷成型的另一种方法——模制成型法。

(二)了解模制成型法

模制成型法是以模具为依托的瓷器成型方法。现在使用的模具一般分为印坯模和注浆模。

（三）认识印坯模和注浆模

1. 印坯模制作过程

第一步：打开石膏模具。

第二步：取一块合适的泥土放在其中一块模具中。

第三步：把两块模具合起来，用力按压。

第四步：打开模具，剔除多余的泥土。

第五步：作品成型。

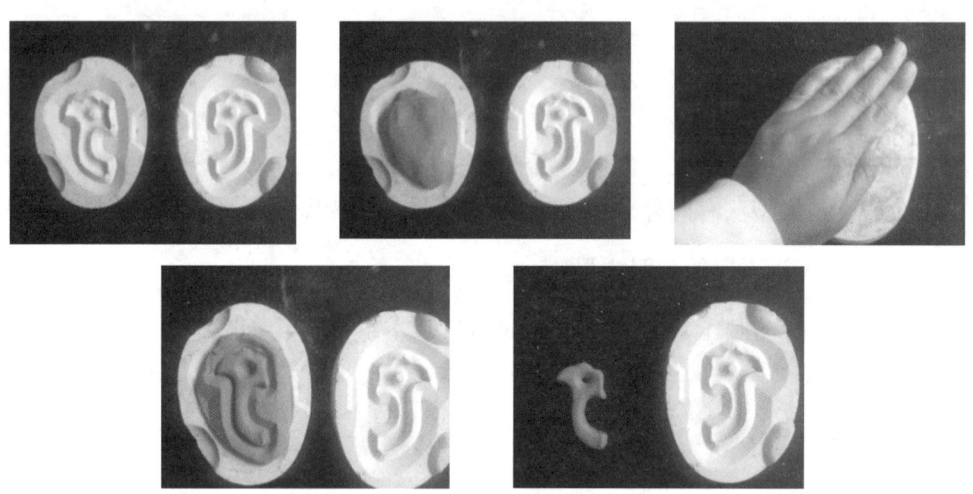

2. 注浆模成型法

注浆模成型法是工业生产中常用的技巧，现在也用于陶瓷产品的制作，是降低成本的有效生产方法，适合大批量制作瓷器。接下来我们通过观看视频了解注浆模制作一个罐子的过程。（播放视频）

组装并固定石膏模具

取适量调好的泥浆注入模具

泥浆注满模具，并略高于石膏模具面

随着水分被吸收,泥层由薄变厚,厚泥浆线逐渐下降并低于模具口部

再次加满泥浆

当泥层厚度达到注件所需时,将多余泥浆从模具中倒出

用铲刀铲去多余泥浆

等待泥浆有一定干度

小心取模

晾干

修整罐子,完成作品

制作过程中应注意的事项:

(1)石膏模具要绑结实。

(2)要随时观察模具壁泥土的厚度。

(3)取模时,要等泥土有一定干度,较湿时不能取。

(四)作业练习

小组合作,采用注浆模成型法制作一个罐子。

第十节　拉坯成型法 —— 瓷碗的制作

慈溪市匡堰镇中心小学　王小颖

一、教学目标

1. 认识拉坯机，了解拉坯成型的技法。
2. 初步尝试用拉坯成型的方法制作碗，感受制瓷人的高超技艺。
3. 养成热爱青瓷，传承青瓷制作的思想感情。

二、教学重难点

拉坯成型时对泥土的控制。

三、教学过程实录

（一）直接导入课题

同学们，今天我们要来学习青瓷成型方法中最难的一种方法 —— 拉坯成型法。

（二）介绍拉坯成型法

拉坯成型法是指在快速转动的轮子上，将手探进柔软的黏土里开洞。借助螺旋运动的惯性，让黏土向外扩展、向上推升，形成环形墙体，这就是拉坯！

拉坯过程中需要用到一个机器叫拉坯机。在拉坯机的左侧,有一个脚踏板,用来控制转盘的速度。如何用拉坯机进行拉坯呢?我们通过一个视频进行学习。

(三)学习拉坯成型法

用拉坯机进行拉坯的步骤如下:

第一步:首先,取一块大小合适的泥土,进行揉泥。揉泥是为了防止泥料有气孔,以避免拉坯时因气孔出现问题,把泥土揉成椭圆形。

第二步:把泥料放在拉坯机上,用力拍打,使它牢牢固定在转盘上,双手沾上少量的水。

第三步:用力将泥土向上提升,向下压。如此重复三四次,目的是找到泥料的重心。

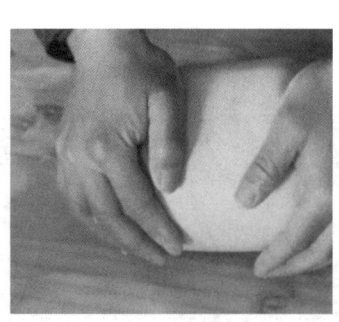 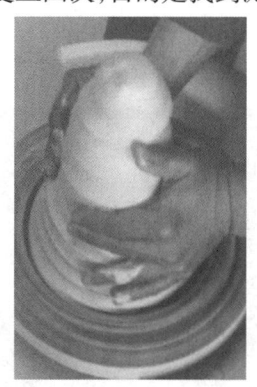

揉泥　　　　　　　　　找重心

第四步:接着就是开口了,把大拇指伸进泥料的中间,其他四指在外面,慢慢地拉伸,匀泥。

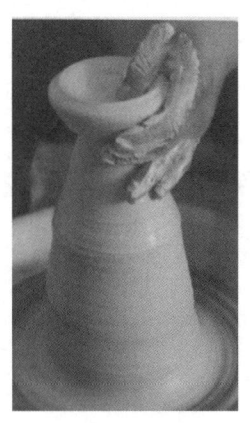  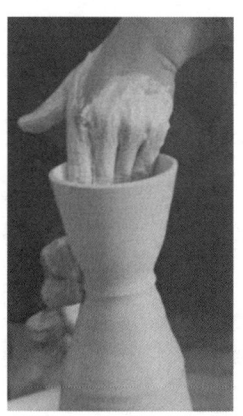

开口　　　　　　拉伸　　　　　　匀泥

第五步：调整造型的外部高度，拉出碗的大概造型，修正碗的内部造型。

调整高度　　　　　　　　拉出造型　　　　　　　　修整

第六步：用手掐出碗底，这时转盘速度要放慢，最后用绳子把碗和泥土分离开来。

掐出碗底　　　　　　　　作品成型

（四）作业练习

练习用拉坯成型法制作一个瓷碗，老师相信：只要你们努力，就一定能做出一个个造型独特的碗。

《上林越瓷风韵》课程纲要

课程名称：上林越瓷风韵

教学材料：校本教材、校本教材教案集

主讲教师：一名综合实践活动专职教师及各年段校本课程的任课教师

授课时间：校本课程一周一课，青瓷制作社团一周两次

授课对象：一至六年级全体学生（青瓷制作社团：三到六年级熟练青瓷制作的学生）

一、课程开发背景

越窑青瓷是中华民族优秀的文化艺术遗产，其历史悠久，自成体系，内涵深厚，名扬中外。它历经了几千年，现在作为国家级非物质文化遗产越来越受到国家和地方政府的重视和保护。

青瓷文化是慈溪市三大特色文化中最具代表性的一部分，其影响更为深远。作为越窑青瓷的发源地之一，素来享有"唐宋瓷都"之美誉的浙江慈溪上林湖窑址，在这一领域中最具吸引力及研究价值。慈溪市政府非常重视越窑青瓷文化的传承与发扬，现在慈溪每两年就会举行一次中国（慈溪）越窑青瓷文化节。

我校地处有着千年历史的越窑故地，周边有越窑青瓷研究所、上林湖越窑遗址等越窑青瓷相关地，有着极其厚重的青瓷文化所积淀的地理优势。这为我们开发青瓷校本课程提供了有利的条件。

越窑青瓷校本课程的开发既可以让学生直观、生动地了解我国青瓷的灿烂文化，培养学生的民族自尊心和自豪感，又可以培养学生的观察力、审美能力、创新能力和实践能力等。青瓷文化内涵丰富，涉及文化、艺术、历史、数学、化学等多种学科，是培养学生发散性思维、创新精神和动手能力，以及推进以德育为核心的素质教育的途径之一，能适应新世纪对人才培养的需要。

从 2011 年开始我校就与慈溪市越窑青瓷有限公司建立合作关系,并聘请越窑青瓷制作技法的传承人孙威为我校校外辅导员,定期来学校上课指导。同时,我校在越窑青瓷有限公司设立校外青瓷制作实践基地,学校分批组织教师和学生去越窑青瓷有限公司参观、制作。经过几年的摸索和积淀,我校的青瓷制作教学取得了一定的进步。2014 年,我校编撰了《上林越瓷风韵》校本课程教材初稿,2015 年我们在初稿的基础上,不断完善改进了该校本教材。

二、课程目标

(一)课程总目标

通过本课程的学习,学生可以走进青瓷世界了解越窑青瓷,理解青瓷的内涵,感悟青瓷的精神,感受青瓷文化,提升人文素养;提高动手实践能力,培养创新精神;提高团队协作能力,提高自主学习和探究的能力,促进个性潜能的发展。

(二)课程具体目标

1. 知识与技能目标

(1)义务教育阶段国家课程各学科基本知识、基本技能在青瓷文化与制作上的应用,实现了知识和技能的有机融合,并根据学生的实际进行拓展,实现认知结构的优化。

(2)了解越窑青瓷历史和文化;保护和传承越窑青瓷这一非物质文化遗产;掌握青瓷制作的几种方法;了解青瓷的制作工艺和装饰技法;了解青瓷的种类。

2. 过程与方法目标

(1)培养收集、整理、分析信息,解决问题及欣赏、动手制作和创新的能力。

(2)初步掌握越窑青瓷制作的一般方法和装饰技法,能运用制作方法制作出富有个性的青瓷艺术品,提升艺术审美能力。

(3)提高运用习得的知识和技能,解决生活或生产中的实际问题的能力。

3. 情感、态度、价值观

（1）培养爱家乡、爱祖国的情感，通过亲身参与实践的积极体验和丰富经验，形成对家乡、对社会、对自我的责任感。

（2）热爱生活、珍爱生命，养成热爱劳动的良好行为习惯。初步具有创新精神、科学和人文素养。

（3）养成主动保护和传承越窑青瓷非物质文化遗产的意识，养成合作、分享、积极进取等良好的个性品质。

三、课程内容

《上林越瓷风韵》教材分为两大板块：青瓷文化与历史、青瓷制作。根据学生的年龄、认知特征及动手操作能力的差异，把教学对象分为三个学段，一、二年级为低段，三、四年级为中段，五、六年级为高段。每一学段的具体学习内容如下表：

学段	教学板块	教学内容	学段	教学板块	教学内容
低段（上册）	青瓷文化与历史	认识青瓷	低段（下册）	青瓷文化与历史	繁荣的唐代青瓷
		青瓷的制作工具与工序			青瓷的装饰技法
		青瓷的成型方法			上林湖越窑
		越窑青瓷的种类			参观上林湖越窑遗址
	青瓷制作	可爱的青蛙		青瓷制作	美丽的热带鱼
		快乐的小鸟			大象
		瓶的创想			爸爸的烟灰缸
		姿态各异的树			鞋的联想
		夸张的脸			独具魅力的面具
		瓷娃娃			我的成长变化
中段（上册）	青瓷文化与历史	古银锭湖窑址	中段（下册）	青瓷文化与历史	青瓷"海上丝绸"之路
		越瓷精品——秘色瓷			越窑青瓷与茶文化
		越窑青瓷瓯乐			青瓷动物器饰与祥瑞之说
		青瓷遗珍赏析（1）			青瓷遗珍赏析（2）
	青瓷制作	狮子大王		青瓷制作	恐龙
		喜气洋洋			奖杯
		茶杯			笔筒
		壶的聚会			家乡的桥
		墙			吹吹打打
		小小建筑师			杂技表演

续表

学段	教学板块	教学内容	学段	教学板块	教学内容
高段（上册）	青瓷文化与历史	越窑青瓷和唐代咏瓷诗	高段（下册）	青瓷文化与历史	青瓷碎片
		越窑青瓷的衰落			越窑青瓷与其他青瓷名窑
		现代青瓷作品赏析（1）			现代青瓷作品赏析（2）
		参观慈溪市越窑青瓷有限公司			参观慈溪市博物馆
	青瓷制作	龙的传人		青瓷制作	奔跑的骏马
		神秘的青铜鼎			海洋生物
		威武的大将军			西游记
		生动的人物			三个和尚
		注浆模成型——罐子			注浆模成型——茶壶
		拉坯成型——瓷碗			拉坯成型——瓷瓶

四、课程实施

（一）教学活动

学生的主要学习方式离不开学校这个大家庭，我校的教学活动主要分为社团活动和其他学科与青瓷教学相融合的课堂教学。

1. 青瓷制作社团

青瓷的教学活动始于学校的青瓷制作社团，指导教师从三至六年级中挑选出动手能力较强的学生组成社团，并进行针对性的教学。

2. 青瓷教学与其他学科相融合

（1）青瓷教学与美术学科相融合。美术课堂上教师将设计器物花纹和美术课中的陶艺教学相结合，让学生潜移默化地接触越窑青瓷这个传统艺术。

（2）青瓷教学与语文学科相融合。写写外地客人来慈溪游玩，介绍慈溪的越窑青瓷；写写参观越窑青瓷遗址后的观后感，或制作青瓷后的感受。

（3）青瓷教学与音乐学科相融合。学学瓯乐演奏，听听瓯乐曲子。

（4）青瓷教学与综合实践活动学科相融合。学生围绕越窑青瓷各部分内容，分小组进行研究性学习。

(二)参观考察活动

1. 携手匡堰镇初级中学

匡堰镇初级中学地处我校东大门对面。其在 2010 年就已经完成《青瓷文化与制作》校本课程的编写,中学教师教学经验丰富,学校设施更加完善,正是我校学习的榜样。我校与匡堰镇初级中学进行了多次合作交流,我们经常带领青瓷制作社团的学生到匡堰镇初级中学进行实地学习与交流。

2. 考察慈溪市越窑青瓷有限公司(慈溪市越窑青瓷研究所)

为了使学生能够直观地感受越窑青瓷的制作过程,我校设立了校外实践基地——慈溪市越窑青瓷有限公司,公司总经理孙威先生是青瓷制作非物质文化遗产的传承人,也是我校聘请的校外辅导员。由于青瓷烧制的条件要求较高,所以我校学生的青瓷作品主要由他们负责烧制。学校定期带领学生和教师到基地学习考察采风。

3. 考察上林湖荷花芯窑址

为了使学生了解越窑青瓷的故乡,了解上林湖为什么会被称为露天青瓷博物馆,学校安排教师分批带领学生参观上林湖及上林湖荷花芯窑址,直观地感受古代上林湖越窑的繁华历史。

4. 参观各种展览活动

慈溪市每两年就会举行一次中国(慈溪)上林湖越窑青瓷文化节,在文化节期间,会有各种展览活动,学校组织学生和教师参观,以此增进学生对青瓷历史文化的了解,提高学生和教师的审美能力。

5. 参观慈溪市博物馆

慈溪市博物馆二楼有个古越风韵展示厅,里面陈列的青瓷器大部分都是慈溪出土的,这对学生学习青瓷有很大的帮助。学校定期组织学生参观,或学生利用假期自行前往参观。

（三）各类竞赛活动

为了使学生在学习之后有展示的机会，我校不定期举行各类与青瓷相关的活动，以提高学生学习和传承越窑青瓷的积极性。

1. 越窑青瓷创意作品比赛

每学年举办一次，教师推荐学生现场制作、评比。

2. 校级青瓷小小传承人评选

每学年举办一次。根据学生一年中在青瓷教学活动的表现，各班推荐一名学生，经过笔试和制作两关综合测评，最终确定校级青瓷小小传承人。

3. 班级青瓷作品展

每学期各班都会举行一次班级青瓷作品展，学生把自己的作品先在班级中展示，然后由教师推荐几件最好的作品在全校展示。

4. 青瓷文化知识竞赛

每学年学校会举行一次青瓷文化知识竞赛，检测学生对青瓷历史文化的学习掌握情况，以此激励学生。

五、课程评价

评价是整个课程实施的重要环节。课程的评价方式有利于课程开发目的的实现，有利于学生的发展。同时可为后续探索建立多元化的评价机制作铺垫。

本课程对学生的评价注重过程，一方面建立学生的成长档案袋，在档案袋里保存学生在活动中的所获等重要资料，比如学生活动的照片、学生的作品、自己的体验日记等，使学生能随时对自己的活动过程进行评价，同时又可以作为教师对学生评价的参考。每次活动后，都要对学生进行评价，评价参考校本课程学习情况评价表。

校本课程学习情况评价表

评价项目	学生自评	同学互评	教师评价	家长评价
学习态度				
学习兴趣				
技　能				
情感态度				
学校综合评定				
备注				

注：1. 学生自评、同学互评、家长评价、教师评价都为星级制，即表现好的为五颗★，较好为四颗★，一般为三颗★，较差为两颗★，差为一颗★。

2. 总星星数在18至20个，综合评定等级为优；18个以下、14个以上者综合评定等级为良好；14个以下、10个以上者，综合评定等级为合格；10个星星以下就是不合格。

第二章
灰雕

浙东灰雕工艺是浙东民间手工艺之一，自汉、晋以来已有两千年的悠久历史，而浙东沿海烧制蜊灰应用于建筑、墓葬等方面，其制作精良被广泛流传。

宁波市鄞州地区的人们把海中捞上来的贝壳煅闷烧制成蜊灰，作为灰雕的主要材料，这种蜊灰能经数百年风雨而不坏，于是就形成了灰雕工艺。明清至民国期间，因灰雕装饰美观而又实用，各地祠堂、庙宇、寺观等建筑都大量运用灰雕装饰，灰雕成为房屋建筑中不可缺少的部分。进入21世纪，原来的灰雕装饰已不再为人们所青睐，灰雕也渐渐淡出人们的视线，只有宁波市鄞州区朱英度师傅还在不断发扬着这门濒临失传的技艺。

2009年7月，灰雕技艺经过省级专家论证，被列入了浙江省保护名录，成为浙江省非物质文化遗产。2011年，为了发扬及传承灰雕工艺，冯家小学开展灰雕课堂教学，以期通过学校的教学让灰雕工艺在新生代中传承。经过两年的积累，学校整理编撰了《灰雕》校本课程，并选取其中最有代表性的课目形成本微课教程。

《灰雕》微课程由九节微课组成，这九节微课系统地介绍了灰雕文化的历史及灰雕工具、制作技法与过程、灰雕的应用等基本知识。通过学习本微课程，让学生了解灰雕历史，认识灰雕传承人；通过学习传统纹样及制作灰雕作品，让学生掌握灰雕的基本制作技艺，提高学生的动手操作能力及创新能力；通过欣赏及评述灰雕作品，让学生学会评价和欣赏灰雕作品，提高学生对传统工艺的鉴赏和评述能力。

本微课程由两部分组成，第一部分包括前五节微课，系统地介绍了传统灰雕的历史及灰雕工具、制作技法与过程、灰雕的应用等基本知识。《传统灰雕历史》这节微课主要讲述了灰雕的渊源，以及宁波鄞州灰雕的形成及发展过程，也阐述了灰雕的现状。《灰雕传承人介绍》详细介绍了鄞州灰雕的传承历史及传承人朱英度师傅。

《灰雕工具及材料介绍》从灰雕的蜊灰、麻筋、骨膏等制作材料入手，详细地介绍了每个材料的组成及其作用，并介绍了把各种材料组合成灰雕的创作原料蜊灰泥。《灰雕制作步骤》详细介绍了一件灰雕作品需要经过设计、制骨架、造型、定型、做细、上胶水、上彩等步骤才能完成。《灰雕制作技法》详细地介绍了画、切、压、扎、堆、刷、彩等制作灰雕作品的方法，这些方法有些可以制作大型的灰雕立体作品，有些可以制作平面的浅浮雕灰雕作品，根据不同作品的需要采用不同的技法制作。

第二部分包括后四节微课，主要通过学习传统纹样及制作灰雕作品，以及通过欣赏及评述灰雕作品，提高学生对传统工艺的鉴赏和评述能力。《跳跃的鱼》这节课详细地介绍了传统纹样鱼纹的特色及造型特点，并且用鱼纹灰雕创作时的不同步骤，让学生对鱼纹的创作进行很直观的了解。《凤凰涅槃》详细介绍了传统凤凰纹样的造型特点，并把凤凰纹样的创作步骤，通过图文形式展现在学生面前，让学生可以轻松地按步骤进行制作。《灰雕照壁》详细介绍了照壁的艺术特点，通过图文并茂的解说形式，学生对灰雕照壁有一个很直观的了解，并对照壁中不同主题的灰雕作品进行欣赏评述。《我自民间来》讲述朱英度师傅创作作品的故事，通过欣赏宁波北仑民间故事中的老街、凉亭、坝头、行号、行会等风土人情，让学生了解灰雕表现现代生活场景的独特形式，让人耳目一新。

通过观看学习这九节微课，我们希望学生们能对浙东灰雕有一个全面的认识和了解，能初步学会制作简单的灰雕作品，欣赏和评述灰雕作品的艺术风格。同时希望有更多的人传承和发扬浙东灰雕。

第一节 传统灰雕历史

宁波市鄞州区石碶街道冯家小学 王宏业

一、教学目标

通过学习浙东灰雕的历史渊源,欣赏宁波本地特色传统灰雕作品,让学生对于灰雕有一个直观的认识和了解。

1. 认识灰雕是具有实用性和观赏性的一门独特的艺术形式。了解我国灰雕的辉煌成就和悠久的历史,分析灰雕作品的艺术风格和表现手法。

2. 初步了解宁波灰雕的艺术特点。

3. 认识灰雕创作与生活的关系,更加热爱生活。

二、教学重难点

重点:初步感受灰雕的魅力,了解浙东灰雕的历史知识。

难点:通过学习灰雕历史,理解灰雕与建筑、生活之间的关系。

三、教学过程实录

(一)灰雕作品导入

今天老师给同学们带来了一件作品,这件作品使用的是水粉?还是国画?还是电脑制作?还是……现在就让我们一起来欣赏《灰雕历史》。

灰雕戏曲人物

（二）浙东灰雕历史

浙东灰雕工艺是浙东民间手工艺之一，自汉、晋朝以来有近两千年的悠久历史，沿海就有烧制蛎灰应用于生活的历史。浙东灰雕主要应用于古建筑的屋顶、墙面等建造方面，并且其制作精良，流传广泛。其中在东钱湖发现的南宋石牌坊已采用灰泥作填料，历经八百年风雨仍坚固。在明清两朝灰雕最为盛行，各地祠堂、庙宇、寺观等古建筑都用灰雕装饰，既美观又实用。

屋顶灰雕　鱼化龙　　　　　　墙面灰雕　黄龙

灰雕装饰可以让我们的古建筑变得美观，而且也增加了建筑的牢固度。一般选用蛎灰、麻筋、骨膏、明矾、泥沙等材料来制作灰雕，其中主要材料是蛎灰，蛎灰是由蛤蜊壳煅烧而成的。浙东灰雕的应用主要集中在屋脊、墙面等部位，在屋脊上多采用灰雕制作的龙、虎、狮、麒麟等图案，有辟邪镇宅、永保平安的寓意；墙面多采用山水、花鸟、人物和戏剧故事等题材装饰，体现了民俗寓意、象征吉祥以及人们期盼生活和谐的愿望，特别是在浙东海边的渔民,都用灰雕以祈求消灾无难、保佑平安,有时也会用鱼形灰雕等作装饰,既有观赏价值,又有年年有余之意。

(三)宁波灰雕历史

宁波鄞州地区有一种从海中捞上来的贝壳,将其煅闷烧制成蛎灰,可作灰雕主要材料,且多数灰雕不用上色或只上灰色,所以灰雕能历经多年风雨而长时间保留,如此就形成了如今宁波本地的灰雕艺术。

宁波鄞州咸祥镇灰雕工艺在2008年被宁波市鄞州区列为非物质文化遗产保护项目,2009年7月,灰雕技艺经过省级专家论证,又被列入了浙江省保护名录。

明清时期,宁波及周边地区几乎所有新建宅院都用灰雕装饰,最有代表性的有宁波的天一阁、宁波鄞州区的天童禅寺、阿育王寺、舟山的普陀山普济寺等,在这些建筑的屋顶、墙头、墙壁等都有许多以龙凤、花鸟、人物等为题材的灰雕作品。

天一阁麒麟照壁　　　　云龙后陈村天官　　　　云龙后陈村济公

(四)作业练习

通过灰雕历史的学习,了解简单的灰雕知识,并找一找身边的灰雕作品。

四、小结

灰雕是劳动人民智慧的结晶,它是一种实用性强、表现力丰富、流行广泛的民间艺术,同学们可以通过课后参观考察实地感受灰雕作品的魅力。

第二节　灰雕传承人介绍

宁波市鄞州区石碶街道冯家小学　王宏业

一、教学目标

通过学习浙江省灰雕传承人朱英度的传承之路，了解宁波本地特色传统灰雕的艺术特点，让学生对于宁波灰雕有一个更深入的认识和了解。

1. 认识灰雕是一门独特的艺术形式。了解宁波灰雕作品的艺术风格，以及传承人的灰雕传承之路。

2. 了解宁波灰雕的艺术特点。

3. 认识灰雕创作与地方特色的关系，更加热爱宁波文化。

二、教学重难点

重点：了解省灰雕传承人学习、传承灰雕的历史。

难点：通过学习理解灰雕与我们生活之间的关系。

三、教学过程实录

(一)浙江省灰雕传承人朱英度

这件灰雕作品的颜色、造型给大家什么样的感受？你知道这件灰雕作品是谁做的吗？

朱英度师傅的灰雕作品

这是浙江省灰雕传承人朱英度师傅创作的《福禄寿》，这件作品是朱英度师傅的代表作之一。

朱英度师傅出生在一个医生和教师的家庭，年轻时学过漆匠、泥匠，还学习过泥塑、绘画等，曾拜曹厚德、朱贵法为师傅，后来才慢慢开始走上灰雕艺术之路。

朱英度师傅年轻时发现宁波鄞州咸祥沿海有一种海中贝壳，从古至今人们一直把它煅闷烧制成蛎灰，并用于古建筑的制作和装饰，用这种蛎灰制作的灰雕不用上色或只上灰色，有着历经多年风雨而长久保留的特点，朱师傅把这个特点融入自己的灰雕创作中，形成了独特的咸祥本地灰雕艺术。

四十年来，朱英度师傅利用自己的灰雕技艺不断地在全国各地奔走，广东、湖南、内蒙古，宁波的城市、乡村等地的重要仿古建筑都留下了朱师傅辛勤的汗水。

（二）朱英度师傅的代表作品

朱英度师傅的作品大多为古建筑中的人物、动物等建筑装饰，如天童禅寺、阿育王寺、普陀山普济寺、咸祥庙屋顶上的蟠吻和走兽，梁祝公园观音殿的阛窗、镇海文化广场上的"八仙过海"、镇海九龙湖旅游度假区的"九龙壁"、鄞州区老干部局的"老寿星"，都是朱英度师傅的杰作。

九龙湖景区中的灰雕　九龙壁

镇海庄市的灰雕　八仙照壁

(三)传承的谱系

朱英度师傅曾师从画师朱良嫕、画家周忠学习绘画,后在中国美术学院附中学习绘画一年,也画过床边、衣柜、大橱上的图案,后经杜国贵老师介绍去天童寺绘画,后遇曹厚德先生指点学习泥塑和绘画。

1978年因修建天童、育王寺,朱师傅与70多岁的朱贵法先生相遇。在工作中,朱贵法先生发现三十多岁的朱英度聪明能干、吃苦耐劳,且又是自己的老乡,于是向曹厚德先生提出要收朱英度为徒。原本会油漆、雕刻的朱英度从此正式走上了灰雕艺术之路。四十年的磨炼,朱英度师傅继承了朱贵法先生的精湛技艺,并带出了十余名徒弟。如今冯家小学开展了灰雕教学,让更多的人都认识和了解灰雕技艺。

(四)朱英度师傅的困惑与展望

朱英度师傅是土生土长的宁波咸祥人,如今已经68岁了,但他还坚持爬高悬壁,风吹日晒,相当辛苦。现在的年轻人中已没有人肯学此技艺,他曾带过16个徒弟,但很少有坚持下去的,所以现在的灰雕有了后继无人之忧。为了保护灰雕技艺,宁波市鄞州区已将其列为非物质文化遗产保护项目,并上报至浙江省文化厅,2009年7月灰雕技艺经过省级专家论证,被列入了浙江省保护名录。为此,咸祥镇文化站、鄞州园林公司建立了灰雕传承基地,鄞州冯家小学成为教学传承基地,朱英度师傅作为传承人,将为培养灰雕传人而不懈努力,以保证灰雕艺术永久流传。

(五)作业练习

请同学们课后调查下身边有哪些和灰雕有关的工匠师傅,他们现在都在从事着什么创作。

四、小结

灰雕艺术是民间艺术,正在慢慢地被人们淡忘,我们需要不断努力让这个身边的传统艺术不断传承下去。课后在网上收集更多关于灰雕及灰雕传承人的故事。

第三节　灰雕工具及材料介绍

宁波市鄞州区石碶街道冯家小学　王宏业

一、教学目标

通过学习浙东灰雕的工具及材料，了解浙东灰雕材料的艺术特点以及工具使用，让学生对灰雕有一个逐步深入的认识和了解。

1. 了解灰雕工具及材料的基本使用方法，并学会在简单的材料基础上从材质、构成、制作技术等方面进行有意识的构想及创新。

2. 学习运用灰雕的基本工具及材料，进行简单的灰雕作品临摹。

3. 通过练习制作灰雕作品，逐渐养成从生活中发现艺术的习惯。

二、教学重难点

重点：了解灰雕工具及材料的应用特点，进行灰雕作品的简单练习。

难点：在了解灰雕基本工具及材料特点的基础上，进行有目的的灰雕临摹。

三、教学过程实录

（一）浙东灰雕材料

今天，我们要学习一种既熟悉又陌生的材料——蛎灰。

灰雕的制作材料有蛎灰、麻筋、骨膏、明矾、泥沙、铁片、铁丝、铁钉、木条、麻绳、胶水、颜料等。其中灰雕的主要材料是蛎灰，蛎灰是由蛤蛎壳煅烧而成的。取贝壳高温煅烧，即得到生蜊灰,后加水化蜊灰,一般采用铲子来翻灰。然后,往蜊灰中加水使其变得黏稠、有韧性,再将加水后的蜊灰储存在地窖里,即养蜊灰。在养蜊灰的过程中往蜊灰里加入麻筋,不断搅拌,使它得以加固,增强蜊灰的抗拉、抗折能力。

蜊灰池

蜊灰贝壳

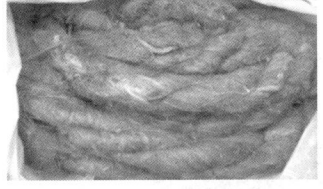
麻筋:加入麻筋可以起到加固拉牵作用

泥沙:细砂适量,可以防止收缩太快导致的开裂

明矾:防腐,与骨胶混合一起增强蜊灰牢度

骨膏:可以增加蜊灰的牢度

铁丝:用于作品塑形,可以加固大型作品

铁钉:应用于固定木条和铁丝

木条:与铁丝、铁钉一同用于塑形

胶水:用于半干作品表面,可以加固作品

根据气温和湿度,按比例把蜊灰、麻筋、骨膏、细砂、明矾拌匀调成灰泥原料。如果天气炎热干燥,还需要加一点胶水,以防其干固过快。

 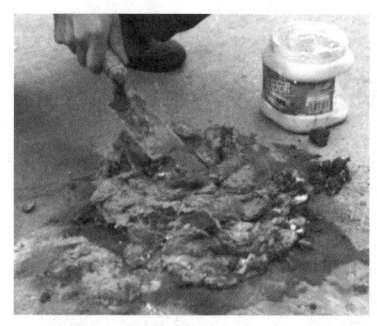

搅拌成蜊灰泥

(二)浙东灰雕工具

制作灰雕的基本工具同泥工的工具类似,如铁板、泥刀、钳子、锄头、铲刀、瓦齿(光瓦、糙瓦)、锯刨、斧头、泥夹、毛笔、铁钉、刷帚、灰夹等。

制作灰雕的基本工具

制作灰雕的每个工具都有着特殊的作用,在灰雕制作中每个师傅都会运用自己最擅长的工具。请大家在了解灰雕工具的基础上,按作品需要选择相关的制作工具。

 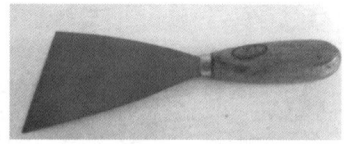 

铁板:制作灰雕的主要工具,用于塑造作品造型　　泥刀:用于辅助铁板,添加蜊灰　　铲刀:用于抹、压灰雕作品

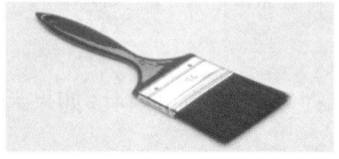  

刷子:用于作品半干时作细作品表面　　锄头:与铁丝、铁钉、木条一起做骨架　　钳子:用于制作骨架

颜料：给作品上色　　　　画笔：给作品上色

灰雕的工具还有很多，因作品的大小、表现形式不同需要用到不同的工具，有时还需要自己创造用于制作作品的独特工具。

泥匠师傅的工具

（三）作业练习

认识了灰雕的材料和工具，我们要来简单地练习一下这些灰雕的材料和工具，以此对灰雕有一个深入的了解。

四、小结

了解灰雕的材料与工具使用，用我们的双手制作出美的作品来表达心中的感受，把简单的蜊灰变成美丽的灰雕作品。

第四节　灰雕制作步骤

宁波市鄞州区石碶街道冯家小学　王宏业

一、教学目标

通过学习浙东灰雕的制作步骤，了解浙东灰雕材料的艺术特点及制作方式，让学生对于灰雕制作有一个深入的认识和了解。

1. 了解灰雕的基本制作步骤，并熟悉灰雕制作的每一个步骤。

2. 学习运用灰雕的基本材料，练习制作简单的灰雕作品。

3. 通过学习灰雕制作方法，养成热爱艺术的优良传统。

二、教学重难点

重点：了解灰雕作品的制作步骤，并进行简单练习。

难点：在了解灰雕基本方法的基础上，进行有目的的练习。

三、教学过程实录

（一）浙东灰雕的制作步骤

今天，我们来学习灰雕的制作步骤。一件灰雕作品从设计到完成，要经历设计图案、制骨架、造型、定型、做细、上胶水、上彩七个步骤，具体制作步骤如下。

（1）设计图案：按要求设计好图案，并画在底板上。

（2）制骨架：大型作品需要用铁丝、木条、麻绳等构建作品骨架。

(3)造型：按作品的大致形状，把泥灰堆到底板上。

(4)定型：泥灰将干未干时按设计形状定型。

(5)做细：用猪毛刷平作品表面。

(6)上胶水：在已制成的灰雕上涂上一层胶水或白胶。

(7)上彩：把颜料用画笔涂在作品上。

（二）灰雕制作的详细步骤

制作灰雕时每一个步骤都需要我们仔细设计，精细制作。下面老师从制作步骤的每一个环节进行详细的介绍和展示。

1. 设计图案

按要求设计好图案，并把要制作的图案用画笔在底板或墙面上画好。图案描绘初期可以临摹优秀的纹样，后期可以自由创新。

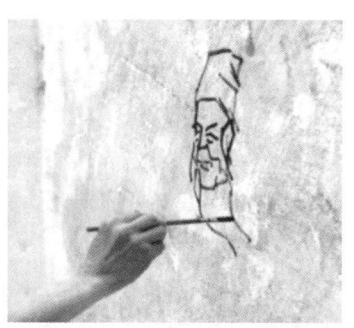

2. 制骨架

骨架制作按作品的大小而定，一般浅浮雕不需要骨架，圆雕及大型的作品按不同高低制作骨架，厚度在5厘米以上须用木质框架，10厘米以上还须加上铁钉，辅以木条、麻绳等加固。

3. 造型

按作品的大致形状，把调好的灰泥刮（贴的意思）到墙面上。这里需要注意，刮到墙面上的泥灰不要超出图案轮廓。

4. 定型

灰雕的表现方式,可以先制作灰雕组件最后组合,也可以在墙面上把将干未干的泥灰按设计图形进行细致的定型制作。

5. 做细

做细也就是细做,小型作品用猪毛刷平灰雕作品表面并使其光滑,也就是精细加工作品。大型作品需要用铲刀在作品表面进行反复细致地打光。

6. 上胶水

传统做法中在已制成的灰雕上涂上一层胶水,胶水的作用是填补空隙、增强附着力,还能隔离石灰、水泥中的碱性,同时还有防水、起光泽、不褪色的作用。

7. 上彩

颜料用骨膏调匀,涂在作品上,颜色有朱红、佛青、谷兰、皂白、乌煤(漆燃料店有售)。古时制法一般不上彩,保持原色。现在要求高一点,用矿物质颜料上色,不褪色;成本低则用丙烯颜料,看上去艳丽,但容易褪色。

(三)作业练习

认识了灰雕的制作步骤后,我们简单地练习一下,制作一件简单的灰雕作品。

四、小结

当我们了解了灰雕的制作步骤,我们会发现灰雕其实并不陌生,如果我们换一下材料,还可以制作出绚丽多彩的灰雕作品。让我们试着按照步骤来制作一件自己感兴趣的小物件。

第五节　灰雕制作技法

宁波市鄞州区石碶街道冯家小学　王宏业

一、教学目标

通过学习浙东灰雕的制作技法，了解浙东灰雕制作的艺术特点以及表现技法，让学生对于灰雕有一个逐步深入的认识和了解。

1.了解并学会灰雕基本的制作技法，能向同伴介绍灰雕的基本制作技法。

2.通过体验、探究、合作的学习方式研究灰雕制作方法，简单掌握灰雕制作技法。

3.激发热爱民族文化、弘扬民间艺术的情感。

二、教学重难点

重点：通过体验、探究的方式学习灰雕制作技法，掌握并利用灰雕技法。

难点：掌握并练习灰雕制作技法。

三、教学过程实录

（一）浙东灰雕制作技法

在灰雕制作中，每件灰雕作品都有画、切、压、扎、堆、刷、彩等制作方式的应用，所以学好每一个技法，对以后的灰雕创作至关重要。下图中的一件圆雕作品，就是运用七种技法制作而成。

（二）灰雕技法详述

在创作灰雕作品时，不同的作品需要用到不同的技法，如平面的墙面灰雕需要用到画、切、压、堆等技法，而立体的作品除用到以上的方法外，还要运用扎的技法让作品具有骨骼，这样做出的灰雕作品才能圆润立体。

圆雕式灰雕作品

1. 画

灰雕制作前，必须要在作品底板上画出需要制作的图形。

2. 切

灰雕塑型时，因泥灰盖住了形体，需要用工具刀切掉多余的灰料。

3. 压

用专门的灰雕工具刀在泥灰上压出平、斜等的面，形成不同的立体效果。

4. 扎

制作立体作品时,可以使用报纸、铁丝网、铁丝、木头等材料给立体作品扎出骨架。

5. 堆

在制作多层次的作品时,在一层泥灰上面不断堆出更多的泥灰,使作品层次丰富。

6. 刷

当泥灰塑好后,需要用刷子轻轻地在作品上扫一下,这样可以使作品表面更加圆润。

7. 彩

灰雕作品完成后,需要用墨汁、丙烯颜料等材料给作品上色。

(三)作业练习

我们认识了灰雕制作技法,接下来简单地练习一下这些灰雕制作的技法,让我们对灰雕有一个深入的了解。

四、总结

学习好制作技法后让我们来共同欣赏一下灰雕大师的作品,再一次体验一下灰雕的美。

第六节　跳跃的鱼

宁波市鄞州区石碶街道冯家小学　王宏业

一、教学目标

根据学生的年龄特点和心理需求，通过了解中国传统的鱼纹样，学习在浙东灰雕中如何运用传统图案进行灰雕创作，并让学生对于传统图案和灰雕创作有一个初步的认识。

1. 了解传统鱼纹的特点，学习把鱼纹运用到灰雕制作中。
2. 学习运用已知的灰雕制作技法与鱼纹样相结合进行作品创作。
3. 通过学习传统纹样的塑造，培养学生形成欣赏、组合、创作传统纹样的表现能力。

二、教学重难点

重点：了解鱼纹的特点，并进行灰雕练习。

难点：如何表现出生动的鱼纹灰雕作品。

三、教学过程实录

（一）传统鱼形纹样

在创作灰雕的过程中，传统纹样中表现最为多样、应用最为丰富的就是鱼纹，上至屋顶立体灰雕"鱼龙纹"，下至照壁灰雕"年年有鱼"，无不体现了中国人喜欢"鱼"文化，对生活幸福、富足的美好愿望。

通过课件、图片欣赏传统鱼纹的各种造型特征,记录下这些鱼纹的变化,并把它们组合成不同的组合形式,运用到灰雕创作中。

传统鱼纹

(二)鱼纹灰雕的制作方法

在鱼纹灰雕制作过程中,我们需要了解整个制作过程。大致如下:

(1)用记号笔勾出鱼的轮廓。

(2)在鱼图案上用泥灰堆出形状。

(3)用铲刀刻画出鱼的边缘,并铲掉多余的泥灰。

(4)铲刀刻画鱼头、鳍、鳞,并压实泥灰。

(5)最后刻画水纹和鱼形。

(6)给作品上色,完成作品。

在鱼纹灰雕制作中,我们都需要精细地制作每一个环节,从设计到上色,都需要我们反复练习,才能达到熟练地创作灰雕作品。具体制作步骤如下。

1. 打稿

同学们对于鱼的形象都比较了解,在底板上可以进行自由创作,并用大号记号笔把作品意图表现出来。

2. 堆泥灰

制作时先用铲刀把泥灰堆砌在鱼形轮廓内,并压成平面。

3. 切出外形

灰雕制作中,切出外形很重要,用铲刀刻画出鱼的边缘,并铲掉多余的泥灰,从头部开始进行刻画。

4. 塑形

构想鱼形图案的高低层次,用铲刀刻画鱼头、鳍、鳞,并压实泥灰,最后刻画出水纹和浪花。

5. 上色

灰雕作品干燥后,可以进行上色,上色需要准备丙烯颜料,并按鱼和浪花的不同颜色,从浅到深进行上色。

鱼形灰雕作业中我们还要注意以下几点:

(1) 注意先堆泥灰,再按图形刻画。

(2) 注意鱼图案的鱼头和鱼身,需要表现出中间高、两边低的起伏效果。

(3) 注意水纹和鱼的前后层次关系。

(三) 作业练习

我们已经了解了鱼形灰雕的基本制作步骤,请同学们按照图形和制作方法简单地练习一下。

四、小结

每个学生对鱼形纹样都有一定的了解,但制作鱼形灰雕前还是要多了解、多欣赏各种传统鱼形纹样,对以后更好地表现鱼形灰雕有着至关重要的作用。

第七节　凤凰涅槃

宁波市鄞州区石碶街道冯家小学　王宏业

一、教学目标

通过了解中国传统的凤凰图案，学习浙东灰雕中如何运用传统图案进行灰雕创作，并让学生对于传统图案和灰雕创作有一个初步的认识。

1. 通过凤凰纹样图片的欣赏，了解凤凰纹样的特点。

2. 学习运用已知的灰雕制作技法与凤凰纹样相结合进行作品创作。

3. 通过学习传统凤凰纹样的塑造，培养欣赏、组合、创作传统纹样的表现能力。

二、教学重难点

重点：了解凤凰纹样的特点，并进行灰雕练习。

难点：如何表现出生动的凤凰灰雕作品。

三、教学过程实录

（一）传统凤凰纹样

同学们，龙纹和凤纹都蕴含吉祥和驱邪的寓意。在古代，龙凤纹代表风调雨顺、百鸟合鸣的祥和景象，是人们企盼太平、安定的幸福生活的象征，代表纹样有"凤凰鸣璧""百鸟朝凤""凤凰吐艳"等。我们知道，传统凤凰纹样在古代是皇权的象征，象征着至高无上的权利。因此在近百年中国民间把龙和凤的形象运用得最为广泛。下面我们来欣赏传统的凤凰纹样。

传统凤凰纹样

(二)灰雕凤凰的制作步骤

灰雕凤凰的制作有如下五个步骤：

(1)用记号笔勾出凤凰的轮廓。

(2)用泥灰堆出凤凰的形状。

(3)用铲刀刻画出凤凰的立体形体,铲掉多余的泥灰。

(4)刻画凤凰的头、身、翅。

(5)给作品上色,完成作品。

在每个环节中我们都需要认真地做好,不要急于求成。但要注意,一件灰雕作品不能无限地制作,一般制作时间为1至2个小时,时间太长,蜊灰泥会干硬,最终无法完成作品,具体制作步骤如下。

1. 打稿

描绘凤凰可以先参考网络或书本中已有的图案,等有基础后再自行创作新颖的凤凰图案。描绘时用大号记号笔在底板上进行打稿。

2. 堆泥灰

制作灰雕时先把泥灰堆砌在轮廓内,并用铲刀把泥灰压成平面。

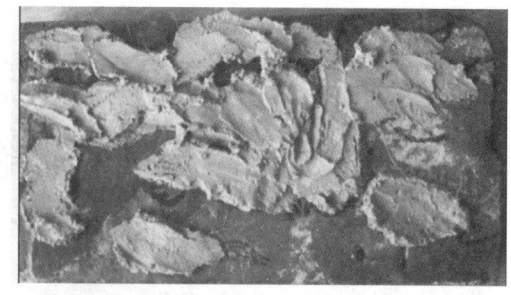

3. 切出外形

灰雕制作中切出外形很重要,在泥灰中按轮廓切掉多余的泥灰,并同时塑好凤凰的大体形象。

4. 塑形

塑形需要在切好轮廓的基础上进行,并构想作品的高低层次,用压、堆、切等方法塑造出立体的凤凰形象。

5. 上色

灰雕作品经过一天的干燥之后,可以进行上色,上色前需要准备丙烯颜料,并按构想中凤凰的颜色进行上色,可以采用单色、双色、渐变等上色方式。

凤凰灰雕制作中我们还要注意以下几点:

(1)注意作品分主次表现,先刻画凤凰的头、身、翅,最后雕刻背景。

(2)注意凤凰翅膀、羽毛图案的高低起伏。

(3)刻画好后可用毛笔刷平表面。

（三）作业练习

我们已经了解了凤凰灰雕的基本制作步骤，请同学们按照图形和制作方法简单地练习一下。

四、小结

了解传统的纹样是学好灰雕的重要一步，因此传统纹样的学习要在学习技法之前，等我们掌握了传统纹样，就能学好灰雕的制作。

第八节 灰雕照壁

宁波市鄞州区石碶街道冯家小学 王宏业

一、教学目标

通过学习浙东灰雕照壁的表现形式,了解浙东灰雕的艺术特点,为以后学习立体灰雕打好基础。

1. 了解照壁的由来和演变过程,学习灰雕照壁的制作方法及艺术特点。

2. 在了解灰雕制作方法的基础上,进行简单的平面灰雕照壁作品临摹。

3. 通过灰雕照壁学习,学会欣赏中国古代建筑的特点。

二、教学重难点

重点:了解照壁的由来和演变发展,学习灰雕照壁的制作方法。

难点:通过灰雕照壁学习,学会欣赏中国古代建筑特色。

三、教学过程实录

(一)灰雕照壁形式

照壁又称影壁,即位于院落内外作为屏障的短墙。也有门外者为照壁,门内者为影壁的称谓方法。照壁不仅能增加空间层次,营造"藏"的意境,还有很强的装饰作用与形式美感。古时照壁属礼制建筑,门外设照壁是高级别建筑的标志,春秋时期只有国君才有资格营建。

明代大同九龙壁

后来照壁多为民间四合院中的常用建筑,具有挡风、遮蔽视线的作用,墙面装饰则有着对景效果。照壁多为独立的单体短墙,或竖立于院落之外,与大门相对;或隐于院内,作为入口的屏障。也有借山墙或院墙构筑的随墙照壁,装饰风格与建筑主体相呼应,组构成整体协调的建筑立面。按照壁的形态,又有一字形壁、八字壁和撇山式壁的分类。照壁通常是由砖砌成,由座、身、顶三部分组成。座有须弥座、简单的座或没有座之分。照壁根据材料不同分为琉璃照壁、砖雕照壁、灰雕照壁、木质照壁等。

琉璃照壁

灰雕照壁

砖雕照壁

(二)浙东灰雕照壁的应用

浙江民间建筑中的灰雕,主要用于建筑的外装修,如照壁、门头、什锦窗、屋顶等部位。其中灰雕照壁为民间灰雕创作的主体,一般浙江地区的灰雕照壁主要为在单体墙面上进行塑造,称为平面灰雕。灰雕照壁虽以灰雕为主,但照壁的壁顶、檐口、须弥座等部位基本上都是以砖、瓦为主要制作材料,只有壁心部位以灰雕装饰为主,着重进行灰雕创作和塑造。

灰雕照壁中的壁心一般有两种基本构图,一种为规则式构图,常以线脚或纹样围合成长方形的"池子",用方砖铺砌底面,内塑四角岔花和中心花,中间用灰雕塑造"福、禄、寿、喜"等吉语文字,或用寓意吉祥的人物、动物、花草等;另一种是自由式构图,自由式构图不拘一格，构图与一般绘画相仿，图案选用有吉祥寓意的人物、动物等，选用最多的为麒麟、狮子等。

麒麟灰雕照壁

灰雕照壁的制作方法和一般的灰雕作品制作方法相同，首先在墙面上打稿，再进行堆泥灰、塑形、作细、上色等，最后完成作品。但因灰雕照壁不单单只是壁心制作，因此这里老师把灰雕照壁的制作步骤详细地介绍如下。

1. 先按照壁的基本形态，用泥水制作好照壁墙面，并用砖瓦制作出墙体和屋顶的造型。

2. 在照壁的壁心位置，用泥沙和水泥加水混合成水泥层，注意这是灰雕照壁的底层。把水泥涂层做好后，需要把水泥涂层表面做成粗颗粒状，因为粗的表面在制作灰雕图案时附着力更强。

3. 当壁心干透后，先设计照壁构图，一般我们会自由选择构图。选好构图后，在壁心上进行传统纹样设计，并用毛笔在底板上画出底稿。

4. 画稿完成后，在作品中如需要制作5厘米以上的浮雕作品，在需要的高度上用钉子或木块进行骨架制作。

5. 做好骨架后，用已调好的蜊灰泥堆砌在画稿上，因照壁较大，可以从其中一个部分开始，逐步完成作品。需要注意的是，因作品是逐步完成的，在后一次需要添加的部位，要预先做粗底面，这样便于后面灰雕的衔接。

6. 作品都完成后，需要干燥一周以上，当出现蜊灰泥掉落的情况，需要及时修补，发现裂缝后需要及时用白胶进行刷制，干后用砂皮打磨平整。

7. 在作品表面都干燥后，用油漆或丙烯颜色给作品上色，完成作品。

灰雕照壁完成后效果图

（三）作业练习

在了解了这么多的知识之后，大家是不是也很想自己制作一个照壁呢？下面我们利用教学中的泥灰、泥料等材料，以灰雕制作手法进行练习，做一做灰雕照壁作品，看一看谁做得最有创意、最漂亮。

四、小结

对灰雕照壁有了一定了解后，我们可以运用已学过的灰雕技法和制作方法进行简单的平面灰雕制作，以由浅入深地掌握灰雕的制作方法。

第九节 我自民间来

宁波市鄞州区石碶街道冯家小学　王宏业

一、教学目标

通过了解贺友直的连环画作品的艺术风格，感受灰雕表现现代连环画作品的艺术特点，让学生对现代灰雕的表现方式有一个直观了解。

1. 了解贺友直的连环画作品的艺术风格，欣赏灰雕《我自民间来》中丰富的人物动态表情，感受连环画和灰雕相结合的独特艺术风格。

2. 学习《我自民间来》中灰雕的艺术特点，并简单练习人物灰雕的制作。

3. 认识灰雕创作与生活之间的关系。

二、教学重难点

重点：了解贺友直的连环画作品的艺术风格，感受连环画和灰雕相结合的独特艺术风格。

难点：学习《我自民间来》灰雕的艺术特点，并简单练习灰雕人物制作。

三、教学过程实录

（一）贺友直画家的介绍

贺友直，1922年11月出生于上海，祖籍宁波北仑。从事连环画创作50多年，曾任上海人民美术出版社编审，中国美术家协会第四届常务理事、连环画艺术委员会主任，上海市美术家协会第四届副主席，中国连环画研究会第二届副会长等职，享受国务院特殊津贴。贺友直是我国著名连环画家、线描大师。自学绘画，1949年起开始画连环画，并在上海人民美术出版社工作。他从事连环画创作50多年，共创作了百余本连环画作品，对我国的连环画创作和线描艺术做出了重大贡献。

贺友直的主要成就是中国连环画创作与中国线描技法艺术的表现。他的第

连环画家：贺友直

一部连环画作品是1949年创作的《福贵》。1952年出版的《火车上的战斗》曾在1957年全国青年美术作品展览中获一等奖。他的作品《山乡巨变》被称为中国连环画史上里程碑式的杰作，并于1963年在文化部与中国美术家协会举办的全国第一届连环画评奖会上获得一等奖。

贺友直还描绘了老上海，他常说：上海是座富矿，上海的故事写不完，比如陕西北路有多少故事，上海那么多的老字号背后就有故事，黄浦江就有故事；上海许多历史人物，都是故事，很多题材可以画。老上海亭子间，竹竿晾衣裳，小贩叫卖，黄包车夫等一些平民生活风景，都进入他的画笔下，活灵活现跃然纸上。

连环画《山乡巨变》

连环画《老上海》

(二)欣赏、交流《我自民间来》

《我自民间来》由宁波籍著名连环画家贺友直创作,在他的作品中,从老上海亭子间、竹竿晾衣裳、小贩叫卖、黄包车夫等平民生活风景,到眼下社会上的"啃老族"、崇洋媚外、物质至上等现象都活灵活现地跃然纸上。

画家贺友直说起儿时民俗的消逝,很是惋惜,"我画的都是过去的日常生活,可惜现在的年轻人已经看不到了。家乡儿时的民俗风情在时代前进中被自然淘汰,很自然地消失了,非常可惜,唤不回来了,但是失去了这些家乡就失去了特色"。

后来,灰雕传承人朱英度师傅按作品原意运用灰雕技法表现出《我自民间来》,创作时间长达2个月,其中运用高低层次的灰雕表现手法,让《我自民间来》这件作品极富生活韵味,达到雅俗共赏的境界。全篇共有十余幅作品,包含老街、凉亭、坝头、行号、油车、市日、谢年、唱新闻、马灯、行会等风土人情,一系列表现生活场景的画面让人耳目一新。

行会　　　　　　　　　舞龙　　　　　　　　　谢年

唱新闻	市日	坝头
做戏文	做年糕	画端午老虎
车水	新屋上梁	正月初一

(三)作业练习

在了解《我自民间来》作品的艺术特点后,学会观察其中人物的表情、动作等变化,进而开展人物灰雕的练习。

四、小结

连环画是绘画中一个重要的门类,当把各种绘画表现技法和灰雕相结合,我们会发现创作是无穷的,同时创作也给我们的传统民间艺术增添了新的生机。

《灰雕》课程纲要

课程名称：灰雕

教学材料：灰雕校本教材、校本课程纲要、校本教材教案集

授课课时：一个月一课时

主讲教师：王宏业

授课对象：一年级以上学生

一、课程开发背景

翻开浙江美术出版社出版的美术教材，可以看到一些用泥灰等材料制作的美术作品，而我校又地处沿海地区，有着丰富的灰雕原料。为充分利用这一资源，并让学生在学习中提高动手创作及审美能力，提升艺术修养，从2010年开始，学校领导和美术组的教师们就结合教科书中分散的灰雕教学内容和所处区域所有的非物质文化遗产资源，开始尝试系统性的灰雕教学。2011年我校邀请区教研员及非物质文化遗产灰雕专家来校指导。经过几年的摸索和积淀，我校的灰雕教学取得了长足进步，制作灰雕的乐趣在孩子心中扎下了根，成了童年美好的记忆。

二、课程目标

在实施素质教育的过程中，让学生学习灰雕、雕塑等技法，可以提高他们的动手创作及审美能力，使艺术修养得到有效提升。学生走进灰雕世界，不仅了解了灰雕的基本知识，还能通过掌握灰雕制作的基本技法，培养自己的审美能力、创造能力、想象能力和动手能力，陶冶美术情操，提升美术素养，增强对传统文化的热爱。《灰雕》具体的课程目标依据《美术课程标准》的要求总结为以下三点。

(一)知识和技能

1. 了解灰雕制作的工具、原料以及灰雕作品制作的简单方法,学会欣赏陈家祠灰塑等重要作品。

2. 了解灰雕创作艺术的表现方式,初步学会制作具有个性特色的灰雕作品。

3. 了解灰雕在中国的发展史,知道灰雕史也是中华文明史的一部分。

(二)过程和方法

1. 尝试用不同的工具,通过看、想、做等方法进行简单制作、组合,体验灰雕制作的乐趣,提高动手实践和艺术创新的能力。

2. 学习对比与和谐、对称与均衡等美术原理,了解一些简易的灰雕创意和手工制作的方法,感受设计、制作和其他活动的区别。

3. 学会多角度认识和欣赏灰雕作品的材质、形式和内容特征,获得初步的审美经验和鉴赏能力,初步了解中国灰雕发展概况,尊重人类文化遗产,能对灰雕作品进行简短评述。

(三)情感、态度和价值观

1. 体验创作作品的乐趣,培养创新精神和实践能力,形成基本的美术素养。

2. 体会中华文化的博大精深,并尝试关注地方特色文化。

三、课程内容

灰雕是借助泥灰等主要材料创作作品,来表达个人的生活感受、理想、个性、情感心理、意识和审美价值的艺术创作活动形式。开设灰雕课程是为了推广灰雕教育,从而推动以美育为核心,以创新精神和实践能力为重点的素质教育。灰雕进入课堂,让学生走进灰雕世界,通过了解灰雕的基本知识,学生可以掌握灰雕制作的基本技法,培养审美能力、创造能力、想象能力和动手能力,陶冶美术情操,提升美术素养。

遵循这样的理念和思路,结合我校美术教学及本土特色,确定了《灰雕》校本教材的体系。本教材分为10个板块:(1)传统灰雕历史;(2)灰雕传承人介绍;(3)传承单位介绍;

(4) 灰雕工具及材料介绍；(5) 灰雕制作步骤；(6) 灰雕技法介绍；(7) 纹样学习；(8) 初识灰雕；(9) 立体灰雕；(10) 经典灰雕。同时，我们根据学生的年龄、认知特征及动手操作能力的差异，把教学对象分成两个学段，1—3 年级为第一学段，4—6 年级为第二学段。具体学习内容如下表：

学段	教学单元	教学内容	具体要求及标准
第一学段		传统灰雕历史	认识灰雕是一门源于古代，融科学、技术等为一体的综合性艺术，初步了解灰雕的发展史。
		灰雕传承人介绍	认识灰雕传承人朱英度师傅，并熟悉灰雕的传承谱系。
		传承单位介绍	认识灰雕传承基地，了解传承基地对传统灰雕文化的意义。
		工具介绍	认识一些常用的灰雕制作工具，如铁板、泥刀、钳子、锄头等。
		制作步骤	认识一些常用的灰雕制作材料，如蜊灰、麻筋、骨膏、明矾等。
		制作技法	认识一些常用的灰雕制作技法，如画、切、压等。
第二学段	第一章	传统纹样	了解灰雕的制作过程，并了解云、水、鱼等传统纹样的特点和造型。
		吉祥纹样	学习画、切、压等灰雕造型方法，了解牡丹、荷花、财神等吉祥纹样在灰雕创作中的运用。
		龙凤纹样	了解有关灰雕知识，初步了解龙、凤纹样的形象特点。
	第二章 初识灰雕	照壁灰雕	学习灰雕的造型特点，并尝试制作灰雕，进行多样的照壁造型练习。
		门窗灰雕	认识门窗的基本结构和主要组成部分，掌握制作灰雕造型的基本方法，制作一件门窗灰雕作品。
		墙面灰雕	欣赏墙面灰雕的形式美，学会用灰雕的基本工具及技法制作多样的墙面灰雕。
		屋顶灰雕	通过学习立体灰雕的制作方法，尝试用灰雕技法来制作具有立体感的灰雕作品。
	第三章 立体灰雕	戏曲人物	了解戏曲中人物的造型特点，并运用灰雕的表现形式表现各种人物造型。
		吉祥瑞兽	学习吉祥瑞兽的特征及夸张的表现手法，尝试塑造瑞兽的立体灰雕造型。
		鲤鱼化龙	认识鱼和龙的主要组成部分，掌握鱼化龙的基本形态，制作一件龙的灰雕作品。
	第四章 经典灰雕	陈家祠灰塑	了解广州陈家祠灰塑的艺术特色，初次尝试用不同的灰雕制作方法表现传统形象。
		《我自民间来》	欣赏连环画版的灰雕艺术特点，尝试用灰雕的形式来表现平面式作品。
		学生作品集萃	欣赏学生创作的具有欢快、喜庆气氛的作品。

四、课程实施

(一)教学活动

学生的主要学习方式离不开学校这个大家庭,我校的教学活动主要分为社团活动实践教学和美术课堂教学。

1."灰雕"进社团

灰雕教学活动中的实践教学始于灰雕兴趣小组。教师是按照学生认知能力和动手能力的不同进行教学的。

2."灰雕"进课堂

灰雕小组的教学活动不仅仅在兴趣小组中进行,美术教师王宏业还把灰雕课程搬入了课堂,使学生能近距离地感受灰雕制作的乐趣。

(二)宣传活动

作为宁波市鄞州区的非遗教学基地,我校有责任有义务将灰雕教学成果向外进行宣传与推广。

1. 敦本灰雕雕塑创意大赛

自2011年开始,学校成功举办了多届敦本灰雕雕塑创意大赛。通过比赛,学生们提高了学习热情,并通过手中的泥灰展现了自己的风采。

2. 优秀作品宣传展览周

自2011年开始,我校参加了关于灰雕宣传与推广的各项活动。

五、课程评价

根据《灰雕》校本课程的具体内容目标,确定评价内容为以下几个方面:

1. 灰雕知识方面。评价学生对灰雕制作方法、一般步骤等基本知识的掌握情况。

2.实践创新能力方面。评价学生在实践学习、亲身体验过程中观察是否全面,参与热情是否高涨,是否能大胆、合理提出问题,是否积极动手、动脑参与设计、制作灰雕作品,与同学之间交流、合作是否默契和谐。

3.情感态度与价值观方面。评价学生对灰雕制作的学习兴趣是否浓厚,学习动机是否强烈,能否大胆想象、勇于创新,是否乐于合作交流,采纳别人的意见,改进自己的学习与研究。

第三章

中国象棋

象棋有着深厚的群众基础，是我国优秀文化遗产之一，源远流长，历千年而日趋兴盛。它以红黑棋代表两军对垒的智力竞技，不仅具有很强的娱乐功能，而且是一门开发智慧、提高智力水平的综合艺术。基于这点，从1999年开始，宁海县梅林中心小学大胆实践，在全校1300余名学生、60多名教师中全面开展了象棋校本课程，要求全校师生人人会下象棋。自开展这一课程后，全校师生热烈响应、积极参与，很快掀起了不小的"象棋热"，并迅速普及到家庭，使学生的课余生活都有了一定程度的改变。学校欣喜地看到了这一活动所起到的效应，也达到了开展此活动的最初目的。

但学校领导并没有止步于此，而是站在更高的角度，思考如何把象棋活动与教育结合得更有意义。苏联教育家苏霍姆林斯基曾经这样认为："不下棋就不可能充分增强智能和记忆力，下棋应当作为智能修养的科目之一列入小学教学大纲。"

受到这一话语的启发，学校领导决定把象棋列入学校的教学活动中，并建立了相应的课程实施及管理制度。随着新课程的不断深入开展，为了全面提高学生的素质，学校适时提出了"全面＋特长"的办学思路。一方面努力提升传统课程的教学质量，另一方面则大力发展新课程中增加的诸如校本课程的新课程。学校希望通过校本课程的开发和实施，既满足学生全面发展的需要，又有利于学生个性特长的形成；同时，也希望借此实践学校"走好每一步"的办学理念，凸显学校的特色。

学校的教材也根据课程开设的推进而不断变化。起步之初，学校"借"用教材，购买了由中国棋院审定发行的中小学棋类教学实验用书——《象棋》，该教材分为三册。其中第一册为入门辅导，第二册为巩固练习，第三册为提高练习。但在实践过程中，学校发现，低年级的学生，尤其一二年级的学生，逻辑思维水平相对较差，教材要求与学生情况不相适应。这种情况下，学校开始自编教材，把原来的三册分为上、下两册，放慢教学进度，这种看似缓慢的教学却大大提高了象棋队选手们的棋艺水平，在参加各级各类比赛中，我校选手的成绩较以往有了很大的提高。

为进一步适应少年儿童的身心发展特点，使象棋教学更具有趣味性，学校决定在原有教材的基础上，进行进一步的改编，力求将象棋文化这门高深的学问变成通俗易懂的讲义。同时在编写时加入象棋文化的教育，使学生在掌握棋艺的同时，领略祖国文化的博大精深，潜移默化中感受象棋文化的魅力，从而激发了学生的民族自豪感。

本微课程是在学校开发的初级教材的基础上，结合学校的教学实践开发而成的，其课程目标为介绍象棋棋盘及棋子的走法，通过一些自编的通俗易懂、朗朗上口又便于理解和记忆的儿歌、口诀，学会象棋的走法。

第一节 "战场"——棋盘

宁海县梅林中心小学　汪　丽

一、教学目标

1. 认识棋盘中的据点、楚河汉界、纵横线和九宫格。
2. 掌握据点、楚河汉界和九宫格在棋盘中的作用。
3. 知道楚河汉界、九宫格、纵横线代表的含义。

二、教学重难点

掌握据点、楚河汉界和九宫格的概念及其在棋盘中的位置。

三、教学过程实录

（一）谈话导入

走象棋就像是两军作战，分为红、黑两方，双方都要充分调动自己的兵力，击败对方的最高首领，那么它们是在哪里战斗呢？就是在棋盘里。请大家仔细观察，在棋盘里你发现了什么？

（二）认识棋盘的纵横线

棋盘由完全相同的两部分组成，每部分由五条横线和九条竖线交叉而成。九，在数字上为最大；五，在数字中处于中间，竖九横五组合成的意思即为至高、至大、至广，代表

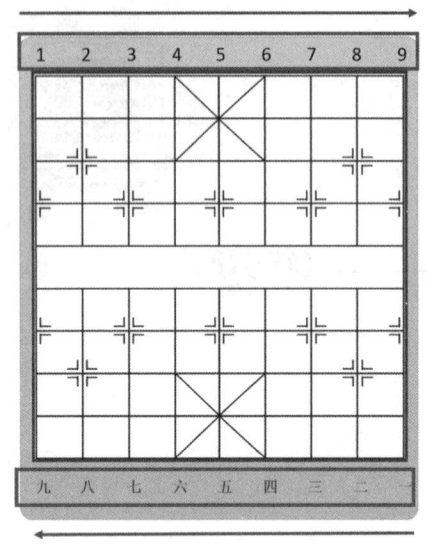

了最高位置。

每方棋盘从右往左依次标着1—9的数字。黑方为阿拉伯数字,红方为汉字。小朋友注意:标注数字时都是从自己方位出发,如红方的"二"对应黑方的"8"。

棋盘

(三)认识据点

横线和竖线相互交叉,总共有90个交叉点,被称为"据点",棋子就是摆在这些据点上。

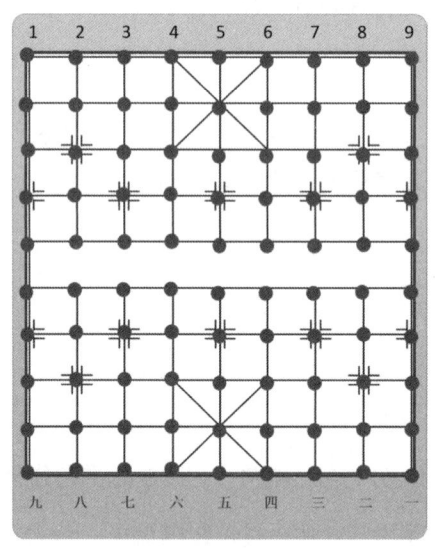

棋盘据点

(四)认识楚河汉界

棋盘中间有一条空白的横道,是双方的界线,写着"楚河汉界",叫"河界"。"河界"中间虽然没有线,但是不论直走或者斜走都和有线是一样的,只是有些棋子不能过河。象棋棋盘中的分界线来源于楚汉战争。2200多年前，西楚霸王项羽和汉王刘邦以荥阳为主战场，展开了长达4年的攻伐激战，并以荥阳的鸿沟为界，相约中分天下，成为中国历史长河中最为精彩的片段之一，也成为象棋盘上所标界河的依据。

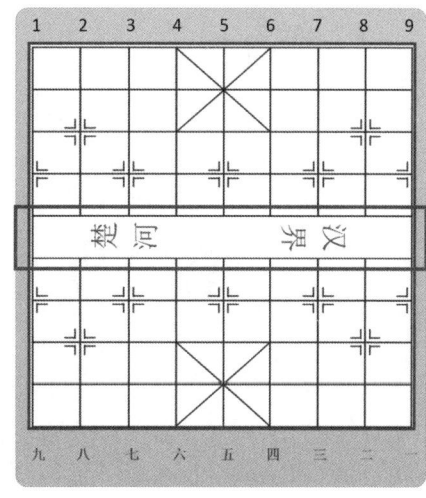

棋盘上的"楚河汉界"

（五）认识九宫格

棋盘上还有两个米字格，是将（帅）和士（仕）可以活动的地方，共占有3×3的方块区域，有九个点，称为九宫。九宫格就是将（帅）的大本营，他们在里面指挥战斗，所以我们不可让对方棋子轻易进入九宫格。当然，己方的将（帅）或士（仕）也都不能走出九宫。

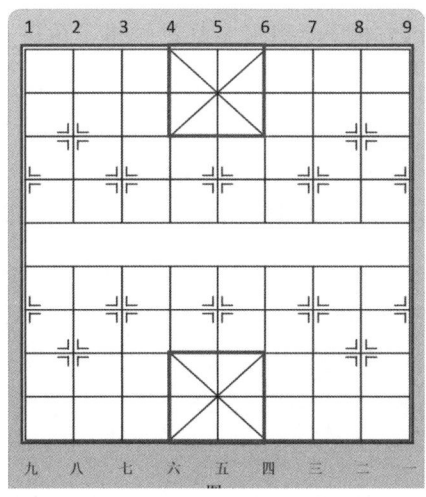

棋盘上的九宫格

（六）作业练习

小朋友们，快拿出你们的棋盘，和同桌一起认一认吧！

第二节 "战士"——棋子

宁海县梅林中心小学　汪　丽

一、教学目标

1. 知道象棋是由红黑两方组成的,每方各有一定的棋子。
2. 认识棋子并知道每方棋子兵种及各兵种的棋子数目。

二、教学重难点

认识棋子的个数、各方棋子数和兵种。

三、教学过程实录

（一）谈话导入

同学们,上节课我们认识了"战场"——棋盘,今天我们一起去认识一下在战场上战斗的"战士"——棋子。

（二）认一认

下图是象棋的所有棋子,我们可以数一数,象棋的棋子共有32个。象棋分为红、黑两方,红色棋子就是红方,黑色棋子就是黑方。每方有16个棋子、7个兵种。

棋子

（三）学一学

帅是红方的最高首领，它的手下有 4 个"贴身保镖"，分别是 2 个仕和 2 个相，如果有敌人入侵它们的守护范围，它们就会毫不客气地把敌人吃掉。帅的手下还有 2 个车（车，象棋里念做"jū"）、2 个马、2 个炮、5 个兵，负责到对方的阵营里杀敌，如果能杀掉对方的黑将，红方就算赢了。

黑方和红方的兵种相同，只是颜色不同，黑方的将相当于红方的帅，黑方的"贴身保镖"分别是 2 个士、2 个象。同学们，你发现了吗？红相和黑象虽然字不相同，但是读音相同。黑方还有 2 个车、2 个马、2 个炮、5 个卒。黑方的卒和红方的兵是同一兵种。这些兵种的作用和红方的相同。

下棋就是要动脑筋保护好自己的将（帅），同时要想办法把对方的将（帅）吃掉。如果你能吃掉对方的将（帅），那么就赢了！

（四）作业练习

小朋友们，经过这节课的学习，现在你认识了红、黑双方的棋子，做做书中的练习题吧！

象棋的棋子共有（　）个，分为（　）和（　）两方。每方有（　）个棋子，分为 7 个种类。

红方：（　）1 个，车、马、炮、相、仕各（　）个，兵（　）个。

黑方：（　）1 个，车、马、炮、象、士各（　）个，卒（　）个。

第三节 摆棋布阵

宁海县梅林中心小学　汪　丽

一、教学目标

1. 借助儿歌,能熟练记住每个棋子的摆放位置。
2. 能够准确、熟练地摆放整盘棋。
3. 对象棋产生热爱之情。

二、教学重难点

掌握每个棋子的位置,准确、熟练地摆放整盘棋。

三、教学过程实录

（一）谈话导入

小朋友们,前几节课我们认识了中国象棋的棋盘和棋子,这些棋子在棋盘里可不是乱放的,每个棋子都有自己的位置,今天我们就一起学一学吧!

下图就是一副摆好的棋,小朋友们,看看你能发现什么?

（教师手指"兵"）你看,五个小兵站在最前面的十字架上,冲锋陷阵,保护领土。

（教师手指"炮"）两个炮架在城墙上,时刻防止敌人的进攻。

（教师手指"士、象"）士和象是将（帅）的贴身士卫,他们时刻守在将（帅）的身边。

（教师手指"车"和"马"）车和马是进攻性最厉害的兵种,他们紧守在将（帅）的外围,

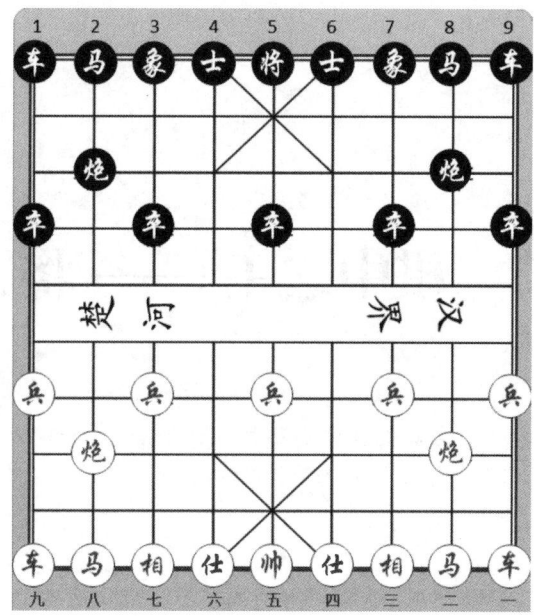

摆好的棋盘

以防敌人靠近。

每个棋子都站在自己的位置上,严阵以待,斗争一触即发。

有一首摆棋歌,可以帮助我们把棋子快速地摆好!边听边看老师来摆棋。(教师边说边摆棋)

摆棋歌

五个小兵前排站,

两门大炮两边放,

元帅将军坐中间,

车马相士挨着站。

小朋友们,跟老师一起来读读这首摆棋歌吧!

(二)作业练习

小朋友们,回家后把摆棋歌背给爸爸妈妈听,和爸爸妈妈摆摆棋吧!

第四节　棋中之王——将、帅

宁海县梅林中心小学　尤梦楠

一、教学目标

1. 熟记将（帅）在棋盘中的摆法和位置，并初步掌握走法。

2. 初步了解《走子儿歌》，根据《走子儿歌》判断将（帅）的走法是否正确。

3. 知道下象棋的一些基本礼节。

二、教学重难点

初步掌握将（帅）的走法。

三、教学过程实录

（一）谈话导入

下象棋就像是两军作战，双方都要充分调动自己的兵力，击败对方的最高首领——将和帅。

看，这就是将，它是黑方大将军；这是帅，它是红方将军。

将和帅分别是红、黑双方的首领。战争中，小兵在前线冲杀，将（帅）在阵营指挥，所有的棋子都要齐心协力保护自己的将（帅），不然，

将(帅)一死,棋就输了。于是,将(帅)被称为"棋中之王"。

(二)认识将(帅)在棋盘中的位置

将和帅虽然名字不一样,但它们在棋盘中的位置、作用都是一样的。

我们学过《摆棋歌》,其中一句"元帅将军坐中间",所以黑将和红帅在棋盘上的位置就是在自己九宫格最中间的底线上,即上图中示意的五角星位置上。

(三)初步了解将(帅)的走法

俗话说"大帅围着老营转",意思是将(帅)只在九宫格内活动,可上可下,可左可右,每次走动只能按竖线或横线走动一格。根据这个规则,同学们可以判断一下,下图中,黑将能一步吃了红马吗?可以的给笑脸打"√",不可以的给哭脸打"√"。

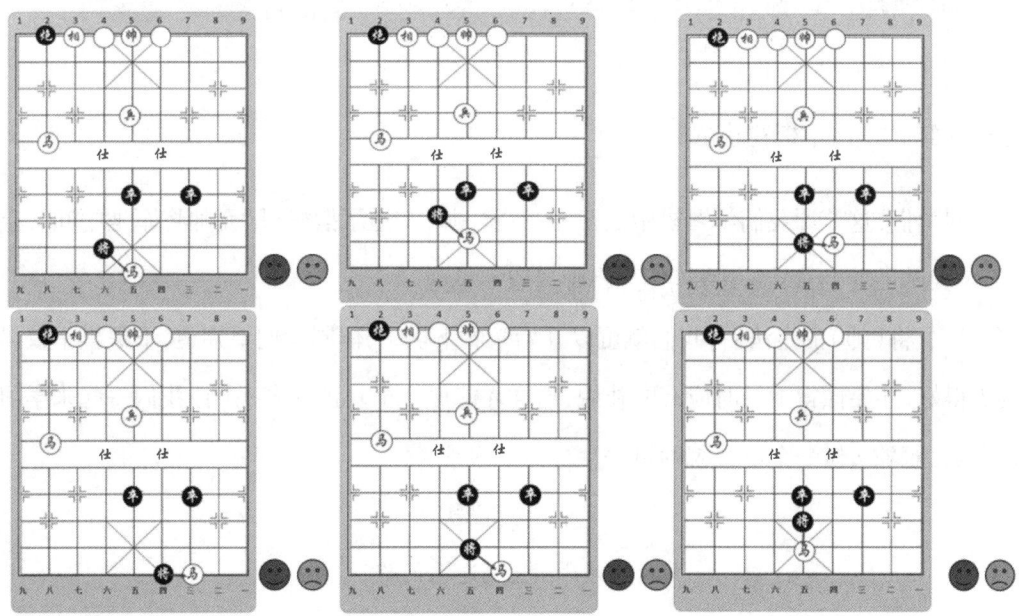

(四)将、帅不能面对面

为帮助同学们记住棋子的走法,老师向大家推荐一个儿歌——《走子儿歌》。

走子儿歌

老将活动九宫间,将帅遥望不见面;

士斜行、滑石梯,兵卒过河横向前;

马走日、相走田,车炮走遍每个点。

"将帅遥望不见面"的意思是:两方的将(帅)不能送给对方吃,也不准和对方将(帅)面对面,如果谁走到和对方将(帅)同一条直线上,中间没有任何棋子遮挡,谁就算输。请同学们当当小评判:下图中,是"将帅遥望不见面"的给笑脸打"√",不是的给哭脸打"√"。

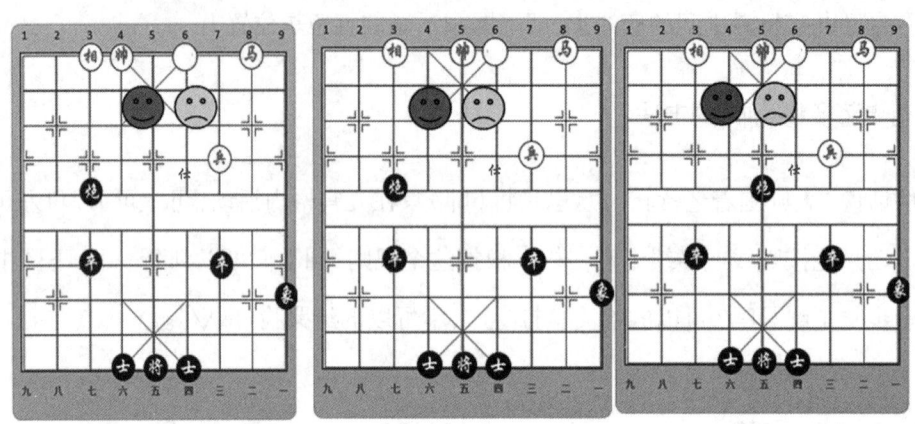

(五)总结,学习《下棋礼貌歌》

同学们,这节课我们学习棋中之王——将、帅,知道了摆棋时"元帅将军坐中间",走子时"大帅围着老营转",还要牢记"将帅遥望不见面"。

学了将(帅)的走法后,我们就可以开始学着下棋了,但同学们要知道,下象棋不仅棋要走得好,还要懂得下棋时应有的礼貌,这样才能做一个真正的棋王!让我们一起来学习《下棋礼貌歌》,做一个懂礼貌的棋手!

下棋礼貌歌

大家要知道,相逢要问好,

长辈要尊敬,礼貌不可少。

识大体、多读书、明礼仪、懂世故,

观棋不语真君子,举手不悔大丈夫!

第五节　贴身保镖——士（仕）

宁海县梅林中心小学　尤梦楠

一、教学目标

1. 认识士（仕）的不同写法。
2. 掌握士（仕）的走法和作用。
3. 热爱象棋。

二、教学重难点

认识士（仕）的不同写法，掌握士（仕）的走法和作用。

三、教学过程实录

（一）谈话导入

同学们，经过上节课的学习，我们知道了将、帅是棋中之王，棋中之王需要所有士兵的保护！你看，这就是他们的贴身保镖——士（仕）。

(二)认识士(仕)在棋盘中的位置

士(仕)的任务就是保护将(帅)的安全!大家都喜欢称它们是将(帅)的"贴身保镖"。所以士(仕)在棋盘里的初始位置就在将(帅)的左右边。

同学们,现在让我们拿起笔圈一圈棋盘中士(仕)的初始位置吧!你能快速完成吗?

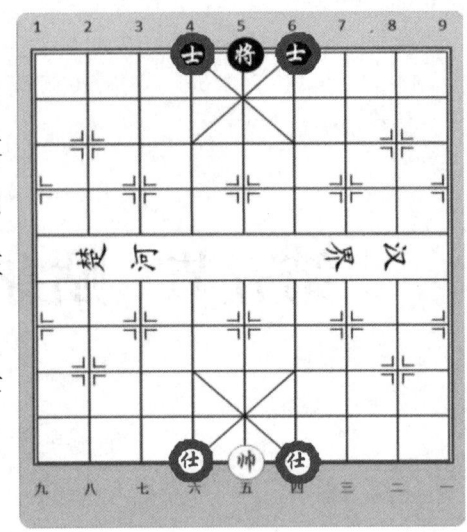

(三)初步了解士(仕)的走法

你知道士(仕)的走法吗?让我们一起背一下《走子儿歌》吧。

走子儿歌

老将活动九宫间,将帅遥望不见面;

士斜行、滑石梯,兵卒过河横向前;

马走日、相走田,车炮走遍每个点。

士(仕)要保护将(帅)的安全,所以在走的时候不能走出九宫格,而且它们只能走斜线,所以走起来像小朋友滑石梯一样,并且每次只能走一格。这就是常说的"将士(仕)不离九宫格"!

虽说士(仕)是将(帅)的贴身保镖,但是,同学们要注意了,这两个士(仕)在下棋时需要相互保护。如果其中一个士(仕)被吃了,那么另一个士(仕)也可能很快被吃了。

(四)练习士(仕)的走法

士(仕)是一位尽职的"保镖",遇到有敌人靠近九宫格,它就会毫不客气地把它们吃掉。

看左图,黑士一口就可吃了红方的兵;而右图红仕可吃了黑方的马。

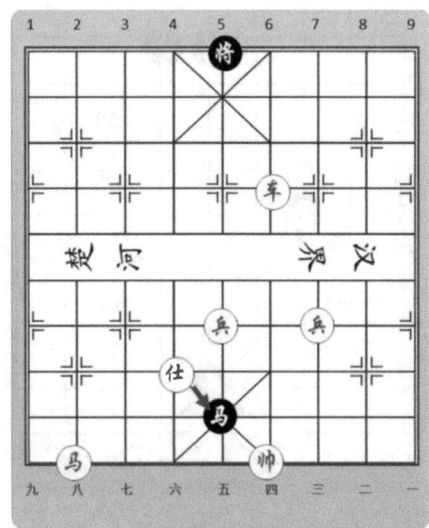

(五)小评判

同学们,你们学会士(仕)的走法了吗?好,让老师来考考你。请看图,红仕能一步吃了黑卒吗?如果可以,给笑脸打"√";如果不可以,给哭脸打"√"。

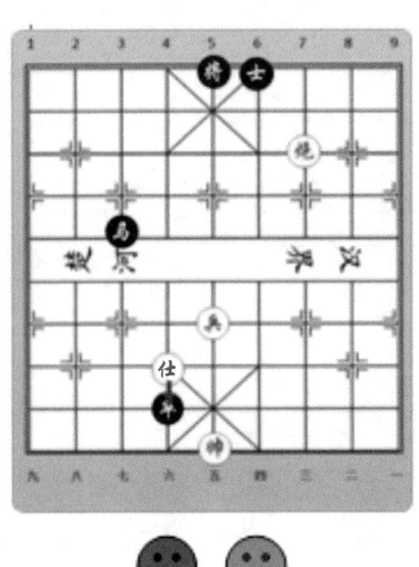

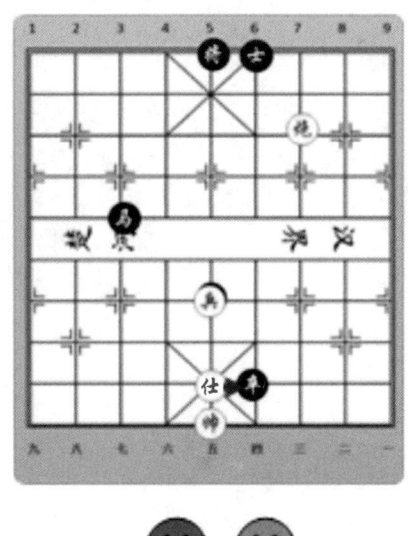

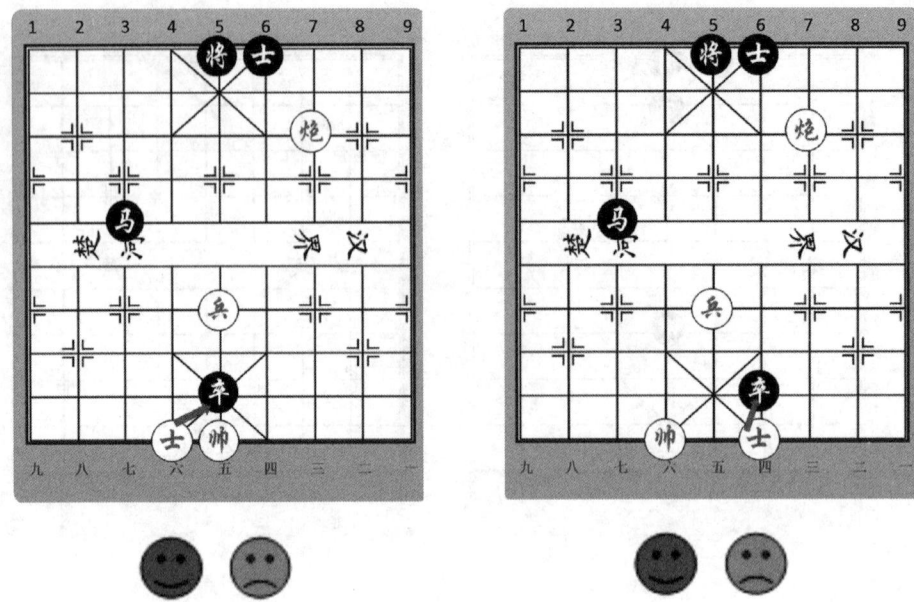

四、小结

这节课,我们知道了士(仕)是将(帅)的"贴身保镖",摆棋位置就在将(帅)的左边和右边。士(仕)每次走都只能斜着走一格,而且和将(帅)一样不能离开九宫格。同学们,你们记住了吗?

第六节 以守为攻 —— 相(象)

宁海县梅林中心小学　卢倩倩

一、教学目标

1. 认识相(象)在棋盘的位置。

2. 掌握"象走田"的走法,知道相(象)不能过河,当相(象)被"塞相眼"时,是不能走过这个"田"字的特点。

3. 能基本运用相(象)的走法,判断能否吃对方棋子。

二、教学重难点

掌握相(象)的走法。

三、教学过程实录

(一)直接导入

相(象)是中国象棋队伍中的"大丞相",跟士(仕)一起时刻保护总司令——将、帅。同学们,这节课我们就一起来认识棋盘中的相(象)吧!

(二)相(象)在棋盘中的位置

在棋盘中,黑方和红方的相(象)虽然字不

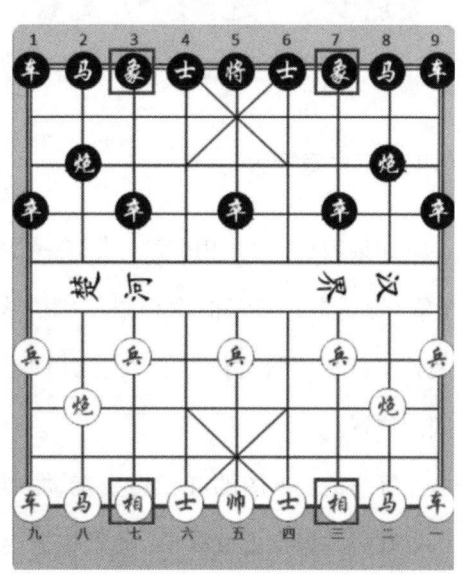

同,但是作用相同,位置也相同,都是紧贴着士(仕)身边,时刻保护将(帅)。

(三)相(象)的走法

相(象)的活动范围限于"河界"以内的本方阵地,不能过河,不能离将(帅)太远了,每步要走对角线两格,俗称"象走田"。下图左图中是在摆好的棋盘上,相(象)下一步分别可以走到的据点。

下图右图中是红相和黑象的所有可能走到的据点,相(象)如果出现在棋盘其他据点上,则一定是走错了。一般情况下两个相(象)威力较大,与士(仕)一样,缺了另一个相(象),其中一个没有了互相保护的棋子,那它也危险了。

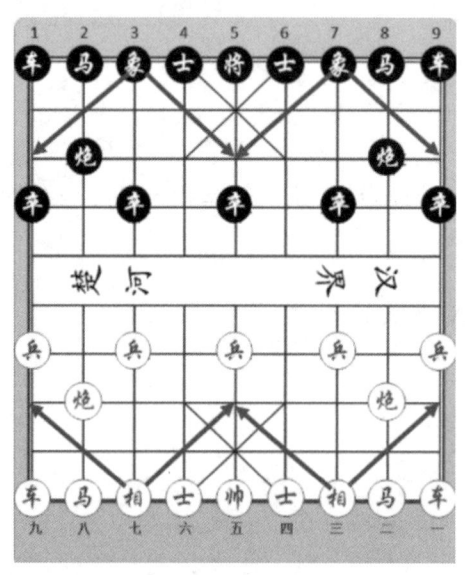
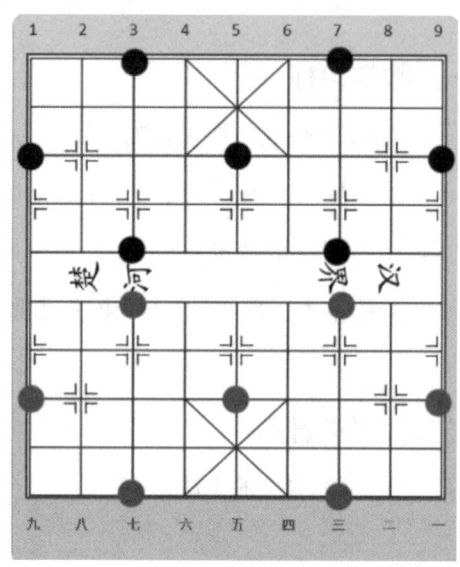

(四)认识"塞相眼"

如果我们走的"田"字中央有一个棋子,相(象)就不能走,俗称"塞相眼"。图中的黑炮就是处于红相相眼的位置上,使红相不能走到中间的位置。

练一练:下图的红相想要走动,黑方分别可以在哪些据点上放棋子,使红相被"塞相眼"。

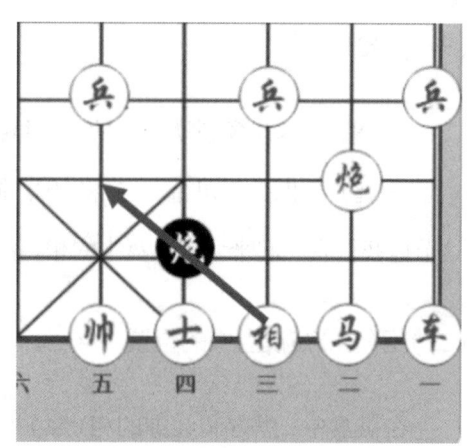

请你找一找,圈一圈。

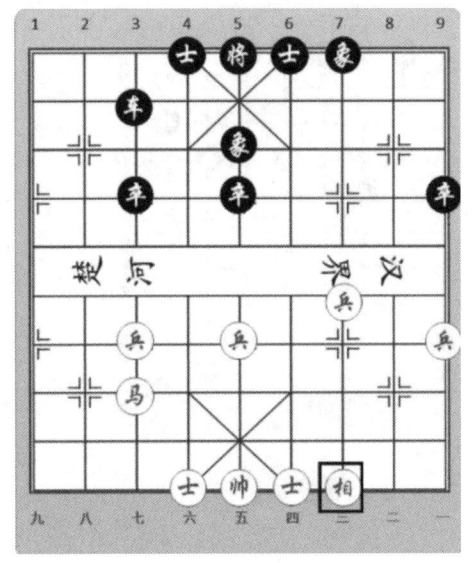 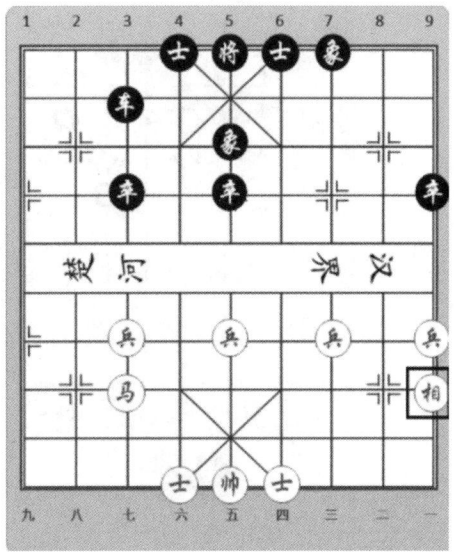

(五)作业练习

同学们,相信通过老师的讲解,你应该已经知道了相(象)的走法吧!那么请你判一判,下面五幅图中,黑象按箭头所指能吃了红炮吗?可以的给笑脸打"√",不可以的给哭脸打"√"。

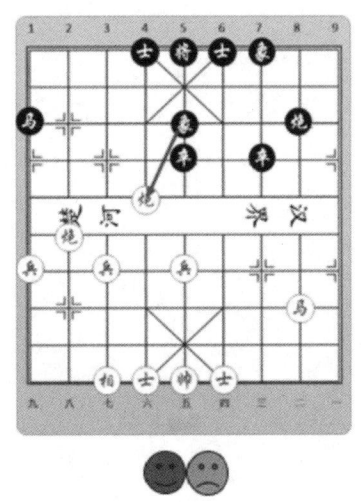 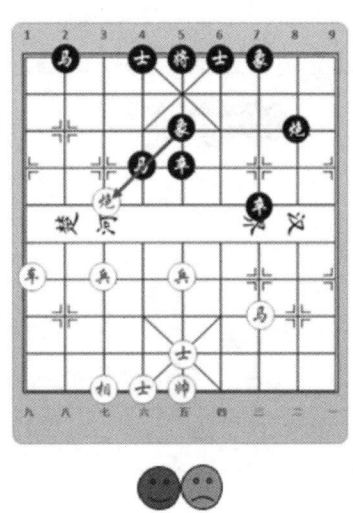

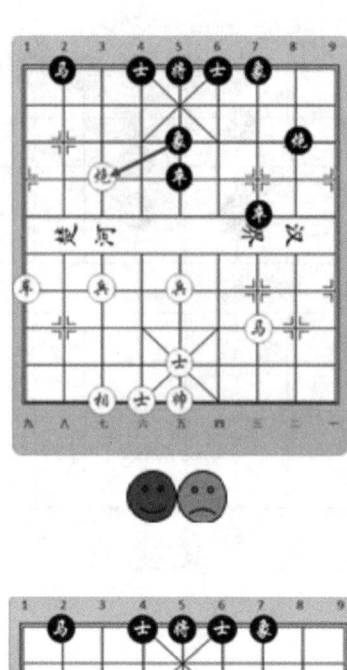
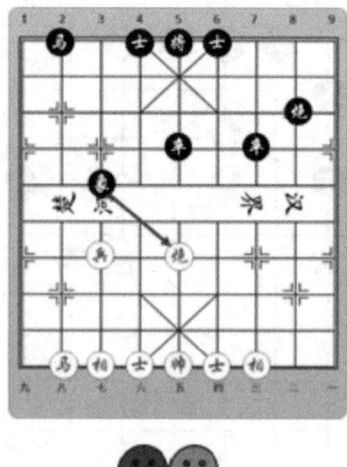
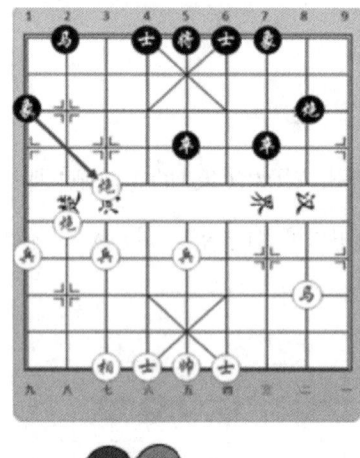

第七节 能攻能守——车(車)

宁海县梅林中心小学　汪　丽

一、教学目标

1. 掌握车(車)在棋盘中的位置,并初步掌握车(車)的作用及走法。
2. 知道车(車)是进攻威力最大的棋子。

二、教学重难点

初步掌握车(車)的走法。

三、教学过程实录

(一)谈话导入

同学们,上几节课我们认识了将(帅)的贴身保镖——士(仕)和相(象),今天我们要一起去认识象棋中攻击性最强的兵种——车(車)。图中就是黑红双方的车。

在象棋中车的写法有简体字,也有繁体字,但是都读"jū"。

(二)学习车(車)的走法

车(車)在象棋的棋子中威力最大。想知道它是怎么走的吗?我们到《走子儿歌》里

找一找吧！（示范读《走子儿歌》）

走子儿歌

老将活动九宫间，将帅遥望不见面；

士斜行、滑石梯，兵卒过河横向前；

马走日、相走田，车炮走遍每个点。

从儿歌里我们知道，车（車）能够走遍棋盘上的每个点，可以横着走、竖着走，只要前方没有阻拦，它走的步数也不受限制。（教师手指棋盘进行讲解）

一个车（車）最多可以控制十七个据点（如下图左图）。车（車）在能走到的据点，碰到对方的棋子，就可以毫不客气地把他吃掉。同学们请看，在下图中图，红车向前走4格，可以吃到黑方的炮。而在下图右图，黑车向右边走7格，可以吃掉红方的马，向前两格可以吃掉红方的炮。

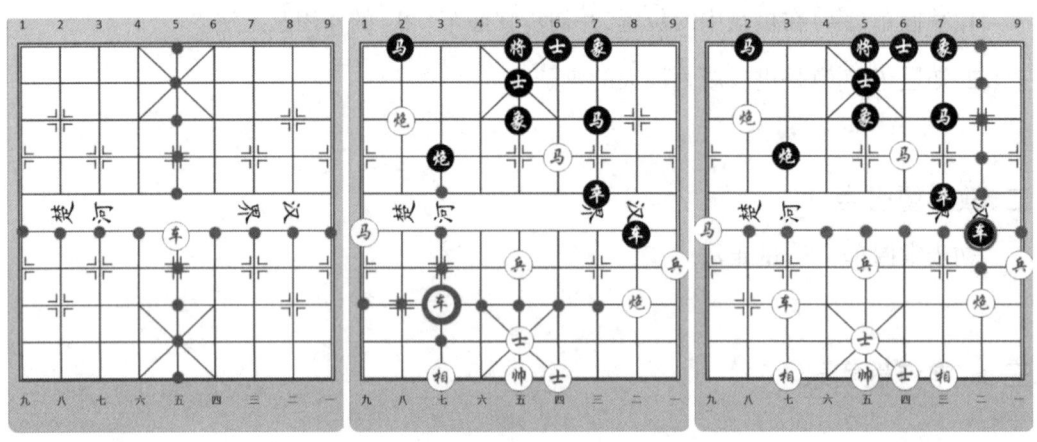

（三）判断题

同学们，看了两个例子，你学会车（車）的走法了吗？你试着判断一下，下图中的红车能吃到什么棋子？

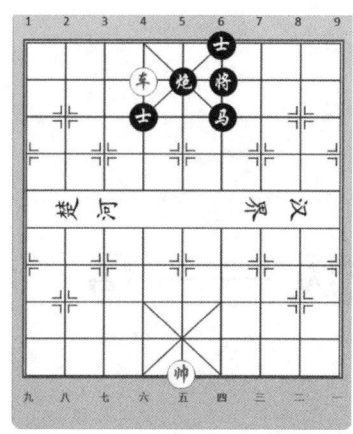
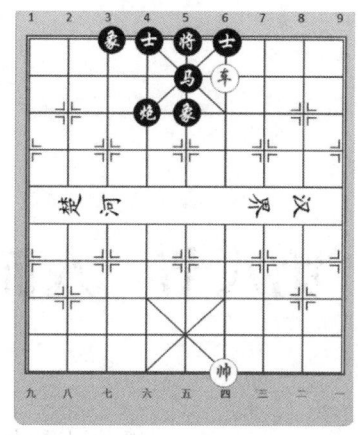

【答案】左图中,红车不可以吃黑马,因为车(車)只能横走或者竖走,不能斜着走。在这幅图中我们可以看出车可以吃炮,或后方的黑士。右图中,红车可以吃黑士,也可以吃黑马,当然最好的走法是向前走一格吃掉黑士,从而将死黑方。

(四)学一学

同学们,你们看,车(車)的攻击力厉害吧!我们古代爱下象棋的人也这么认为,他为车(車)写了一首古诗。

长车雄风

南征北战急先锋,万里界河任尔东。

虎啸一声寒十子,绞杆威震笑苍穹。

诗的意思是:车可以南征北战,过河界也不受限制,是战争中的急先锋。它来到的地方,其他棋子都要害怕。

(五)作业练习

从诗中,我们可以看出车(車)的作用是非常大的,能进能退,能攻能守,难怪它最厉害了。回家后向爸爸妈妈介绍一下车(車)吧!

第八节 八面威风——马

宁海县梅林中心小学 卢倩倩

一、教学目标

1. 认识棋子马在棋盘的位置。

2. 掌握"马走日字"的走法,当马成为"蹩脚马"或"绊脚马"时,只能走到一些据点上。

3. 熟练马的走法,在讨论中知道"马逢边必亡"的特点,在实际下棋中能充分利用马的特点和优势。

二、教学重难点

掌握马各种时候的走法,能够准确吃子,了解"马逢边必亡"的特点。

三、教学过程实录

(一)直接导入

马是中国象棋中除车(車)以外攻击力最强的兵种。小朋友们,这节课我们就一起来认识棋盘中的马吧!

(二)马在棋盘中的位置

在棋盘中,马就排在车(車)的旁边,大家来看一看。

(三)马的走法

马是一直一斜或一横一斜走的,即每一步先直走或横走一个交叉点,然后再斜对角走一个交叉点,俗称"马走日字"(下图左图)。因为从原来所在的点到新的点,恰好是一个"日"字(下图右图)。

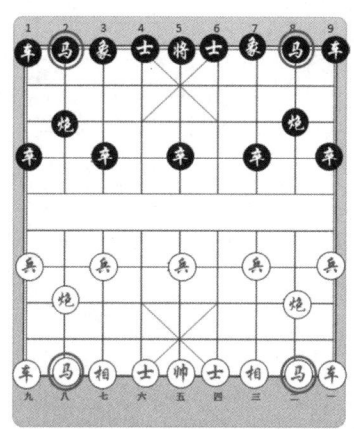 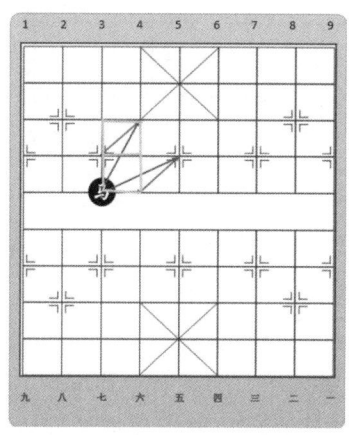

马在棋盘里,最厉害的时候可以控制八个据点,如下左图所示的点,就是这匹马能控制的八个据点。这就是"八面威风"!马真厉害,同学们可要好好用它呀!

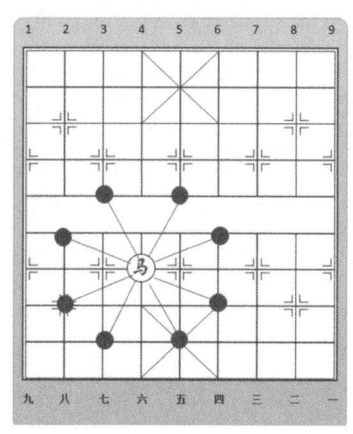 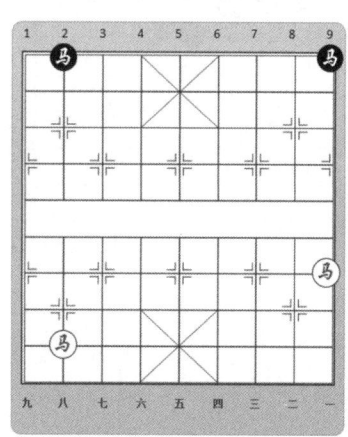

同学们,你能找到上图右图中的几个马能走到的据点吗?把它们圈出来。与周围的同学讨论一下,你有什么发现吗?

我们发现,马的位置越靠中间,据点越多,威力越大呢!因此,古人有棋语:"马逢边必亡。"所以,我们在下棋的时候最好不要把马派到边上。

(四)认识"蹩脚马"和"绊脚马"

可是,如果在一竖或一横的地方有一个自己或对方的棋子,马就不能往这个方向走,这就叫"蹩脚马"或"绊脚马"。如下图中的马,由于旁边有棋子,导致它控制的方位缩小。

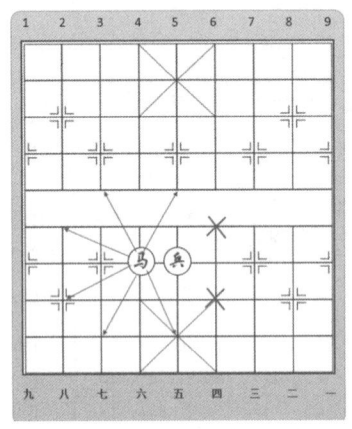 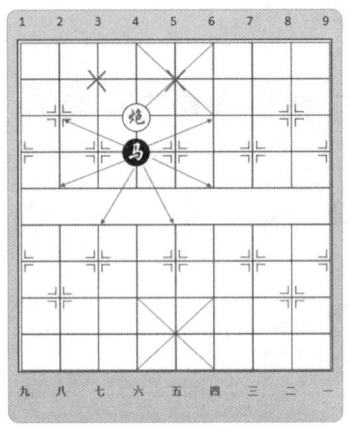

下面两幅图是红黑两方在战斗的棋局,你能发现黑马分别可以吃红方的哪些棋子吗?请你找一找,圈一圈。

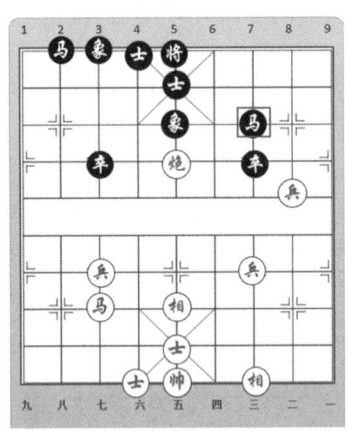 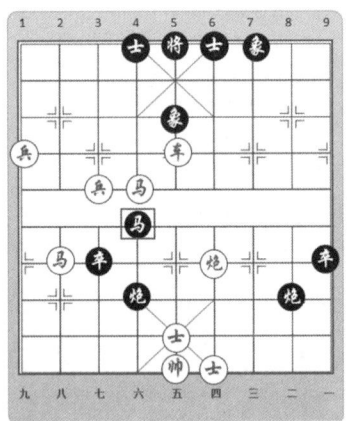

(五)作业练习

同学们,你知道马的走法了吗?拿出象棋和同桌走一走吧,好好利用马哦!下课后,可以去学校的墙上再看看马的棋法,巩固马的走法哦。

第九节 以攻为守——炮

宁海县梅林中心小学　尤梦楠

一、教学目标

1. 熟记炮在棋盘中的摆法位置,并初步掌握走法。

2. 能利用炮的走法判断吃子。

3. 初步了解双叠炮的用法。

二、教学重难点

初步掌握炮的走法。

三、教学过程实录

（一）谈话导入

同学们,在前面的课中我们已经认识了中国象棋中攻击性棋子的兵种——车(車)和马。今天这节课,我们要来认识中国象棋中另一种攻击性的棋子——以攻为守的炮。

看,图中的两个棋子就是象棋中红黑双方的炮!

(二)认识炮在棋盘中的位置

请你仔细看一看左图,找到红、黑双方的炮。记住炮的位置了吗?在空棋盘中,你能在棋盘里找到炮的家吗?小朋友们,其实炮的位置就在2、8竖线上(右图)。

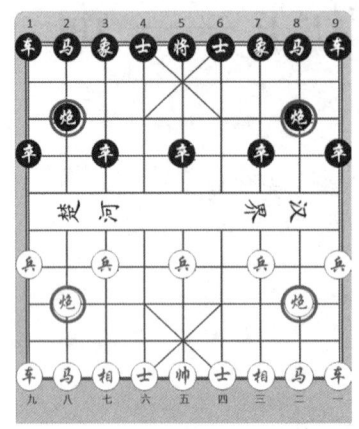 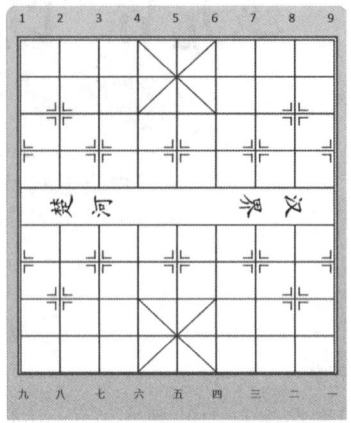

(三)初步了解炮的走法

同学们,你们知道炮的走法吗?别着急,让我们一起回忆一下《走子儿歌》吧。

走子儿歌

老将活动九宫间,将帅遥望不见面;
士斜行、滑石梯,兵卒过河横向前;
马走日、相走田,车炮走遍每个点。

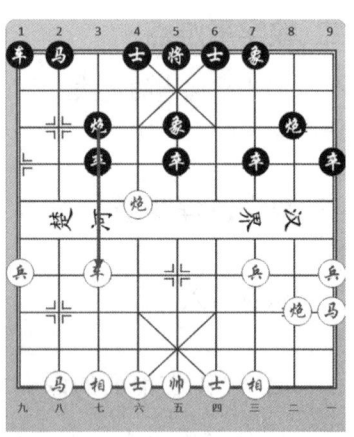

所以,炮不吃子时,走动与车(車)完全相同,可在直线上前进后退!但在吃子时,必须跳过一个棋子(炮架),俗称"炮打隔子"。如图,黑炮借助黑卒这个炮架,可以吃了红方的车。

(四)练习炮的走法

同学们,让我们来练一练"炮打隔子"吧。下面两幅图中,黑炮能吃到哪个棋子?

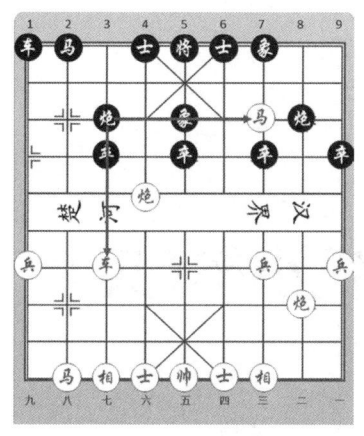 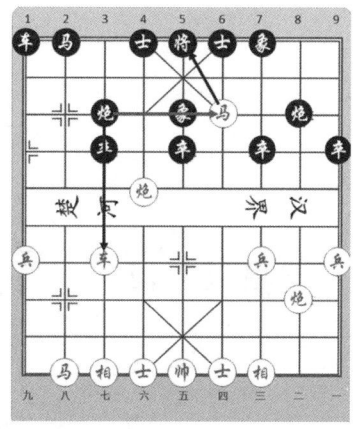

在上面左图中,黑炮可以吃红车,也可吃红马。而在右图中,黑炮可吃红车,也可吃红马,但是,黑炮必须先吃了红马,不然,红马可就要吃了黑方将军啦!

(五)学习"双叠炮"

炮的威力一般来说在开局时比马大,所以,在开局时,你要用好炮哦!在开局时,炮有一种凶猛的走法,叫作"双叠炮"。如下图左图就是双叠炮,炮2为炮1的炮架,炮1可吃将;无论黑方谁来3、4位置救援,都会被炮2当作炮架吃了将。当然,除了开局外,在中局、残局中都可能用到双叠炮。如下图右图就是另一种双叠炮的用法,炮2为炮1的炮架,炮1可吃将;无论黑方谁来3、4位置救援,它都会被炮2当作炮架吃了将。

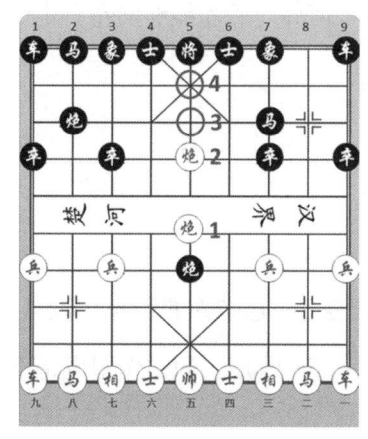 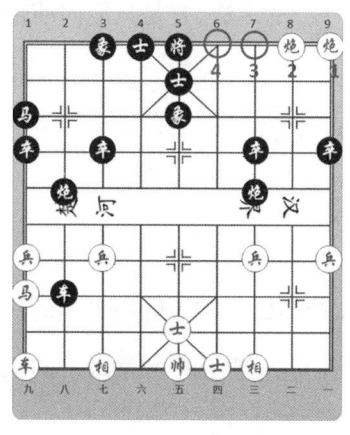

四、总结

炮的威力真大啊,同学们一定要多加练习,学好它的用法!

第十节 "有名"小卒(兵)

宁海县梅林中心小学 尤梦楠

一、教学目标

1. 认识卒(兵)在棋盘的位置。

2. 掌握卒(兵)只能向前走不能往后退的走法特点,知道过河和没过河时的卒(兵)的走法是不同的。

3. 意识到卒(兵)的作用是不能忽视的。

二、教学重难点

掌握卒(兵)的走法,它是只能向前走的,过了河界之后才能够向左右走。

三、教学过程实录

(一)直接导入

同学们,我们已经学了好多棋子的功能和走法了,这节课我们来认识棋盘中最后一个棋子吧,它们就是棋盘中数量最多的棋子——卒(兵),它们的作用也是不容小觑的,在最后关头它可厉害了。

(二)卒(兵)在棋盘中的位置

在棋盘中,象棋中数量最多的棋子就是兵和卒啦!分别都有5个呢,小组成员一起来找一找,指出下图右图中棋盘里卒(兵)的位置吧!

看到摆好的棋盘里卒(兵)的位置(左图),同学们有没有回忆起《摆棋歌》里"五个小兵并排站"这句话呢?可是这5个小兵是随便在一排并排站着的吗?不是,卒(兵)都是摆在自家领土第四条横线的据点上(左图)。大家仔细看看哦!

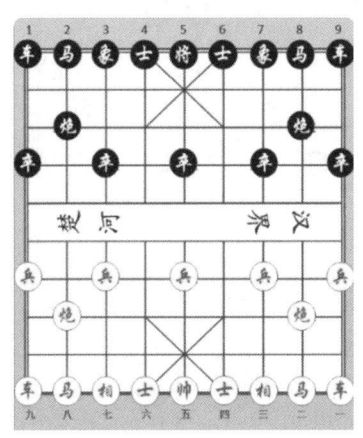 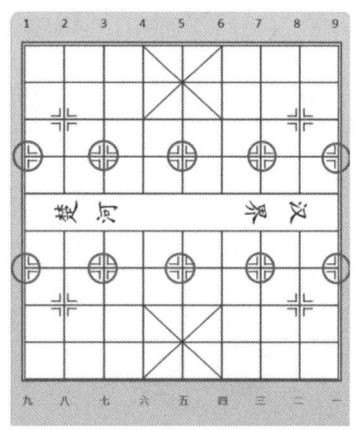

(三)卒(兵)的走法

卒(兵)没有过河前,不能在领地上到处乱走,只能向前走,不能后退也不能左右走。向前走时一次只能走一格。不过河的小卒(兵)威力不大,只能控制1个据点(左图)。但是俗话说得好"过河的卒子当车使",这意味着过河的卒(兵)威力就大大增强,这又是为什么呢?原来,卒(兵)过河时与未过河时的走法是不一样的,当卒(兵)过河时,它不仅可以向前走,也可以向左、向右走,所以过河的卒(兵)所控制的据点变成了3个(右图),这就是它威力增强的原因。

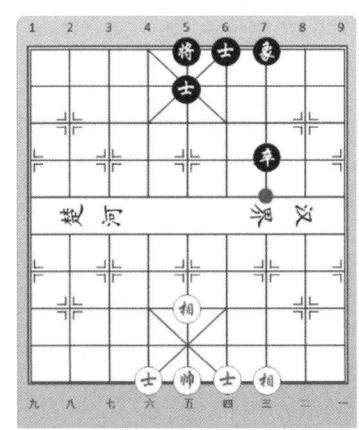 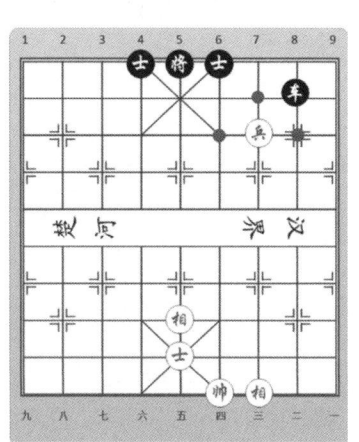

下面四幅图中,红兵能吃掉箭头所指的黑子吗? 请你判一判。如果可以,给笑脸打"√";如果不可以,给哭脸打"√"。

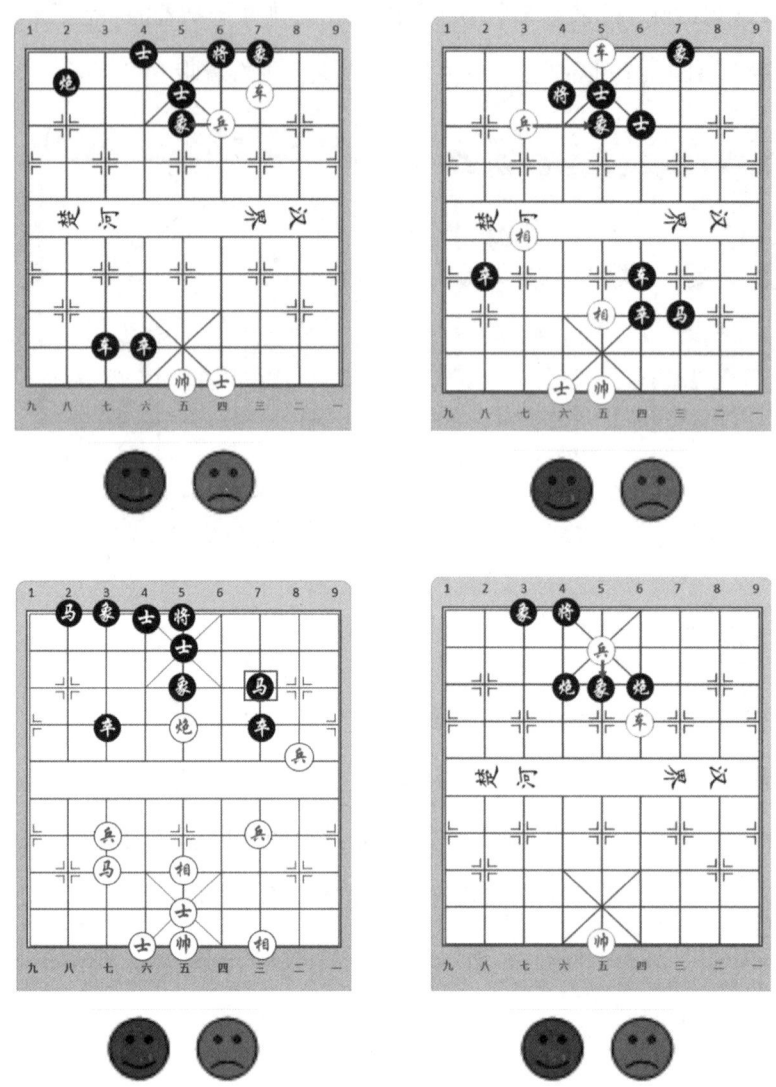

《中国象棋》课程纲要

一、课程总述

学校名称：宁波市宁海县梅林中心小学

课程名称：中国象棋

课程类型：普及推广型

教学材料：自编校本教材——《中国象棋》入门篇、中级篇、高级篇

授课时间：两学年一周期，每周一课时

授课对象：一至六年级全体学生

二、课程总体目标

1.通过自编一些通俗易懂、朗朗上口，又便于理解和记忆的儿歌、口诀，激发学生对中国象棋课程的兴趣，注重对学生的心理素质及意志品格的培养。

2.熟练掌握各种棋子的走法、吃法，以及简单的开局、中局、残局战术，并且能够在不同的局面中灵活运用。

3.通过参加各级各类的象棋系列活动，让学生在实践中得到锻炼，不断提高心理承受能力和棋艺水平，从中享受成功的体验。培养学生逻辑思维和想象能力，提高分析能力和记忆力，提高思维的敏捷性和严密性。

4.学会与他人合作共同完成任务，培养合作能力、交往能力，以及顽强勇敢、坚毅沉着、机智灵活等优秀的意志品质。

5.结合当前象棋的发展趋势及我国象棋大师的故事，进行爱国主义精神教育。感受象棋的无穷变化，体验学习象棋的快乐，努力展示自我，从而陶冶情操。

6.通过象棋学习，帮助学生克服急躁和优柔寡断的缺点，增强战胜困难的意志、毅力

和勇气,培养学生积极进取、争强好胜的拼搏精神。

三、课程具体目标与内容体系

目标年级	具体目标	课程内容与链接
低段	一、知识目标 1.认识棋盘和棋子,了解一些简单的象棋术语,知道它们所表达的意思。 2.初步了解和中国象棋有关的历史以及文化故事。 二、技能目标 1.通过学习,能够正确摆棋。 2.初步掌握不同棋子的价值和走法。 三、情感目标 1.感受中国象棋文化的博大精深,激发学习象棋的欲望。 2.通过课堂学习和亲子活动,初步体验下象棋的乐趣。 3.了解校园象棋文化,培养热爱校园、热爱中国象棋的情感。	1.关于中国象棋的发展历史和有关故事。 2.象棋的一些儿歌、口诀。 3.象棋的术语。 4.象棋人物的介绍。 中国象棋的基础知识。棋盘、棋子、行棋规则、棋子摆法、吃子、基本杀法、棋步的读法与记录、胜负和子力价值等。 情感教学的内容渗透在知识和技能教学过程中。
中段	一、知识目标 1.了解中国象棋的历史、象棋的名言和一些与象棋有关的名人故事。 2.认识棋谱。 二、技能目标 1.熟练掌握各种棋子的走法、吃法,以及简单的开局、中局、残局战术,并在不同的局面中灵活运用。 2.掌握中国象棋的基本战术和基本杀法。 三、情感目标 1.在学习过程中,培养合作能力、交往能力,培养顽强、沉着、机智等优秀意志品质。 2.体验学习象棋的快乐,努力展示自我,陶冶情操。	1.中国象棋的发展历史和有关故事。 2.象棋名言。 3.各种简单的棋谱。 1.中国象棋的基本杀法。 2.中国象棋的基本战术。 情感教学的内容渗透在知识和技能教学过程中。
高段	一、知识目标 1.知道象棋的中局理论以及常用的战术;会认读棋谱。 2.知道象棋的名人和学校象棋故事。 二、技能目标 1.掌握一些象棋战术的综合运用,会分析简单的棋势来进行攻防训练。 2.会读懂棋谱。 三、情感目标 1.培养良好的棋品棋德,以及合作交流的能力,感悟中国象棋的文化魅力。 2.渗透贯穿育人思想,培养良好的心理素质和意志品质及个人服从集体,局部服从大局的思想观念。	1.象棋名人堂。 2.中国象棋中局两论和常用战术。 3.学校象棋故事。 1.中国象棋布局、中局、残局。布局套路、中局分析、审棋。 2.各种残局的棋谱。 情感教学的内容渗透在知识和技能教学过程中。

四、课程实施

为保障象棋研究工作的有序开展和有效实施，我校制订了《梅林小学中国象棋普及教学活动制度》《梅林小学中国象棋课程管理制度》等，每学期制订可操作、有实效的研究计划，期末进行阶段性小结；每月召开一次象棋校本课程工作例会，不定期地进行组内交流活动；每学期举行一次课堂教学研讨活动、课程研讨或理论培训；每学期举行象棋比赛、知识擂台赛、象棋故事赛、象棋作文或心得评比；每学期象棋实验班进行象棋知识和技能竞赛等，形成规范的学校管理机制，做到四个保障。

1. 时间保障

在一至六年级正式开设普及性的中国象棋课程，每周一节，由专兼任象棋教师对学生进行象棋课堂教学，让学生认识棋盘，了解棋谱、棋子行进规则等内容，逐步培养学生对中国象棋的兴趣。利用综合实践活动时间，组织学生对弈，教师和学生一起切磋，加强象棋知识和技能的巩固，营造良好的学习氛围。

2. 场地保障

学校开设有专门的象棋室用于象棋教学和比赛，每学期学校都会添置和更新训练设施，确保象棋教学的硬件投入。

3. 费用保障

学校重视对象棋项目的投入，每年都拨出一定经费投入象棋教学活动中，如设备的添置更新，聘请专业棋手讲课，提高授课教师技能，提供学生参赛的费用等。

4. 师资保障

特色教育需要的是有特长的教师。学校对有棋类爱好的教师大胆起用，大力培养，组织教师进行中国象棋的学习和对弈，对经典名局和案例进行分析，提高教师的专业水平和业务能力，帮助他们找到适合自己的岗位。

我们还特别重视创造良好的象棋文化育人环境，让校园的每一寸土地、每一棵花草树木、每一面墙壁、每一项活动都融进棋气、突显棋味，让学生感知棋魂的存在。我们的做法：①在学校教学楼走廊墙上悬挂有关象棋的名言格言、名人故事、残局解析等棋文化知识。②配备一个象棋教学活动室和一个象棋文化室，展示历代象棋名人、棋文化理念及学校象棋活动成果。③开设象棋栏目，通过橱窗、广播等媒介，宣扬棋类知识、文化和赛事等内容。让校园处处充满棋的灵气，让学生时时感知棋魂的存在，建构棋韵校园。

我们精心设计组织活动，推进象棋教育的蓬勃发展。

精心设计象棋大活动：校大队部联合体育部，每个学期都精心设计开展有关象棋的活动，如"我与棋缘"征文活动、"棋娱、棋趣、棋谜"故事会、"学习与下棋"辩论大赛、象棋知识竞赛等，各类活动缤纷呈现，使整个校园充满了浓浓的"棋味"和"棋韵"。

象棋携手校运会：创造性地在学校体育运动会中增设象棋比赛项目，形成固定比赛，比赛设个人名次及班级团体名次，参赛人数达百人。既提高了学生象棋的整体水平，又培养了学生勇于拼搏的竞争意识和团结协作的集体主义精神。

校园象棋擂台赛：开放学校象棋室，常设校园象棋擂台赛，放手让学生自由切磋，裁判、工作人员均由学生担任，有兴趣的教师也可参加。比赛实行三局两胜制，赢的一方做擂主，继续守擂并接受其他棋手的挑战。每周公布擂台赛情况及周擂主名，下周起可以继续挑战。

五、课程评价

根据学生兴趣、态度及获奖情况，按照A、B、C、D等级，结合学生自评、小组互评、教师点评的多种评价方式，对学生进行综合评价。

中国象棋校本课程评价表

评价项目	评价要点	自评	互评	综合评价
道德品质	是非观、荣辱观、集体观、诚信度			
学习能力	态度、兴趣、学习习惯、创新意识			
基础知识	常用杀法			
	基本战术			
	常规开局			
	常见残局			
棋艺水平	对局			
	比赛成绩			
运动健康	体能、情绪、意志			

续表

评价项目	评价要点	自评	互评	综合评价
其他				
评价等级	A　B　C　D			
评语				

在实践中,我们根据不同阶段的学习要求,制订不同的评价标准,采用教师和学生共同评价的方法,分认知、技能和情感三个方面:即期末书面考查——象棋基础知识,平时实践对弈——象棋运动技能,期末小组互评——棋风棋品棋德。

同时注重棋艺棋品的评价:象棋提高班里都有学生的积分排行榜,包括象棋知识和技能的得分,讲究的是理论与实践的结合;定期进行班级"象棋之星"的评选,轻棋艺重棋品:积分排名遥遥领先的学生,不一定能成为"象棋之星",因为"象棋之星"的评选注重的是棋艺和棋品的共同发展,因而还要由教师、同学对他的棋品棋德进行考核,再经过班级32名曾与之对弈的棋手匿名投票,认可率达70%以上,其才能被评定为班级的"象棋之星"。

全校性的"象棋之星"的评选也是一样,必须经过基础知识测试→查看本人积分册→进行品德考核,层层通关才能获得"象棋之星"的称号。

每个学期期末,象棋教师会将每位学生的象棋评价结果交给班主任,包括基础知识、运动技能、棋品棋德,纳入学生期末综合能力素质考核中。这有助于提高象棋学习的重要性,引起学生、教师、家长的重视,有助于促进学生良好行为习惯和学习品质的发展,提高学生的综合素质,促进象棋教育活动在我校的全面落实和发展。

第四章
游刃纸海育素养

我校 —— 宁波国家高新区实验学校成立于 2010 年 9 月，而我校的"艺术特色学校"创建可以追溯到 2004 年。

我校的前身 —— 宁波市老庙小学从 2004 年始，就以"培养个性鲜明、能创造和享受美好人生的新生代的人"为办学目标，以剪纸教学为突破口，创建艺术特色学校。近年来，我们在剪纸教学实践中走出了一条"认识感知 — 实践探索 — 反思提炼"的课程改革路子，留下了步步坚实的脚印。

我校以课题形式开展的剪纸校本课程实践活动，无论从课题选定、过程管理、成果推广还是开展的规模（一至六年级开设）都在宁波市小有名气，并受到上级教科研部门的肯定。经过 11 年的努力，尤其是成立实验学校之后，在学校领导的高度重视下，对学校已有的创建成果进行梳理、总结、提升，在规范中求发展，在发展中创特色，使我校的艺术特色显山露水，尤其是剪纸艺术教学，已在宁波市崭露头角。

一、课程开发的意义和过程

剪纸作为一门植根于民间的草根艺术，随着时代的变迁逐渐衰落。2000 年冬，中国剪纸被纳入国际性的"人类口头与非物质文化遗产保护与抢救"范围内加以保护。我们开展以剪纸文化为学校主题的文化建设有着弘扬我国传统文化的使命。

我校的剪纸教育在上级科研部门的指导下，已经取得了一定的教育成果。2003 年，学校研发了剪纸校本课程的《教学目标纲要》《教学内容纲要》和《教学评价纲要》，近 8 年的剪纸课程开发研究，使我们认识到学校剪纸教育有更高的人文价值取向，形成和发展我校剪纸文化已成为我校推进剪纸特色教育向深层次发展的必然需求。

从师资来说，我校具有较强的艺术师资力量。美术专职教师拥有美术专业本科学历，许多教师拥有美术专业学习的经历。其中剪纸是魏晓红教师的专长，从学生时代，魏老师就爱好剪纸。二十多年来，魏老师坚持不懈，越剪越好，在浙江省内已小有名气，并且带动了周围的教师成为剪纸艺术的发烧友，教师热爱剪纸蔚然成风。2006 年 3 月，在我市民间艺术节上,由魏晓红老师指导的学生剪纸作品引起不小的轰动,获得许多专家和学者的好评。在2008年5月的"第一届浙江省中小学生剪纸大赛"上,魏老师指导的作品广受好评。学校层面也深刻认识到剪纸教育是我校的优势教学资源,决定深入开发剪纸教育,彰显我校的办学特色。

学校需要一个理想的教育载体。一所学校如果没有为教师不断提供发展的食粮,提供发展的空间,提供培训的平台,只考虑眼前利益,学校就不能发展。因此,我们学校根据师资优势、学生兴趣、剪纸艺术蕴含的教育价值以及新课程实施等综合因素,把推行剪纸特色教育作为学校发展的平台,在实践剪纸特色教育的过程中建设和发展学校的校园文化,提升教师的科研意识,促进专业成长,促进学生的潜质发展,从而提升学校的发展水平和学校的教育形象。

二、教学内容

深入挖掘剪纸艺术所蕴含的教育价值,开展剪纸学校文化建设,不仅可以促进学生的潜质发展,也可以促进教师的专业成长和提升学校整体工作,实现我校"文化立校、特色亮校"的办学目标。同时,本课题的研究还为学校剪纸教育研究提供了新的理论视野和实践途径。

按照学生实际年龄设置剪纸内容,而且确定了年级之间的差别教学内容。

1. 一、二年级的教学内容

掌握剪纸工具的使用,了解剪纸符号的辨认与要领以及剪纸制作的步骤,学会剪影、单色剪纸、多方持续纹样、三瓣花、四瓣花的制作;驾驭物体的形象特性,并能画出来;驾驭剪刀,逐渐使剪纸轮廓准确、流利。在教师指导下能照简单的范例完成作品。在班内开展折叠法、画法、剪法的竞赛,并将作品对外展示或者向相关刊物投稿。

2. 三、四年级的教学内容

在一、二年级的基础上,了解剪纸的独特风格及应用常识,学会五瓣花、六瓣花、双喜字、心形双喜字的制作,掌握剪纸的裱贴、剪纸的对称式以及式构图的相关常识。进一步掌握剪纸的技能,了解剪纸的规律,提高兴趣,营建剪纸艺术的氛围。能参照较复杂的剪纸范例独立完成作品,并开展评选活动,将优秀作品对外展示或者投稿到相关刊物。

3. 五、六年级的教学内容

在一至四年级的基础上,学会七瓣花、八瓣花、菱形花腔、花喜字等较复杂造型的剪纸制作,掌握剪纸的造型、保存以及鉴赏常识。了解剪纸的起源以及发展历史,进一步了解剪纸的意象、心象以及吉利艺术,掌握剪纸中较复杂的表现技法以及形式,熟练地使用剪刀、刻刀等工具以及材料。能参照较复杂的剪纸范例在规定时间内独立完成作品,在各类剪纸活动中唱主角,并将优秀作品投寄相关报刊,提高被发表的概率。

剪纸校本课程的内容由易到难,包括剪纸的常识及技能,剪纸的实践及操作,作品欣赏三部分。在实施教学的过程中：(1)整合思想品德、语文、数学活动课等各学科资源,符合剪纸的内涵。(2)以剪纸为平台,增强社会、学校、家庭的联系,强化三位一体的教育。(3)在现实生活中应用。每逢春节、"六一"节、中秋节等重大节日,发动学生在窗户上张贴自己的作品,为节日增添喜庆氛围,同时激发学习剪纸的兴趣。(4)开展各种竞赛,提供展示、发表作品的机会。学校、班级经常性地开展剪纸作品展、图案创新大赛、巧手赛等活动,鼓励学生剪出杰作。

第一节　三折法——雪花迎春

宁波国家高新区实验学校　魏晓红

一、教学目标

1. 初步学习三折法,并能够举一反三。

2. 学会观察、比较、欣赏与想象、评述的方法。学会关注自然,热爱大自然。

3. 了解吉祥纹样。

二、教学重难点

重点:能用简单的剪纸语言描述自然界的"形与色",感受身边的美。

难点:体现作品的连续性,确保作品的完整性。

三、教学过程实录

(一)谈话引入

"瑞雪兆丰年"是我国广为流传的农谚。在北方,一层厚厚而疏松的积雪,像给小麦盖了一床御寒的棉被。雪中所含的氮素,易被农作物吸收利用。雪水温度低,能冻死地表层越冬的害虫,给农业生产带来好处。

（二）讲授新课

1. 对折、对折再对折，可以有几种折法？

同学们，给你们 5 分钟时间先动手实验，再找出规律。

2. 现在，魏老师带着同学们学习雪花的设计方法。（教师播放视频）

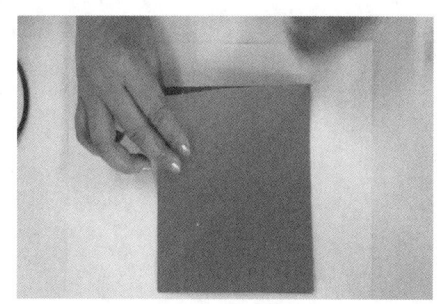

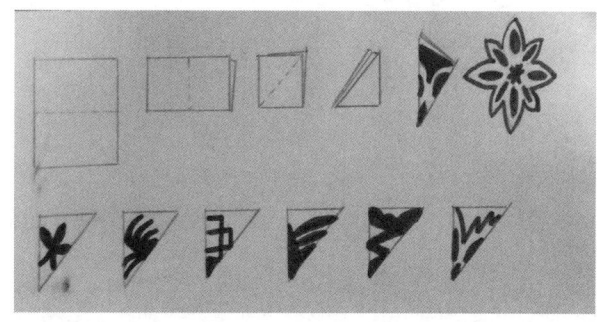

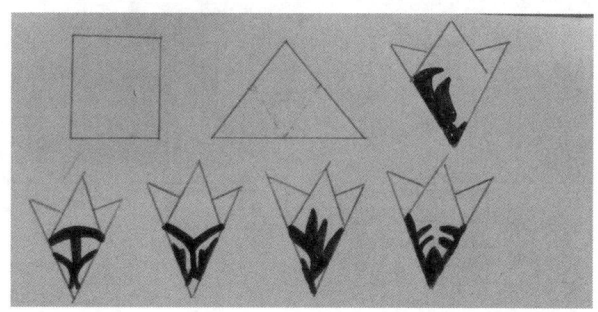

（三）设计创作

多媒体播放音乐，营造课堂愉快的氛围。学生根据自己的理解自行创作，要求体现作品的连续性。

同学们，简单的三折法可以创作出不简单的作品，接下来的时间就交给你们，比一比谁的作品好，加油！

四、小结

同学们，在我们浙江有"春雪迟，梅雨足"和"来雪来一日，黄梅水一尺"这样的谚语，魏老师希望今后的日子里你们能更多地关注剪纸艺术，更多地积累民间谚语。

第二节　民间剪纸中的抓髻娃娃

宁波国家高新区实验学校　徐静佩

一、教学目标

  1. 引导学生利用剪纸作品表达对中国传统文化的热爱。

  2. 体验剪纸艺术的独特美感，制作有想法的剪纸作品。

  3. 认识剪纸与人们生活的密切关系，能简单运用各种材料和多种表现手法进行剪花样的剪纸创作。

  4. 学习用彩纸剪花样的方法，掌握简单剪纸的创作技巧，培养认知、创造和动手能力。

二、教学重难点

  1. 尝试剪出人物的不同姿态。

  2. 能运用折剪、画轮廓的方法进行创作。

  3. 学生对不一样剪纸技法产生的效果的感受和现实的使用。

三、教学过程实录

（一）导入

首先欣赏我校六年级同学的作品。

（王佳璐　宁波国家高新区实验学校 604 班）

接下来是三幅最为经典的抓髻娃娃。

抓髻娃娃在民俗中是"中华民族保护和繁衍之神"，亦可称作"送病娃娃""五道娃娃"或"纸人"。它的基本特征是正面站立，圆头，两肩平张，两臂下垂或上举，两腿分开，手足皆外撇。

女性抓髻娃娃头梳双髻或双辫，双手外撇或上举，或双手抓鸟（双鸡），或一手抓鸟（鸡）一手抓兔，或一手抓鸟（鸡）一手抓鱼，或双手抓鱼，或双手举莲等。

男性抓髻娃娃为圆头，或一长辫，或戴圆形尖顶帽，双手外撇或上举。

人们将周身围着金鸡、叉着双腿的纸娃娃称之为"神娃娃"，这也是抓髻娃娃。它们往往被用来祈祷消灾免祸，祈雨止雨，也有人说它们是"生儿育女之神"。在民俗中抓髻娃娃往往有着非常广泛的用途，可以说是人类的"守护神"之一。

女性抓髻娃娃　　　　　　男性抓髻娃娃　　　　　　神娃娃

近些年专家们结合西北地区出土的史前文化图案,对抓髻娃娃的含义进行了更深的研究,并得出两个猜测,其一,抓髻娃娃是我国上古神话中女娲或轩辕黄帝的民间艺术形象;其二,抓髻娃娃头顶的图案实际上是"天"字的变体造型,为轩辕黄帝的族徽。

据考证,这个图案最早见于青海省大通县孙家寨出土的新石器时代的舞蹈彩陶,后见于出土的商代青玉女佩,其娃娃头上的抓髻为两只鸡。毫无疑问,这个本来作为父系氏族社会生命象征的图腾崇拜和生殖崇拜图样,随着历史的发展,其内涵和艺术造型也随之改变。

我国著名学者郭沫若先生经考证后认为,抓髻娃娃的原型就是金文的"天"。

四、小结

同学们,欣赏过抓髻娃娃剪纸作品,了解了抓髻娃娃的民俗功能之后是不是已经跃跃欲试了?在今后的剪纸学习中老师会与你们一起分享创作过程。

今天这节课我们学到这里,再见!

第三节　小纸作大画

宁波国家高新区实验学校　魏晓红

一、教学目标

1.通过教学，将艺术与生活联系在一起，并了解更多的剪纸元素和科学知识，从而提高综合素养。

2.通过教学，不断观察和想象，并能进行多方面构思和尝试，从而提高"因势造型"创造新形象的能力，以培养对艺术活动的兴趣和良好的审美情趣。

3.养成细心观察、主动思考的意识；养成大胆创造、勇于表现的能力。

二、教学重难点

通过教学，不断观察和想象，并能进行多方面构思和尝试，从而提高"因势造型"创造新形象的能力。

三、教学过程实录

（一）导入

1.猜一猜：制作这四幅作品需要多少彩纸？

2. 揭晓谜底

(二)学习技能

1. 首先请同学们观看视频。

2. 设计方案。

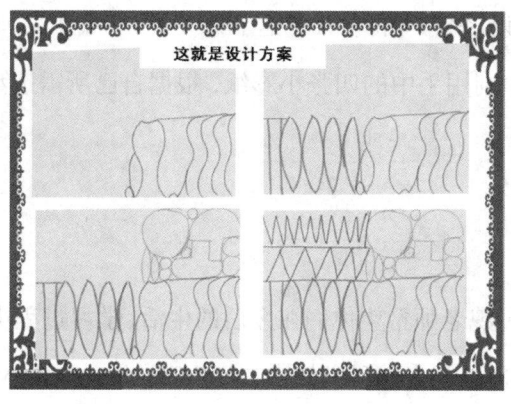

3. 具体画法

生1：水草画4条，据水草的造型画出正反2条小鱼，再画1条小小的水草。

生2：画出4片柳叶形叶片，再画2条茎。

生3：画出正反2朵小蘑菇，画一个大圆做小熊的头和身体，画出2片柳叶形叶片并在空隙间画小圆做眼睛。

生4：将剩余区域一分为二，上面画正反方向的三角形，下面画锯齿纹。

4. 请同学们在学习魏老师剪贴作品的同时，思考：

（1）"剪是二次创作"的内涵。

（2）还可以有几种排版方式？

（三）学生自行创作

我国自古就以勤俭作为修身养性的行为典范。

纸资源是有限的，对纸资源不能合理利用就是浪费，为了唤起学生的环保意识，培养节约习惯，掌握统筹知识，魏老师特设计了这节课——小纸作大画。

小组中的四位同学利用手中的四张小彩纸，根据自己所需造型合理设计，完成一幅较大作品。

四、小结

同学们，通过教学，魏老师希望你们在今后的生活、学习过程中能够将艺术与生活联系在一起，了解更多的剪纸元素和科学知识，从而提高自己的综合素养。同时，还要不断地观察和想象，并能进行多方面构思和尝试，从而提高"因势造型"创造新形象的能力，以培养自己对艺术活动的兴趣和良好的审美情趣。

第四节　剪纸的种类

宁波国家高新区实验学校　徐建良

一、教学目标

1. 了解剪纸艺术的美感及其形式与设计功能的统一，提高对生活物品和周围环境的审美评价能力，激发美化生活的愿望。

2. 深入了解剪纸的审美功能，了解优秀剪纸作品在表现作者情感时的形式与途径。

3. 了解传统文化与现代艺术的相同性。

二、教学重难点

了解传统文化与现代艺术的相同性。

三、教学过程实录

每个人观点和依据不同，剪纸的分类也不同。有人认为用刀刻出来的纸类作品不叫剪纸，而应该称为刻纸；但是有人却认为追本溯源，古代的剪纸也是用剪刀或镂刀刻制出来的，何况剪刀也有"绞刀"之称，为何刀刻剪纸就不能称为剪纸呢？事实上，剪刀剪的痕迹与镂刀刻的痕迹确有差异，其应用的技法也有难易之分，因此，一般认为刀剪并用的作品可通称为剪纸，而纯刀刻的作品仍称为刻纸，于是剪纸就有剪纸、刻纸之分了。

羊（林琼阳　宁波国家高新区实验学校403班）　　羊（韩箫　宁波国家高新区实验学校404班）

剪纸的纹样大致可以分为人物、鸟兽、文字、器用、鳞介、花木、果菜、昆虫、山水，还有人提出加上世界珍奇、现代器物两类，共计11类。

雷锋叔叔（袁睿涛　宁波高新区实验学校601班）

中国剪纸的特点主要表现为题材的寓意，所以寓意可作为剪纸分类的依据，一般可分为纳吉、祝福、怯邪、除恶、劝勉、警戒、趣味7类。

有人认为剪纸的分类应以用途为依据，由此可分为：

1. 装饰类：贴于他物之上以供欣赏或增加他物之美的剪纸，如窗花。

蝶恋花（戚心悦　宁波国家高新区实验学校603班）

2. 俗信类：用于祭祀、祈福、怯灾、怯邪、驱毒的剪纸，如门神。

3. 稿模类：用于版模、印染的剪纸，如绣稿。

4. 设计类：能增加他物之美，或宣扬他物的剪纸，如电影或电视片头的影像。

另外也有人认为剪纸应分为三类：（1）凡是用单色纸剪做的窗花、稿（花样子），称为剪纸。（2）凡是用彩色纸剪做、经粘贴而成的作品，应称为剪贴。（3）凡是剪后再填色的作品应称为剪画。

手拉手唱起歌（杨雨晴　宁波国家高新区实验学校602班）

还有以用纸及制作分类的,多用于教学之用。它将剪纸分为两类七种:

第一类:单色剪纸。就是用一种色纸剪出的作品,又细分为:

(1)折剪类:将纸折叠后剪,放开后可得一种图案或字形。

(2)迭剪类:将数张纸重叠在一起,钉牢后再依稿剪之,一次可得数张作品。

第二类:复色剪纸,又称彩色剪纸。是以数张彩纸分剪后拼贴成图,或以白纸依稿剪成,再染填上各种颜色;或先剪成主版,衬以白纸后再染填上各种颜色。可细分为:

(1)衬色类:先用单色剪纸的方法剪做成图,再以彩纸为衬。

(2)套色类:以单色剪纸的方法剪成主版和次版的形象,再另剪彩纸贴裱在主版需要的部位上;或将画稿所需的各色彩纸,重叠在一起钉牢,再沿稿线依次剪成,择取一张为主版,贴裱在衬底上,再将其余的部分添贴在主版之上。

(3)拼色类：分别用彩纸剪成各部分，再依图样贴裱在衬纸上；或将各彩纸重叠在一起钉牢，再依稿剪成，吻拼于衬纸上。

(4)染色类：用易于浸渍的白纸或浅色纸剪成各种形象，再逐次染成所需的颜色；或先将纸染色，再剪成形象。

(5)填色类：先用黑色纸或深色纸剪出主版，裱贴在白纸上，再依稿填涂各种颜色；或用白纸剪成主题形象，裱贴后再填染所需颜色；也有先填色而后剪做的。

四、小结

同学们,我国的文化就是这样丰富多彩,仅仅剪纸就有这么多种,老师期待你们也能在传承中不断发展、不断创新。

第五节　同桌的你

宁波国家高新区实验学校　魏晓红

一、教材目的

"同桌的你"是剪纸校本课程四年级下册的内容。本课根据学生的年龄特点和心理所需,通过学习对称折剪法制作人物头像,采用套剪法进行再创作,旨在使学生掌握技能,注重探究,善于合作,敢于创新,形成良好的技术素养和审美能力以及勤俭节约、保护资源的品质。

1. 知识目标:熟练运用对称型折剪法制作人物头像,并用套剪的方法进行再创作。

2. 能力目标:培养初步的设计、创作、评价和合作能力,以及探索精神,养成勤俭节约、保护资源的品质。

3. 情感目标:初步学会欣赏美进而树立创造美的意识,培养良好的劳动能力。

二、教学重难点

运用套剪的方法进行再创作。

三、教学过程实录

(一)歌曲导入,揭示课题

(播放歌曲《同桌的你》)同学们,熟悉这首歌吗?

对,《同桌的你》不但是我们这节课的主题曲,更是我们这节课的主题。

伴随着动情的歌曲,魏老师也忍不住带来了3个好朋友,他们可是非常要好的,喜欢天天在一起。

  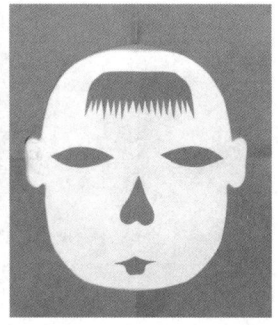

(出示3幅成品)请你们仔细观察深色部分,看看其中的奥秘。

真是了不起,你们都有一双善于观察的眼睛,这么快就看出了小奥秘。

是啊,怪不得他们最要好,因为他们出自一张纸,这种方法是魏老师十几年剪纸教学中独创的剪纸技法之一——套剪法。奇妙的套剪法是用一张纸剪两刀创作出雏形,也就是半成品,然后再使用已有经验进行装饰的一种剪纸创作方法。

学习套剪法既可以培养我们的创新意识,也能够帮助我们养成勤俭节约、保护资源的品质。这节课魏老师将带着你们用套剪法来为同桌创作一幅剪纸作品。

(二)自主发现,学习套剪

同学们,这种套剪法是不是很神奇呢?想学习吗?(教师示范,夯实技法)

你们都有新发现,现在魏老师就进行第一次创作,让我们达成创作的共识。(重点提示锯齿纹的剪法)

(操作中注意提示:A.一折、二折的目的。B.先剪出1号,再画,然后完成2、3号。)

 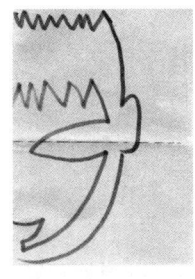 

（三）引导提升

在同学们掌握了套剪法的理论之后，魏老师非常开心，现在请同学们听着音乐用3分钟的时间实践一下，如有困难可以和同桌讨论。

太了不起了，我的学生就是棒！可你们手中的只是半成品，请你们小组讨论：你们会用我们以往学习过的哪些方法来装饰人物头像，让作品更完整。（阴刻、阳刻、套色法、点染法等。）

如果设计一位男同学，创作时该注意些什么？如果是女同学，要突出她的哪些特点？

（教师引导，进一步提升）

魏老师坚信，如此有想法的学生一定会创作出精彩绝伦的剪纸作品。

此时此刻，你们一定都跃跃欲试了吧？想赶紧进入创作环节，对吗？请你们认真读完"温馨提示"然后再开始创作。

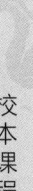

温馨提示:

(1)小组合作,选取一位同学的半成品,创作出 3 幅完整的作品,要求有锯齿纹、月牙纹等纹样。

(2)作品完成之后可以用自己喜欢的方式粘贴在底板上。

(学生开始创作设计人物头像)

在你们创作的同时魏老师又想到一个词——触类旁通,开动你们的聪明大脑,想想套剪法还可以运用到哪里?(植物、动物、建筑物、交通工具等。)

是啊,运用已有知识不断拓展,不断丰富,不断升华才是我们学习的目的。

四、小结

套剪法是笔者从事剪纸教学活动十几年来,通过反复实践而独创的剪纸技法中的一种,它尤其适合小学生或学龄前儿童,既可以培养学生的创新意识,也能够帮助学生养成勤俭节约、保护资源的品质。

在对《同桌的你》一课的内容选择、构思、推敲、执教、修改等过程中,笔者对教材的重难点的把握也随之深入,对剪纸教程的技术要点指导的必要性和开发潜力的创作元素有了切身的感受。剪纸不仅是一门培养学生技术创新意识的课程,更是一门锻造教师开发课程资源,树立创新意识的课程。欲实现以项目为载体,需强调规范操作与技术创新意识的统一,在备课中必须学会解读技术点,挖掘创新点。

运用套剪法设计、制作人物头像是本课教学的重难点。通过自学、纠错、示范操作，学生对人物头像的技术操作要点有了形象的感知，进而用可感而形象的作品来激发学生寻找各人物头像之间的异同点的兴趣，明白头像内部、图案设计和方法表现技术的可塑性、多样性，充分挖掘了人物头像的创新点，为学生在动脑与动手之间找到契合点，使学生创作的人物头像充满创意。

第六节　剪纸的寓意

宁波国家高新区实验学校　徐建良

一、教学目标

1. 培养感知、思考、探索及发散思维和搜集信息的能力，提高动手能力。
2. 欣赏剪纸作品，知道中国吉祥纹样以及与剪纸相关联的艺术种类。
3. 引导了解剪纸的用途及形象夸张、色彩简洁、对称、镂空剪纸的特点。
4. 将已有的知识转化为剪纸作品。
5. 养成善于观察、善于思考、学科学、用科学的良好习惯。

二、教学重难点

了解剪纸的用途及形象夸张、色彩简洁、对称、镂空的特点，并将已有的剪纸知识应用到剪纸作品的制作中。

三、教学过程实录

中国剪纸图案内容真所谓五彩缤纷、包罗万象，有经史故事、神话民谭、戏曲小说、诗词散文、民歌童谣、成语俗谚、风俗人情、现实生活、花鸟鱼虫、文物文字等。最具特色的就是窗花和花样儿。窗花题材寓意以忠孝节义、驱邪除恶为主，花样儿的寓意多为福禄寿喜、吉祥如意。中国剪纸题材一般以纳吉、祝福、祈福、除恶、劝勉、警戒为主的"寓意"。如遇到寓意深奥、字义无法表达或景物表达有困难时，则以"假物喻事""借音阐义"等方法处理。

1. 凤戏牡丹

传统凤凰造型是幸福和吉祥的象征,剪纸作品以飞翔的凤与牡丹纹样为主。凤凰谓百鸟之王,牡丹象征荣华富贵,寓意为富贵常在,荣华永驻。

2. 祥龙献瑞

龙为祥兽龙,在祥云之间辗转升腾,护着宝珠,带着平安吉祥、滚滚财富送给人间,象征天下太平,五谷丰登,吉祥如意。另外,传统民俗中龙有镇宅、避邪、祛病、安康、祈福之寓意。吉祥俗语有祥龙献瑞、双龙戏珠,形态有坐龙、侧龙、升龙、降龙、云龙等。

3. 龙凤呈祥

龙凤呈祥画面上,龙、凤各居一半。龙是升龙,张口旋身,一派祥和之气。龙和凤代表吉祥如意,龙凤一起多表示喜庆之事,寓意为阴阳和谐,婚恋美满,多用于求吉祈福。

4. 花开富贵

民俗中牡丹象征着富贵,盛开的牡丹比喻财源茂盛,牡丹与蝴蝶意为富贵无比。

月圆中秋(杨雨晴　宁波国家高新区实验学校 602 班)

5. 事事如意

柿树有七德:一长寿,二树荫多,三无鸟巢,四无虫蚀,五红叶可供玩赏,六果实味美,七落叶肥大可以临书。"柿"与"事"同音同声,以双柿及如意(或用灵芝表示)组成的图案,寓意为事事如意。

6. 嫦娥奔月

传说古代天空中有十个太阳同时出现,大地被烤成焦土,后羿为民除害射掉了九个太阳,西天的王母娘娘奖赏他长生不老的仙药。他的妻子嫦娥趁后羿不在家偷吃了仙药,成仙飞向了天宫。王母娘娘为了惩罚她,让她在广寒宫里度过余生。

嫦娥奔月(杨雨晴　宁波国家高新区实验学校 602 班)

7. 福寿双全

福寿双全指幸福和年寿两样全备，比喻人们生活美满。长久以来，多福、多寿、多子是中国人对生活的美好追求和理想。

8. 三星高照

三星泛指福禄寿。鹿与禄同音，寓意财富；蝙蝠中"蝠"字与"福"同音；三星高照寓意为幸福、富裕、长寿。

9. 门神镇邪

门神是旧时民间信仰的神灵，传说中的把守门户之神，流行于全国广大地区。唐代，门神形象改为秦琼和尉迟恭，他们手持武器，形象威武，贴在门上用以避鬼驱邪，保一家人平安。"家有门神，鬼难上门"，这是人们对平安幸福的渴望。

10. 鱼跃龙门

古代传说黄河鲤鱼跳过龙门就会变化成龙。比喻举业成功或地位高升。

四、小结

同学们，这类的主题剪纸纹样还有好多，如：马上封侯、马到成功、麒麟送子等，希望你能在今后的学习生活中不断发现、不断创新。

第七节　找中心

宁波国家高新区实验学校　魏晓红

一、教学目标

"找中心"是剪纸校本课程二年级下册的内容。本课根据学生年龄特点和心理所需，通过学习找中心剪法制作"蝴蝶""梅花"，旨在使学生掌握技能，注重探究，敢于创新，形成良好的技术素养和审美能力。

1. 知识目标：熟练运用找中心剪法制作蝴蝶、梅花。
2. 能力目标：培养初步的设计、创作及探索精神。
3. 情感目标：初步树立创造美的意识，培养良好的劳动能力。

二、教学重难点

运用找中心的方法进行再创作。

三、教学过程实录

（一）小蝴蝶

（展示小蝴蝶剪纸作品）这些小蝴蝶是魏老师上周剪的，同学们喜欢吗？

其实小蝴蝶的剪法很容易也很有趣,现在魏老师就来揭秘。

揭示课题"找中心",中心:简单地说就是与四周距离相等的位置。

画法:

(1)短边对折。

(2)短边对折,找到中心。

(3)起笔先从腹部开始向中心画(提示:蝴蝶的腹部要瘦长)。

(4)下翅在收笔时对准中心。

(5)上翅收笔同下翅的画法向中心靠拢。(小窍门:距离中心1厘米的位置停笔,触角从上边对准中心向下画,并画出半圆作为蝴蝶的头部,最后再从上边画一笔。)

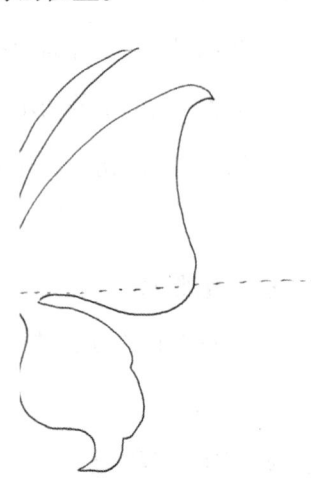

(6)以此方法连续画2—3只之后便可以盲剪(就是脱稿剪)。

(教师示范剪法,学生进行操作)

(二)小梅花

刚才我们学习了找中心的方法,现在我们利用此方法创作梅花。请同学们仔细观察,魏老师的这朵小梅花美在哪里？（花瓣大小一致，间距合适。）

具体画法如下：

（1）确定中心，也就是花蕊的位置。

（2）花瓣的设计。①收笔与起笔距中心的长度相等，方向对准中心。②第二个花瓣的画法与第一个相同，重点要注意起笔与收笔之间的距离，这样花瓣大小才能一致。③第三个花瓣要特别关注前两个花瓣之间的距离，也不能偏离中心。④以此类推，共画5个。

（3）剪锯齿纹时，切记剪刀剪的方向一定要对准中心。

学习找中心法可以帮助我们在掌握技能的同时，培养我们的创新和探究意识，让我们形成良好的技术素养和审美能力。

同学们，想想利用这个方法还可以设计出哪些漂亮的剪纸作品。

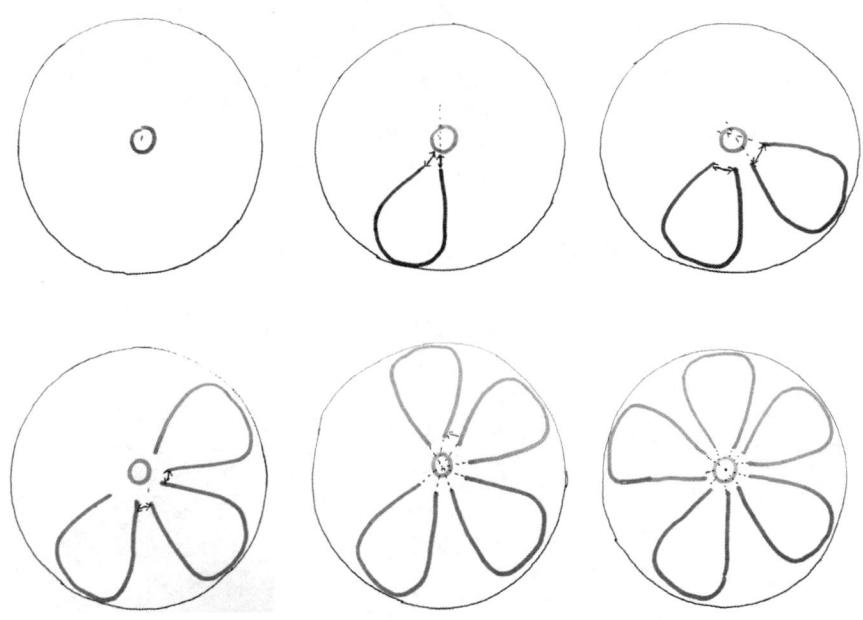

四、小结

同学们,通过学习找中心剪法制作蝴蝶、梅花,老师希望你们在掌握技能,注重探究,敢于创新的同时,形成良好的技术素养和审美能力。

第八节　剪纸题材

宁波国家高新区实验学校　徐静佩

一、教学目标

1. 了解剪纸艺术形式的美感及其与设计功能的统一，提高对生活物品和周围环境的审美评价能力，激发美化生活的愿望。

2. 通过剪纸语言表现剪纸的独特魅力。

二、教学重难点

掌握剪纸作品的表现手法和一般规律。

三、教学过程实录

今天我们学习"剪纸题材"，先请大家欣赏一段视频（教师播放视频）。刚才的视频用剪纸的形式为我们描述了一个生动有趣的神话故事。

民间剪纸的题材是很广泛的，它既反映现实生活中群众喜闻乐见的事物，也表现人们对美好生活的向往。从剪纸艺术的题材中，我们可以看出劳动人民朴实、纯真的品质。

接下来我们就来了解一些剪纸题材。

（韩箫　宁波国家高新区实验学校404班）

（一）实际生活题材

因为剪纸的作者大多来自农村，所以作品题材大部分是取自自己的实际生活，如喂鸡、养猪等，有的直接表现自己饲养的家禽、家畜等。

生肖羊（沈琦　宁波国家高新区实验学校404班）

也有的表现生活中常见的植物，如梅、兰、竹、菊、牡丹、荷花、水仙，还有各种瓜果、蔬菜等。因为这些题材都来自生活，所以剪纸作品表现的生活气息就十分浓厚。如《鹿鹤同春》是崇拜太阳的反映，表达人们歌颂太阳、歌颂生活之情。

清风（何雨晨　宁波国家高新区实验学校602班）

（二）吉庆寓意的题材

民间剪纸在题材上的一大表现特点是采用托物寄情的寓意手法。常用的有以下几种：谐音法——以音象形的表现手法。比如花公鸡，就在公鸡身上刻朵花儿。

雄鸡一唱天下白（林佳奕　宁波国家高新区实验学校601班）

蛇盘兔，代代富：就是在蛇身上刻一些梅花，意为生活越过越富有。

蛇盘兔（张雨欣　宁波国家高新区实验学校602班）

马上封侯：寓意为即刻就要受封爵位。

谐形法——将某一形象进行简化后表达寓意。比如：鲤鱼跳龙门。

象征法：借某一物象来表示一个概念，使人产生联想。如喜鹊登梅象征喜事临门。

喜鹊登梅（韩箫　宁波国家高新区实验学校404班）

还有《扣碗》，陕北传统喜庆窗花，两碗相扣严丝合缝融为一体，只有上、下碗底与边缘相合之处的突起以示区别，中间抓髻娃娃坐莲花，象征生命与生殖，一朵菊花（"菊"为足的谐音）一如意，寓为心满意足。剪纸的主题纹样还有龙玉凤、蝶恋花、鱼戏莲等，在这里就不一一赘述。

（三）神话题材

戏曲人物和传说故事、民间流传的神话故事通过戏剧等形式在全国各地广泛地流传着，人们不仅相互传诵着故事，还用剪纸来表达自己对这些故事中的人物的爱与憎，如《西游记》。

时代在变，责任不变（袁可欣　宁波国家高新区实验学校604班）

猴孙出世（韩箫　宁波国家高新区实验学校404班）

　　京剧的分布以北京为中心，而以临近北京的蔚县的京剧脸谱剪纸也十分著名。嫦娥奔月、老鼠嫁女等民间传说故事更是剪纸常选取的题材。

中秋快乐（盛颖　宁波国家高新区实验学校601班）

嫦娥奔月（杨雨晴　宁波国家高新区实验学校602班）

　　剪纸题材由于和民俗生活有着密不可分的关系，因此民间剪纸被称为"民俗剪纸艺术"。它是中国民间艺术中群众基础最深厚，地域性最广泛，文化内涵最丰富的文化形态之一。每当逢年过节人们都会用剪纸来表达祈福迎祥的美好愿望。

喜花（王佳璐　宁波国家高新区实验学校604班）

库淑兰，陕西人，1920年出生。她的剪纸作品曾获中国民间艺术展金奖，曾在中国台湾举办过艺术研讨会，代表作品被法国、美国、德国、东南亚国家收藏。1996年，她被联合国教科文组织授予"杰出中国民间艺术大师"称号。她的许多作品题材就来源于生活。

剪花娘子库淑兰及其作品

四、小结

同学们，剪纸已经在某种意义上成为中国文化的一种象征，我们有必要对剪纸的文化意义有一个更为深入的认识与了解。老师希望你们成为祖国传统文化传承和发展的先锋。

第九节 "挂蜘蛛"——青花瓷瓶的剪纸设计

宁波国家高新区实验学校　魏晓红

一、教学目标

1. 初步掌握"挂蜘蛛"方法,能够利用此法设计青花瓷瓶,并触类旁通,举一反三。

2. 了解青花瓷艺术形式的美感及其与设计功能的统一,提高对生活物品和周围环境的审美评价能力,激发美化生活的愿望。

二、教学重难点

重点:认识、感受青花瓷设计的特点和美感。

难点:初步掌握"挂蜘蛛"方法,能够利用此法设计青花瓷瓶,并触类旁通,举一反三。

三、教学过程实录

（一）课件引入

（播放歌曲《青花瓷》）《青花瓷》不仅是一首歌曲,也是我们今天要学习的内容。（出示课题《青花瓷瓶》）

（二）新课讲授

景德镇青花瓷是中华传统名瓷之一，产地为江西省景德镇，被称为人间瑰宝。始创于唐代，到明、清两代为高峰。它的图案蓝白相映，怡然成趣，晶莹明快。

魏老师先给同学们变个小戏法。（教师播放视频）先拿出一张纸，长边对折。在合口边起刀剪出瓶子的轮廓。

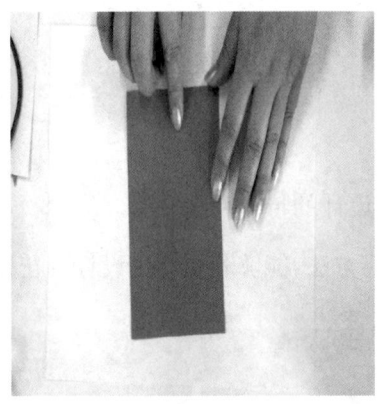

瓷瓶"剪"好了，还得有花纹来装饰啊，接下来魏老师将带着你们用"挂蜘蛛"的方法让瓷瓶更漂亮。

1. 设计"蜘蛛网"

（1）在瓶身内侧沿边缘画出"蜘蛛网"的造型。

（2）本课的"蜘蛛"为一朵小花。

（3）"网"为藤蔓和叶片。

2. 剪制环节

（1）剪花蕊。剪纸环节中要先从中间最小的纹样开始，注意左手负责纸张的转动，右手则把握好剪刀的动作。

（2）剪藤蔓。剪刀在戳洞时，左手的食指或中指抵住，剪刀慢慢转动，遇到不方便转弯的地方可以从纸的下面剪。

3. "挂蜘蛛"

就是将"蜘蛛"挂在网上，但魏老师这里的"蜘蛛"并非是小朋友所知道的蜘蛛，它有可能是一朵花、一匹小马、一只小鸟或者是一位小朋友……"网"则是与之相配套的纹样。

（张雨欣　宁波国家高新区实验学校602班）

这些作品就是几位五年级姐姐利用"挂蜘蛛"方法创作的。

现在，请同学们用之前剪出的花瓶来设计本节课的作品。（教师播放视频）

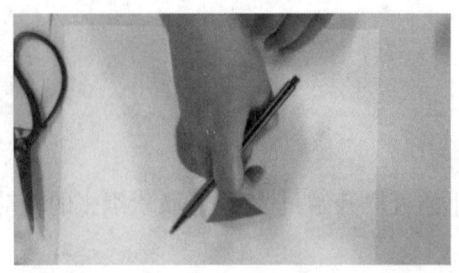 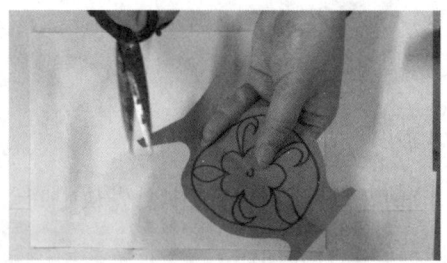

四、小结

学习了"挂蜘蛛"的方法,魏老师相信同学们一定会设计出极具个性的作品。

 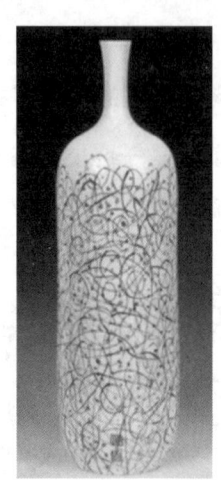 

第十节　剪纸中的鱼文化

宁波国家高新区实验学校　徐静佩

一、教学目标

1. 通过了解鱼的生长习性、造型特点以及鱼的寓意，了解中国剪纸借物抒情的艺术表现形式。

2. 了解鱼的基本特征和剪纸体现技法。

3. 掌握鱼与剪纸结合的一般规律。

4. 从各种角度观察鱼，通过剪纸元素和技法表现几个不同形状和不同花纹的鱼造型。

二、教学重难点

了解鱼的基本特征和剪纸体现技法，掌握鱼与剪纸结合的一般规律。

三、教学过程实录

同学们，我们浙江有很多跟渔业关系很深的民俗文化。千百年来，我们勤劳的浙江人传承并演绎着养鱼、捕鱼、祭鱼、吃鱼、钓鱼，以及写鱼诗、唱渔歌、玩鱼赛、跳鱼舞、做鱼菜、渔家乐等特有的鱼文化。

这节课，魏老师将带着你们一起赏鱼、知鱼、画鱼、剪鱼。

（一）福庆有余

唐高宗执政时期有规定：凡五品以上官员都得佩鱼（鲤鱼形饰物）于腰间，作为官吏出入城门、应召入宫和彼此交往的凭证，所以又称鱼形饰物为"鱼符"。而在民间出现以双鱼纹为主的纹样，表达和寄托了夫妻恩爱、爱情幸福之意。

（二）吉庆有余

在清代的瓷器、刺绣、建筑、日常杂物等不同器物上，鱼形图案丰富多彩，屡见不鲜。尤为突出的"吉庆有余"团以造型简练生动，富有装饰美感而广为流传，象征着富裕吉庆、爱情幸福。

（三）连年有余

"连年有余"中以荷花寓"连"和六条悠游、夸张变形的鲤鱼组织成一幅图，集寓意、造型、情趣于一体。

（四）双鲤交枝

在鱼形剪纸中，鲤鱼和金鱼的表达形式较为丰富。由于"鲤鱼"与"利余"同音而备受青睐，因"鲤"谐音"利"，因此出现"得利有余""四季得利"等迎合小农阶层口味的吉祥图案。

（五）鲤跃龙门

相传汉代就有"鲤鱼跳龙门"的神话故事，鲤鱼跳跃上龙门，则可以变化成龙上天。这个能引发"质变"的神话故事，寄托了文人才子平步青云直上的愿望，现在则成为美好的前途和幸运的象征。因此这个令人熟悉的传统图案，直到今天仍然讨人喜欢。

（六）三鱼争月

"月"与"跃"同音。看似"三鱼争月"，意为"三鱼争跃"。这幅画的特别之处是，它不像"日进斗金"和"大发财源"只描述灿烂而虚幻的想象，把人们放在一种被动的期望乃至奢望之中，而是鼓舞人们主动奋力追求美好的生活，所以整个画面元气沛然，充满活力，景象升腾。

（七）金玉满堂

"鱼"又与"玉"音相谐,赋含了浓郁的吉祥寓意和情趣,民间匠师常用满幅(或满缸)的金鱼来表现"金玉满堂"之意,象征美满幸福,给人以无穷的乐趣和美好的意境。

（戚心悦　宁波国家高新区实验学校603班）

（八）如鱼得水

"如鱼得水"出自《三国志·蜀书·诸葛亮传》:好像鱼得到水一样。比喻得到跟自己十分投合的人或自己很合适的环境。

（戚心悦　宁波国家高新区实验学校603班）

四、小结

同学们,学习鱼文化,运用鱼文化,发展鱼文化可是我们浙江人的责任哦,加油吧!

《剪纸》课程纲要

一、课程教学目标

一年级	1.学会运用剪纸的基本技法制作剪纸作品。 2.学会创作和正确把握纹样的连接与完整性。 3.培养学生的想象力和创造力,以及创作过程中的应变能力,养成勇于面对失败的能力。
二年级	1.通过教学,将艺术与生活联系在一起,了解更多的剪纸元素和科学知识,从而提高综合素养。 2.通过教学,不断观察和想象,并能进行多方面构思和尝试,从而提高"因势造型"创造新形象的能力,以培养对艺术活动的兴趣和良好的审美情趣。 3.领会"对称"的形式美法则,学会使用剪纸造型的方法、技巧。 4.养成细心观察、主动思考的意识;培养大胆创造、勇于表现的能力。
三年级	1.培养感知、思考、探索及发散思维和搜集信息的能力,提高动手能力。 2.欣赏剪纸作品,知道中国吉祥纹样和与剪纸相关联的艺术种类。 3.了解剪纸的用途及形象夸张、色彩简洁、对称、镂空剪纸的特点。 4.将已有的知识转化为剪纸作品。 5.养成善于观察、善于思考、学科学、用科学的良好习惯。
四年级	1.利用剪纸作品表达对教师的感激之情和对祖国的热爱之情。 2.体验剪纸艺术的独特美感,制作有个人想法的剪纸作品。 3.认识剪纸与人们生活的密切关系,能简单运用各种素材和多种表现手法剪花样。 4.学习使用彩纸剪花样的方法,掌握简单剪纸的创作技巧,培养认知、创造和动手能力。 5.体会中国传统文化。
五年级	1.了解青花瓷艺术形式的美感及其与设计功能的统一,提高对生活物品和周围环境的审美评价能力,激发美化生活的愿望。 2.通过剪纸表现人物的性格特征,体现剪纸的独特魅力。 3.强化剪纸的审美功能,了解优秀剪纸作品在表现作者情感时的形式与途径。 4.掌握生肖的剪纸表现手法。 5.培养热爱邮票文化的情感。
六年级	1.通过了解梅、兰、竹、菊的生长习性、造型特点以及人格精神的寓意,了解中国剪纸借物抒情的艺术表现形式。 2.了解明信片的基本知识。 3.掌握生肖马的基本特征和剪纸体现技法。 4.掌握明信片与剪纸结合的一般规律。 5.从各种角度观察植物,通过剪纸元素和技法表现不同形状和花纹的植物。

二、课程具体内容及实施

一年级

学习目标	1. 学会运用剪纸的基本技法制作剪纸作品。 2. 学会创作和正确把握纹样的连接与完整性。 3. 培养想象能力和创造力,以及创作过程中的应变能力,养成勇于面对失败的能力。			
学习内容	1. 欣赏剪纸,认识剪纸。 2. 了解纸的性质。 3. 掌握剪纸的基本规律。			
评价内容	1. 剪纸元素的运用。 2. 作品的完整性。			
学时	学习目标	学习内容	教学重难点	德育渗透
1	1. 学会运用剪纸的基本技法制作剪纸作品;培养创造性思维能力和动手能力。 2. 学会创作和正确把握好纹样连接与完整性。	认识剪纸艺术	理解和掌握剪纸的造型装饰手法,培养创造性地设计剪纸作品的能力。	认识民间剪纸艺术,唤起对民间剪纸艺术的热爱。
2	1. 培养想象能力和创造力,以及创作过程中的应变能力,养成勇于面对失败的能力。 2. 用剪纸的手法表现想象中的花瓶,剪一幅有情节的剪纸作品。	花瓶变变变	用剪纸的手法表现想象中的花瓶,剪一幅有情节的剪纸作品。	培养想象能力和创造力,以及创作过程中的应变能力,养成勇于面对失败的能力。
3	运用剪纸元素和技能表现花朵的构成。	鲜花朵朵(对折法)	尝试运用剪纸元素和技能表现花朵形态美。	体验发现的乐趣;关注身边不起眼的自然物象。
4	运用剪纸元素和技能表现叶子的构成;感受叶子网状纤维纹理的美感。	漂亮的小树叶(对折法)	尝试运用剪纸元素和技能表现叶子的形态美、纹理美。	体验发现的乐趣;关注身边不起眼的自然物象。
5	1. 通过教学,将艺术与生活联系在一起,了解更多的剪纸元素和科学知识,从而提高综合素养。 2. 有信心、有兴趣发现和创造生活中的美,并大胆地进行艺术活动。	可爱的小蝴蝶	通过观察和想象,提高学生创造新形象的能力。	将艺术与生活联系起来。
6	1. 提高观察力、记忆力、创造力、审美力。 2. 指导分析鱼的外形和颜色,引导大胆夸张表现各种各样的鱼,锻炼用剪刀创作鱼图形的能力。	海之魂(鱼)	感受鱼的美,理解鱼的外形和颜色,表现各种各样的鱼。	增加知识,感受美的熏陶,从而懂得珍惜自然,增强对大自然和人类社会的热爱及责任感,激发友善的意识。

学时	学习目标	学习内容	教学重难点	德育渗透
7	1.通过教学，掌握吹纸贴画的制作方法和步骤。 2.发展动手能力和创造能力。	美丽的海底世界（纸贴画）	掌握纸贴画的步骤、方法。要求内容新颖，制作精致，装饰美观。	加强审美意识，提高审美表达能力，能根据材料的特质灵活创作。
8	作品展示会			
9	1.引导大胆构图，学习剪纸贴画的方法，表现不同人物动态。 2.锻炼剪、贴能力。	变废为宝（广告纸剪贴画）	引导学生大胆构图，学习剪纸贴画的方法，表现不同人物动态。	激发乐于创新的情感，体验创意材料的快乐。
10	通过活动，了解浪费纸资源的危害，增强环保意识。	变废为宝（报纸剪贴画）	通过活动增强动手实践能力和参与社会生活的意识。	通过废旧报纸处理，培养创新能力、想象能力。
11	1.经历折叠、画线、裁剪的剪纸过程，感受剪纸与轴对称的密切联系，进一步发展空间观念，积累活动经验。 2.欣赏剪纸作品，给作品命名，从而获得美的享受，激发学习数学的兴趣，体会数学的应用价值。 3.领悟图案的设计思路，思考折纸方法，发展创新意识和能力。	我爱国旗（五角星的剪法）	1.学习折叠、画线、裁剪过程。 2.根据自己的设计思路进行创作。	通过与他人合作、交流，能运用数学语言合乎逻辑地进行讨论和质疑。
12	1.运用对称剪纸的方法表现剪纸作品。 2.学会看剪纸步骤图。	方形的折剪	会对称折剪纸，会看步骤图，按意愿进行装饰。	激发对中国传统剪纸活动的兴趣。
13	1.了解折剪网形门笺创作的基本知识和方法，认识不同线条的刀法，并进行运用。 2.在实践中，培养探索精神和创新意识；在欣赏艺术作品中了解祖国历史悠久的美术传统，增强民族自豪感。 3.能运用各种纹样，折剪创作富于变化的剪纸作品，培养创新能力。	漂亮的门笺（网形门笺）	—	培养小组合作能力。
14	1.了解折剪网形礼花的基本知识和方法，认识不同线条的刀法，并进行运用。 2.在实践中，培养探索精神和创新意识；在欣赏艺术作品中了解祖国历史悠久的美术传统，增强民族自豪感。	礼花盛开（网形礼花）	能运用所学知识，折剪创作富于变化的剪纸作品，培养创新能力。	培养小组合作能力。

续表

学时	学习目标	学习内容	教学重难点	德育渗透
15	1.学习简单花边图案的基本知识和剪花边的方法。 2.用剪好的花边纹样美化生活,培养热爱生活的美好情感。	我来设计花边	掌握花边图案的绘制技能,能独立描绘出较美观大方的花边纹样,培养创造美的能力。	追求花边图案的组合变化,培养发散性思维和创造美的能力,养成刻苦、认真细心的好习惯。
16	1.通过教学,将艺术与生活联系在一起,了解更多的剪纸元素和运动知识,从而提高综合素养。 2.有信心、有兴趣发现和创造生活中的美,并大胆地进行艺术活动。	生命在于运动(运动图标)	1.将艺术与生活联系起来。 2.认识运动图标并能够简单的再创作。	通过观察和想象,提高创造新形象的能力。
17	期末汇报课			

二年级

学习目标	1.通过教学,将艺术与生活联系在一起,了解更多的剪纸元素和科学知识,从而提高综合素养。 2.通过教学,不断地观察和想象,并能进行多方面构思和尝试,从而提高"因势造型"创造新形象的能力,以培养对艺术活动的兴趣和良好的审美情趣。 3.领会"对称"的形式美法则,学会用剪纸造型的方法、技巧。 4.养成细心观察、主动思考的意识;养成大胆创造、勇于表现的能力。
学习内容	1.认识剪纸的基本纹样及剪法。 2.理解艺术的协调统一。
评价内容	根据要求选取剪纸元素并创作出完整的剪纸作品。

学时	学习目标	学习内容	教学重难点	德育渗透
1	1.通过教学,将艺术与生活联系在一起,了解更多的剪纸元素和科学知识,从而提高综合素养。 2.认识锯齿纹并能够简单的再创作。	蒲公英(锯齿纹)	1.将艺术与生活联系起来。 2.认识锯齿纹并能够简单地再创作。	让学生有信心、有兴趣发现和创造生活中的美,并大胆地进行艺术活动。
2	在上节课的基础上,借助锯齿纹的传统剪法,激励学生在大胆尝试中感受作品意境,并能独立完成一幅蝴蝶剪纸创作。	翩翩起舞彩蝶飞	怎样较好地把握锯齿纹的应用,用生动的纹样及剪纸的形式体现蝴蝶的轻盈、飘逸形象。	—
3	1.通过教学,不断观察和想象,并能进行多方面构思和尝试,从而提高"因势造型"创造新形象的能力,以培养对艺术活动的兴趣和良好的审美情趣。 2.鼓励学生在生活中要用创造性的眼光去发现美和创造美,并大胆地进行艺术活动。 3.认识月牙纹。	漂亮的花瓶(月牙纹)	1.通过提高"因势造型"创造新形象的能力,让学生在生活中多用创造性的眼光去发现美和创造美。 2.认识月牙纹。	通过观察和想象,提高创造新形象的能力。

续表

学时	学习目标	学习内容	教学重难点	德育渗透
4	1.通过京剧脸谱这种古老独立的艺术形式,了解京剧艺术发展的悠久历史和当时社会经济文化以及审美意识。 2.通过作品使学生了解、欣赏中国京剧脸谱精湛高超的艺术表现手法和技巧,以及独特鲜明的民族艺术风格。	脸谱(对称)	赏析京剧脸谱的特色、了解京剧脸谱的内涵。	培养学生感受、体验、鉴赏艺术美的能力,树立正确的审美观念。
5	1.在上一节课的基础上,对京剧脸谱进行大胆的设计,培养学生的创造新形象的能力,让学生对艺术活动产生兴趣和养成良好的审美情趣。 2.鼓励学生根据人物性格特征进行创作。	脸谱(变形)	1.根据人物性格特征进行创作。 2.掌握京剧脸谱的基本表现手法。	了解京剧脸谱的丰富内涵,喜欢中国的国粹,并能够欣赏中国的国粹。
6	1.能根据故事情节创作猴子捞月的作品。 2.养成善于观察,勤于动脑的好习惯。	小猴子的设计(对称)	使学生能抓住小猴子的特征和动态。	启发学生的发散思维,根据故事情节进行多种再造想象。
7	1.认识花形和花瓣的变化,了解花的特点,运用剪纸表现"花"的平面造型。 2.感知、体验"花"的自然美、艺术美,培养观察生活、热爱生活的情感,激发学生的参与意识。 3.运用剪纸的手法大胆创作,培养学生探究和创造能力。	郁金香(对称)	如何剪出有变化的花瓣。	感知、体会花的自然美、艺术美,激发创作欲望。
8		作品展示会		
9	1.领会"对称"的形式美法则,学会用剪纸造型的方法、技巧。 2.养成细心观察、主动思考的意识;养成大胆创造、勇于表现的能力。 3.引导学生大胆想象,创作出生动而富于审美趣味的栏杆形态。	栏杆(对折剪法)	引导学生主动探索,用剪纸的方法创作。	感受自然美、艺术美、创造美,激发热爱自然、热爱生活的美好情感。
10	1.通过本课的教学,学生知道什么是二方连续纹样并认识其实用意义。 2.学生根据自己的特点,掌握一种制作二方连续的方法。	漂亮的二方连续	发挥学生的创造性,自己能设计并剪出几种二方连续纹样。	了解二方连续纹样的构成规律和实用意义。

续表

学时	学习目标	学习内容	教学重难点	德育渗透
11	1. 引导学生大胆想象，创作生动而富有审美趣味的栏杆形态。 2. 引导学生主动探索，用剪纸的方法创作。	小动物手拉手（二方连续）	领会"对称"的形式美法则，学会用剪纸造型的方法、技巧。	1. 养成细心观察、主动思考的意识；培养大胆创造、勇于表现的能力。 2. 感受自然、艺术美、创造美，激发热爱自然、热爱生活的美好情感。
12	1. 学会观察、比较、欣赏与想象、评述的方法。 2. 学会关注自然，热爱大自然。 3. 了解吉祥纹样。	吉祥的云朵（三折法）	体现作品的连续性，确保作品的完整性。	能用简单的剪纸语言描述自然界的"形与色"，感受身边的美。
13	1. 学习简单的"四折窗花"的创作手法。 2. 培养简单的构图能力和创新意识。 3. 激发学生的学习兴趣。	四折法窗花	确保作品的完整性和协调性。	培养学生的发散性思维。
14	1. 学会观察、比较、欣赏与想象、评述的方法。 2. 动口又动手，表现美妙的小世界。	四折法窗花（小朋友）	体现作品的连续性，确保作品的完整性。	学会与人团结协作、共享资源，学会关注小世界，热爱大自然。
15	1. 学习简单的"五折窗花"的创作手法。 2. 培养简单的构图能力。 3. 装点圣诞树，表现节日的氛围。	五折法窗花（树木）	剪出一棵漂亮的圣诞树，培养学生的发散性思维。	培养学生的非智力因素。
16	1. 能根据五折法，创作出一幅带有小青蛙的作品。 2. 通过创作小青蛙，激发学生的热爱大自然、关心小动物的意识。	五折法窗花（小青蛙）	要求学生自己创新，剪出心中的作品。	培养学生发挥富于想象的构思，使其剪纸能力得到发展，激励他们以更大的热情追求美和创造美。
17		期末汇报课		

三年级

学习目标	1. 培养学生感知、思考、探索及发散思维和搜集信息的能力，提高动手能力。 2. 欣赏剪纸作品，知道中国吉祥纹样和与剪纸相关联的艺术种类。 3. 引导学生了解剪纸的用途及形象夸张、色彩简洁、对称、镂空的特点。 4. 将已有的知识转化为剪纸作品。 5. 养成善于观察、善于思考、学科学、用科学的良好习惯。
学习内容	1. 了解剪纸作品的不同表现形式。 2. 运用剪纸语言进行创作，美化环境，将艺术与生活联系起来。 3. 认识各学科知识的相融性和相通性。
评价内容	1. 设计操作过程中如何体现剪纸元素及吉祥纹样的制作技法。 2. 将已有的知识转化为剪纸作品。 3. 确保作品的完整性和协调性。

续表

学时	学习目标	学习内容	教学重难点	德育渗透
1	指导学生用剪纸图案来布置秋天的景象。	金色的秋天	用剪纸语言展示秋天。	通过活动来感受大自然的美，热爱秋天。
2	1.通过学习，让学生了解剪纸的知识，学会制作团花。 2.培养学生感知、思考、探索及发散思维和搜集信息的能力，提高学生的动手能力。	鲜花送老师	大型团花设计过程中层次感的体现。	通过欣赏和学习制作团花的方法，培养学生热爱生活的情感，感受祖国民间艺术的魅力，激发对祖国文化艺术的热爱和对综合实践活动学习的兴趣。
3	1.欣赏剪纸作品，知道中国吉祥纹样和与剪纸相关联的艺术种类。 2.引导学生了解剪纸的用途及形象夸张、色彩简洁、对称、镂空的特点。	我爱我的祖国	设计操作过程中如何体现剪纸元素及吉祥纹样的制作技法。	感受剪纸作品所蕴含的美好愿望，激发学生热爱民间艺术的情感，发展学生手眼的协调性。
4	1.通过教学，将艺术与生活联系在一起，使学生了解更多的剪纸元素和科学知识，从而提高综合素养。 2.认识各学科知识的相融性和相通性。	蝶恋花	1.认识各学科知识的相融性和相通性。 2.将艺术与生活联系起来。	通过观察和想象，提高学生创造新形象的能力。让学生有信心、有兴趣发现和创造生活中的美，并大胆地进行艺术活动。
5	1.能抓住丹顶鹤的神态，剪出一只生动可爱的丹顶鹤。 2.通过可爱丹顶鹤的剪纸创作，使学生懂得要剪好一幅作品，一定要仔细观察，才能剪出特征。	丹顶鹤的设计	培养学生的观察能力，抓住丹顶鹤的特征，剪出生动的丹顶鹤。	培养学生感受美，鉴赏美和创造美的能力，提高他们的剪纸技能。
6	1.了解植物特征，激发学生保护植物，爱护大自然的热情。 2.将已有的知识转化为剪纸作品。 3.养成善于观察、善于思考，学科学、用科学的良好习惯。	松枝	将已有的知识转化为剪纸作品。	养成善于观察、善于思考，学科学、用科学的良好习惯。

续表

学时	学习目标	学习内容	教学重难点	德育渗透
7	1. 了解梅花的人文知识，激发对传统文化的热爱。 2. 学习剪纸的基本技巧，了解民间剪纸的主要特点。提高学生的审美情趣，培养学生欣赏美、创造美的能力。 3. 能抓住梅花的外形特征，运用剪纸的方法完成作品。	梅花	能根据造型方法，抓住梅花的外形特征，运用剪纸的语言完成作品。	了解梅花的人文知识，激发对传统文化的热爱。学习剪纸的基本技巧，了解民间剪纸的主要特点。
8		作品展示会		
9	1. 运用上节课的经验，进一步激发对传统文化的热爱。 2. 提高学生的审美情趣，培养学生欣赏美、创造美的能力。	一枝梅	能抓住梅花的外形特征，运用剪纸的方法完成一幅完整的作品。	运用已经掌握的经验，进一步激发对传统文化的热爱。
10	1. 通过剪纸语言表现人物的性格特征，体现剪纸的独特魅力。 2. 认识"阴刻"和"阳刻"，培养学生观察和创新的能力。	人物头像（阳刻）	通过剪纸语言表现人物的性格特征。	培养学生观察和创新的能力。
11	1. 通过剪纸语言表现人物的性格特征，体现剪纸的独特魅力。 2. 培养学生观察和创新的能力。 3. 养成团结合作的意识。	人物头像（阴刻）	通过剪纸语言表现人物的性格特征。	1. 培养学生观察和创新的能力。 2. 养成团结合作的意识。
12	通过剪纸语言表达对教师的无限敬仰，体现剪纸的独特魅力。	主题人物	通过剪纸语言表现人物的性格特征。	培养学生观察和创新的能力。
13	1. 通过设计使学生认识到剪纸的审美价值，了解人们在创作时的情感投入及其表达形式。 2. 掌握生肖虎头的表现手法。	虎头	创作出富有情感的剪纸作品。	1. 认识到剪纸的审美价值。 2. 通过作品的制作，培养学生积极向上的精神品质。
14	1. 学习简单的"四折窗花"的创作手法。 2. 培养简单的构图能力和创新意识。 3. 激发学生的学习兴趣。	四角团花（花草）	确保作品的完整性和协调性。	培养学生的发散性思维。
15	1. 能根据四折法，创作作品。 2. 通过创作，激发学生的热爱大自然，关心小动物的意识。	四角团花（鱼虫）	要求学生自己创新，剪出心中的作品。	培养学生发挥富于想象的构思，使其剪纸能力得到发展，激励他们以更大的热情追求美和创造美。

续表

学时	学习目标	学习内容	教学重难点	德育渗透
16	1.学习简单的"五折窗花"的创作手法。 2.培养简单的构图能力。	五角团花（吉祥纹）	根据吉祥纹的特征设计作品，培养学生的发散性思维。	培养学生的非智力因素。
17	期末汇报课			

四年级

学习目标	1.引导学生学会利用剪纸作品表达对教师的感激之情和对祖国的热爱之情。 2.体验剪纸艺术的独特美感，制作有自己想法的剪纸作品。 3.认识剪纸与人们生活的密切关系，能简单运用各种媒材和多种表现手法进行剪花样。 4.学习用彩纸剪花样的方法，掌握简单剪纸的创作技巧，培养学生认知、创造和动手能力。 5.体会中国传统文化。
学习内容	1.尝试剪出人物的不同姿态。 2.能运用折剪、画轮廓的方法进行创作。 3.感受并使用不同的剪纸技法。 4.设计出富有装饰美的荷花，启发创造性思维。
评价内容	1.作品在体现剪纸特性的同时能够抒发作者的情感。 2.多角度展现剪纸作品。

学时	学习目标	学习内容	教学重难点	德育渗透
1	尝试利用剪纸的形式创编故事，会用自己的语言进行创造性讲述。	老师，您辛苦了	尝试剪出人物的不同姿态，培养学生的观察力。	引导学生利用剪纸作品表达对教师的感激之情。
2	通过观察、比较、讨论等感受剪纸的特点，并初步尝试用这一方法创作"歌唱祖国"，激发学生热爱祖国、报效祖国的情感。	歌唱祖国	1.能运用折剪、画轮廓的方法进行创作，体验成功的快乐。 2.合理地使用各种工具、材料。	运用剪纸元素表达对祖国的热爱之情。
3	1.认识剪纸语言的审美特征，用成长的眼光、开放的思维学习剪纸技法并能注意运用最适合的剪纸技法表现作品。制作有特点的剪纸作品。 2.激励学生在探究剪纸语言特点的过程中，积极、主动、灵活地使用剪纸技法制作作品。	年年有余（鱼）	学生对不一样的剪纸技法产生的效果的感受和现实的使用。	体验剪纸艺术的独特美感，制作有自己想法的剪纸作品。

续表

学时	学习目标	学习内容	教学重难点	德育渗透
4	1.认识剪纸与人们生活的密切关系，能简单运用各种媒材和多种表现手法进行剪花样。 2.学习用彩纸剪花样的方法，掌握简单剪纸的创作技巧培养学生认知、创造和动手能力。	荷花	1.学习剪、设计花样的方法。 2.设计出富有装饰美的荷花，启发创造性思维。	通过接触和制作剪纸作品，树立民族自豪感，使学生感悟美源自生活，又高于生活，提高审美意识，形成健康向上的生活态度。
5	认识剪纸语言的审美特征，学习剪纸技法并能注意运用最适合的剪纸技法表现作品。	连（莲）年有余	激励学生在探究剪纸语言特点的过程中，积极、主动、灵活地使用剪纸技法制作作品。	体验剪纸艺术的独特美感，制作有自己想法的剪纸作品。
6	1.通过学习，让学生了解民间吉祥纹样的知识，学会创作石榴。 2.培养学生感知、思考、探索及发散思维和搜集信息的能力，提高学生的动手能力。	石榴	石榴的镂空细纹剪法。	通过欣赏和学习创作石榴的方法，培养学生热爱生活的情感，感受祖国民间艺术的魅力，激发对祖国文化艺术的热爱和对剪纸学习的兴趣。
7	通过教学，使学生不断地观察和想象，并能进行多方构思和尝试，从而提高创造新形象的能力，以培养儿童对艺术活动的兴趣和良好的审美情趣。	繁体福字	学生能根据中国汉字的特点进行想象变化与装饰。	体会中国传统文化。
8	作品展示会			
9	1.在以前学习的基础上，利用剪刀表现自己的石榴福。 2多方位、多角度地表现石榴福，培养学生发散思维及创作能力。	石榴福	1.启发学生运用发散思维，多角度去认识与表现石榴福。 2.发现中国传统纹样的美，从而提炼组织画面，使画面层次清楚。	善于从生活中发现美、感受美与生活情趣。
10	1.剪纸朴素的美与现代生活紧密联系，不仅美化了生活，而且为现代生活工艺设计提供了丰富的资源。 2.要求学生独立或合作创作。	牡丹	较熟练地掌握工具，体验纸的平凡与神奇。	使学生了解我国剪纸的发展历史、艺术风格、审美心理以及在民俗活动中的广泛应用，增强民族自豪感。

续表

学时	学习目标	学习内容	教学重难点	德育渗透
11	1.认识剪纸是中国民间文化传统。 2.学习剪纸的基本方法，培养剪纸信心。	富贵图（牡丹和福字的组合）	能完成造型生动的剪纸作业。	1.认识剪纸是中国民间文化传统，需要我们传承。 2.学习剪纸的基本方法，培养剪纸信心。
12	1.通过教学，使学生不断地观察和想象，并能进行多方面构思和尝试，从而提高创造新形象的能力，以培养儿童对艺术活动的兴趣和良好的审美情趣。 2.学生能根据中国吉祥纹样的特点进行想象变化与装饰。	"雷达"——蝙蝠	1.运用已学过的纹样，给蝙蝠设计简单的组合纹样。 2.剪纸基本纹样的运用。	培养学生的艺术鉴赏能力。
13	1.能够运用对称和均衡的设计原理制作五福临门纹样。 2.能够用拼贴、绘画或者剪纸等手法来制作，并有所创新。 3.能够用自己设计的五福临门纹样的作品来美化生活，培养高尚的生活情操和热爱中国传统文化的情感。	五福临门	能够用拼贴、绘画或者剪纸等手法来制作，并有所创新。	能够用自己设计的五福临门纹样的作品来美化生活，培养高尚的生活情操和热爱中国传统文化的情感。
14	1.通过体验以纸材为主的造型表现活动，初步认识及掌握拼色、剪纸的欣赏方法、创作制作方法。 2.感受剪纸、拼色艺术的美，领略多种艺术文化，激发对美术造型表现及欣赏活动的兴趣。	金菊飘香	欣赏感受剪纸、拼色艺术之美，学习剪纸、撕纸造型表现的方法，运用想象进行作品创作并能大胆发表看法。	培养观察感知、审美能力，提高创作能力。
15	了解民间吉祥纹样的美感及其与设计功能的统一，提高对生活物品和周围环境的审美评价能力，激发美化生活的愿望。	葡萄	认识、感受民间吉祥纹样的特点和美感。	认识民间吉祥纹样的技法特征和审美特征，提高学生对艺术作品的鉴识能力和欣赏水平。
16	1.在以前学习的基础上，利用剪刀表现窗格。 2.多方位、多角度的表现窗格，培养学生发散思维及创作能力。	水乡一景（窗格）	1.启发学生运用发散思维，多角度去认识与表现窗格。 2.发现窗格的美，从中提炼组织画面，使画面层次清楚。	善于从生活中发现美、感受美与生活情趣。
17		期末汇报课		

五年级

学习目标	1. 了解青花瓷艺术形式的美感及其与设计功能的统一，提高对生活物品和周围环境的审美评价能力，激发美化生活的愿望。 2. 通过剪纸语言表现人物的性格特征，体现剪纸的独特魅力。 3. 帮助学生强化剪纸的审美功能及其位置，了解优秀剪纸作品在表现作者情感时的形式与途径。 4. 掌握生肖的表现手法。 5. 培养热爱邮票文化的情感。			
学习内容	1. 青花瓷设计与生活、自然的和谐统一。 2. 了解古代经典建筑的造型特点和艺术特色。 3. 理解建筑与科技的联系。 4. 了解传统文化与现代艺术的相同性。			
评价内容	1. 通过剪纸语言表现人物的性格特征。 2. 能用简单的剪纸语言创作生肖作品。			
学时	学习目标	学习内容	教学重难点	德育渗透
1	了解青花瓷艺术形式的美感及其与设计功能的统一，提高对生活物品和周围环境的审美评价能力，激发美化生活的愿望。	青花瓷瓶的设计	1. 认识、感受青花瓷设计的特点和美感。 2. 了解青花瓷设计与生活、自然的和谐统一。	认识青花瓷作品的技法特征和审美特征，提高学生对艺术作品的鉴识能力和欣赏水平。
2	1. 使学生了解青花瓷发展的演变和伟大成就。 2. 认识青花瓷作品的技法特征和审美特征，提高学生对艺术作品的鉴识能力和欣赏水平。	青花瓷盘的设计	1. 认识青花瓷作品的技法特征和审美特征。 2. 青花瓷在艺术发展过程中形成的传统与现代、写实与表现的不同创作观念和方法的表述。	提高学生对艺术作品的鉴识能力和欣赏水平。
3	通过剪纸语言表现人物的性格特征，体现剪纸的独特魅力。	人物的设计（男生）	通过剪纸语言表现人物的性格特征。	1. 培养学生观察和创新的能力。 2. 养成团结合作的意识。
4	通过剪纸语言表现人物的性格特征，体现剪纸的独特魅力。	人物的设计（女生）	通过剪纸语言表现人物的性格特征。	养成团结合作的意识。
5	通过剪纸语言表现人物的性格特征，体现剪纸的独特魅力。	人物的设计（卡通）	培养学生观察和创新的能力，以及发现创作素材的能力。	养成团结合作的意识。
6	1. 能用简单的剪纸语言创作出传说中老鼠的"狡诈"和"灵巧"。 2. 在听觉、视觉的体验中发展想象力，感受美。 3. 在探究学习中学会思考与体验发现的乐趣。	生肖鼠的设计（邮票）	能用简单的剪纸语言创作出传说中老鼠的"狡诈"和"灵巧"。	培养热爱邮票文化的情感。

续表

学时	学习目标	学习内容	教学重难点	德育渗透
7	1. 帮助学生强化剪纸的审美功能及其位置，了解优秀剪纸作品在表现作者情感时的形式与途径。 2. 掌握生肖牛的表现手法。	生肖牛的设计（邮票）	富有情感的表现内容的选择和表现的视角与技巧。	通过小散文的完成，让学生掌握知识间的相通，学习牛所具备的优良品质。
8	作品展示会			
9	1. 帮助学生认识剪纸的审美功能及其位置，了解优秀剪纸作品在表现作者情感时的形式与途径。 2. 掌握生肖虎的表现手法。	生肖虎的设计（邮票）	富有情感的表现内容的选择和表现的视角与技巧。	通过作品的完成，让学生学习到虎积极向上的精神品质。
10	1. 帮助学生认识剪纸的审美功能及其位置，了解优秀剪纸作品与生活的密切相关。 2. 掌握兔的表现手法。	生肖兔的设计（邮票）	通过剪纸作品的完成，让学生掌握知识间的相通。	培养学生的艺术鉴赏能力。
11	1. 能用简单的剪纸语言展示中华民族图腾龙的"神奇"与"壮观"。 2. 在听觉、视觉的体验中发展想象力，感受优美与壮美。 3. 在探究学习中学会思考与体验发现的乐趣。	生肖龙的设计（邮票）	能用简单的剪纸语言展示中华民族图腾龙的"神奇"与"壮观"。	培养热爱祖国传统文化的情感。
12	1. 能用简单的剪纸语言创作出传说中蛇的"冷酷"和"奇妙"。 2. 在探究学习中学会思考与体验发现的乐趣。	生肖蛇的设计（邮票）	能用简单的剪纸语言创作出传说中蛇的"冷酷"和"奇妙"。	培养热爱祖国传统文化的情感。
13	1. 认识建筑的多样性，能用剪纸语言简单展示古代建筑的特点。 2. 在观察与比较中认识民居建筑的多样性；在资料收集、分析、讨论中养成自主学习与合作学习的能力。	窗格的设计（完整）	1. 了解古代经典建筑的造型特点和艺术特色。 2. 理解建筑与科技的联系。	能感受古代建筑与科技的联系，尊重科学，尊重古代劳动人民，并产生民族自豪感。
14	1. 通过教学，使学生不断地观察和想象，并能进行多方面构思和尝试，从而提高创造新形象的能力，以培养儿童对艺术活动的兴趣和良好的审美情趣。 2. 学生能根据中国汉字的特点进行想象变化与装饰。	喜字的设计（组合）	学生能根据中国汉字的特点进行想象变化与装饰。	体会中国传统民俗。
15	提高创造新形象的能力，以培养儿童对艺术活动的兴趣和良好的审美情趣。	寿字的设计（组合）	学生能根据中国汉字的特点进行想象变化与装饰。	体会中国传统美德。
16	提高创造新形象的能力，以培养儿童对艺术活动的兴趣和良好的审美情趣。	福字的设计（组合）	学生能根据中国汉字的特点进行想象变化与装饰。	体会中国传统文化。
17	期末汇报课			

六年级

学习目标	1. 了解梅兰竹菊的生长习性、造型特点以及人格精神的寓意，了解中国剪纸借物抒情的艺术表现形式。 2. 了解明信片的基本知识。 3. 掌握生肖马的基本特征和剪纸体现技法。 4. 掌握明信片与剪纸结合的一般规律。 5. 从各种角度观察植物，通过剪纸元素和技法表现不同形状和花纹的植物。
学习内容	1. 在明信片设计构思中艺术地表达主题及其内涵。 2. 富有情感的表现内容的选择和表现的视角与技巧。 3. 运用所学，尝试表现其他题材，发展有个性的表现能力。
评价内容	1. 作品的精致程度及构图的协调性和完整性。 2. 突出主题。 3. 创新性强。

学时	学习目标	学习内容	教学重难点	德育渗透
1	1. 通过介绍梅花的生长习性、造型特点以及人格精神的寓意，使学生了解中国剪纸借物抒情的艺术表现形式。 2. 引导学生体会剪纸的韵味，感受艺术家所寄托的人格精神。	四君子——梅	怎样较好地把握梅花枝干及花朵疏密的变化。	引导学生感受梅花不畏严寒、挺拔向上的精神及艺术作品中的象征意义。
2	1. 通过介绍兰花的生长习性、造型特点以及人格精神的寓意，使学生了解中国剪纸借物抒情的艺术表现形式。 2. 引导学生体会剪纸的韵味，感受艺术家所寄托的人格精神。	四君子——兰	怎样较好地把握兰花枝干及兰叶疏密的变化。	引导学生感受梅花幽而不病、隽秀幽香的精神及艺术作品中的象征意义。
3	1. 通过介绍竹子的生长习性、造型特点以及人格精神的寓意，使学生了解中国剪纸借物抒情的艺术表现形式。 2. 引导学生体会剪纸的韵味，感受艺术家所寄托的人格精神。	四君子——竹	怎样较好地把握竹子枝干及竹叶疏密的变化。	引导学生感受竹子文静、高雅、虚心进取、高风亮节、乐于奉献的美德和坚韧不屈的精神及艺术作品中的象征意义。
4	1. 通过介绍菊花的生长习性、造型特点以及人格精神的寓意，使学生了解中国剪纸借物抒情的艺术表现形式。 2. 引导学生体会剪纸的韵味，感受艺术家所寄托的人格精神。	四君子——菊	怎样较好地把握菊花枝干及花朵疏密的变化。	引导学生感受菊花坚韧不拔，傲然不屈，神圣贞洁的精神及艺术作品中的象征意义。
5	1. 了解明信片的基本知识。 2. 使学生掌握生肖马的基本特征和剪纸体现技法。 3. 掌握明信片与剪纸结合的一般规律。	生肖马的设计（明信片）	在明信片设计构思中艺术地表达主题及其内涵。	受到艺术的熏陶，提高艺术修养。

续表

学时	学习目标	学习内容	教学重难点	德育渗透
6	1. 了解明信片的基本知识。 2. 使学生掌握生肖羊的基本特征和剪纸体现技法。 3. 掌握明信片与剪纸结合的一般规律。	生肖羊的设计（明信片）	作品形式美与主题相结合。	受到艺术的熏陶，提高艺术修养。
7	帮助学生认识剪纸的审美功能及其位置，了解优秀剪纸作品在表现作者情感时的形式与途径。	生肖猴的设计（纪念封）	富有情感的表现内容的选择和表现的视角与技巧。	培养合作意识。
8	作品展示会			
9	1. 能抓住鸡的神态，剪出一只神气的大公鸡。 2. 通过神气大公鸡的剪纸创作，使学生懂得要剪好一幅作品，一定要仔细观察。	生肖鸡的设计（纪念封）	培养学生的观察能力，抓住鸡的特征，剪出有神气的公鸡。	培养学生感受美、鉴赏美和创造美的能力，提高剪纸技能。
10	帮助学生认识剪纸的审美功能及其位置，了解优秀剪纸作品在表现作者情感时的形式与途径。	生肖狗的设计（贺年卡）	掌握剪纸狗的表现手法。	通过小散文的完成，让学生掌握知识间的相通。
11	掌握剪纸猪的表现手法，激发学生学习剪纸的兴趣，开拓学生的视野。	生肖猪的设计（贺年卡）	剪纸作品体现作者思想情感的途径。	培养学生的非智力因素。
12	通过教学，使学生不断地观察和想象，并能进行多方构思和尝试，从而提高创造新形象的能力，以培养儿童对艺术活动的兴趣和良好的审美情趣。	喜上眉梢	通过观察和想象，提高学生创造新形象的能力。	体会中国传统民俗。
13	1. 了解植物的一般常识。 2. 从各种角度观察植物，通过剪纸元素和技法表现不同形状和花纹的植物。	二月春风似剪刀（柳树）	运用所学，尝试表现其他题材，发展有个性的表现能力。	培养对自然植物的观察兴趣和保护大自然的意识。
14	1. 能根据小青蛙的生活习性，创作出一幅表现小青蛙的作品。 2. 通过创作，激发学生的热爱大自然，关心小动物的意识。	听取蛙声一片（青蛙）	要求学生自己创新，剪出心中的作品。	培养学生发挥富于想象的构思，使其剪纸能力得到发展，激励他们以更大的热情追求美和创造美。
15	尝试画灯笼剪灯笼，感受灯笼外形的姿态美。抓住灯笼的轮廓线，运用剪纸的方法剪出灯笼的动感及展现节日的喜庆氛围。	恭贺新春（灯笼）	1.将灯笼与人物、花草相结合，体现节日的喜庆氛围。 2. 在欣赏剪纸作品和剪纸的过程中，学习概括夸张的剪纸方法，并能运用在自己的剪纸作品中。	通过剪纸的学习，了解中国传统文化与民间剪纸的区别，培养学生善于观察物体动态的能力和剪纸的兴趣。

续表

学时	学习目标	学习内容	教学重难点	德育渗透
16	指导学生用剪纸纹样图案来展示快乐的校园的景象。	快乐的校园	1.突出主题,抒发情感。 2.作品的完整性。	通过创作来抒发对母校的深爱之情。
17		期末汇报课		

三、课程评价

（一）实施段位制

一段：能正确使用剪刀，认识材料性能，根据要求设计完成作品，同时能用简单的语言表达作品。

二段：技法趋于熟练，结构趋于匀称、美观，并有一定的设计能力，能够用简单的语言表达作品。

三段：基本技法运用熟练、流畅，作品较精美，结构匀称、美观，比例适当，能够根据要求设计出较完美的作品。

四段：有一定的艺术美感，作品造型精美，经得起推敲，有创新意识，可以在校级以上比赛中获奖。

五段：有非常强的艺术美感和创新意识，技法纯熟，造型美观，有强烈的民族气息、神采飞扬，作品严谨完美，可以在区、市、省级以上比赛中获奖。

（二）创设多元平台

1.每周将好的作品塑封保存，拍照上网。

2.周周练，周周记；时时查，段段考。

（1）周周记：由剪纸课代表记录。

（2）时时查：由剪纸教学考评小组执行。

（3）段段考：每学年一次。

第五章
家乡草编情

第七章

消化系统

《家乡草编情》微课程是《慈溪新草编》校本课程的一个缩影。《慈溪新草编》课程以慈溪传统的草编艺作纽带，在研究探讨家乡编织艺术的演变与时代接轨中渗透当代变废为宝的DIY创意元素，传承与发扬相结合，绿色环保与现代创新相结合，引领学生追求人与自然的和谐美。《慈溪新草编》为实施艺术教育与学校德育及其他相关学科相结合服务，构建了一个以《我们的制作课堂》（微视频）为载体的家乡草编文化"登山型"课程活动框架；设计了"看一看、练一练；教一教、学一学；赏一赏、秀一秀"支架式课程教学版式，并配合草编技能课堂内外进行教学。而《家乡草编情》微课程既有家乡草编历史文化介绍，又在草编技法上将传统节日文化、中国结文化、家乡草编文化与变废为宝融为一体，还展示了结合学校德育主题开展"六一"节艺术会演的实施过程，是《慈溪新草编》校本课程内涵的体现。

《家乡草编情》微课程分两部分，共由八节微课组成，选取校本课程《慈溪新草编》中段文本。第一部分"走进家乡草编文化"，包括两节微课，以了解家乡草编文化为目标；第二部分"家乡草编情"，包括六节微课，属草编技能教学内容，以综合实践活动（学编活动）、劳动与技术教育、社团活动、班队活动等形式开展。

草编曾是慈溪经济的命脉，随着时代的发展，机器工艺替代了手编工艺。纵横交错的立交桥，鳞次栉比的高楼大厦替代了漫山遍野的植物，草编材料逐渐退出家乡人民的视线。传统草编工艺靠手口相传，目前草编艺人已近高龄，年轻的家长和教师没有草编基础，而普遍保姆式家教又抑制了学生动手能力。因此，《慈溪新草编》课程中草编技能的教学是利用家委会及三代同乐资源，采用微视频、"翻转课堂"来完成教学任务。草编技能的教学活动一般由课前学编、课堂教学、课后学编组成。

《走近家乡草编文化（一）》是初步介绍草编文化。通过介绍草编历史，欣赏草料实物和草编作品，观看草帽业博物馆和工厂视频，使学生初步了解家乡草编历史与草帽业的发展，对家乡草编文化有一定的认识。《走近家乡草编文化（二）》主要介绍学生课外学编过程中走访艺人、学编实践及课堂创编汇报等内容。

"家乡草编情"活动一为《草编花篮》(一节微课)。课前在教师和家长的帮助下看微视频学习编造技术,掌握平面挑压法。课堂反馈,突破难点,掌握立体挑压法,课后巩固。立体挑压是连接高段草编草帽的桥梁,也是主要的草编技能之一。活动二为创意提包(五节微课)。《创意提包(一)》《创意提包(二)》为仿编,课前在教师和家长的帮助下观看对应的视频并准备好自己喜欢的材料,课堂欣赏不同质地的草料带来的不同美感,反馈并解决不同材料带来的困难,完成仿编。《创意提包(三)》《创意提包(四)》《创意提包(五)》为拓展创编设计,是将草编文化、传统节日文化、中国结文化、变废为宝融为一体设计创编图样,上课环节同样分为课前、课中及课后三个部分。

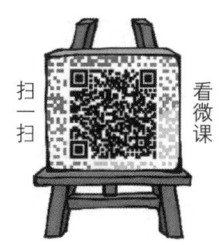

第一节 走近家乡草编文化（一）

慈溪市城区中心小学　张先萍

一、教学目标

1. 初步了解家乡草编历史及长河草编历史，欣赏草编作品与草料；初步了解几种草编技法。

2. 通过视频介绍，实物欣赏，使学生对家乡草编文化有一定的认识。

二、教学重难点

初步了解家乡草编历史及长河草编历史，欣赏草编作品与草料；初步了解几种草编技法。

三、教学过程实录

（一）谈话导入

同学们，今天老师给大家带来一组作品，请同学们仔细欣赏，这些作品都是用什么材料做的？是怎么制作的呢？

这些精美的工艺品都是用普通的植物的茎或叶编制的,我们称之为草编工艺品,用草编织各种日常生活用品,我们可以称之为草编文化。

我们来认识一下常见的几种草。这是稻草、稻草芯、咸草,这是棕榈叶、染了色的麦秆,各色纸草等。现在你认识它们了吗?

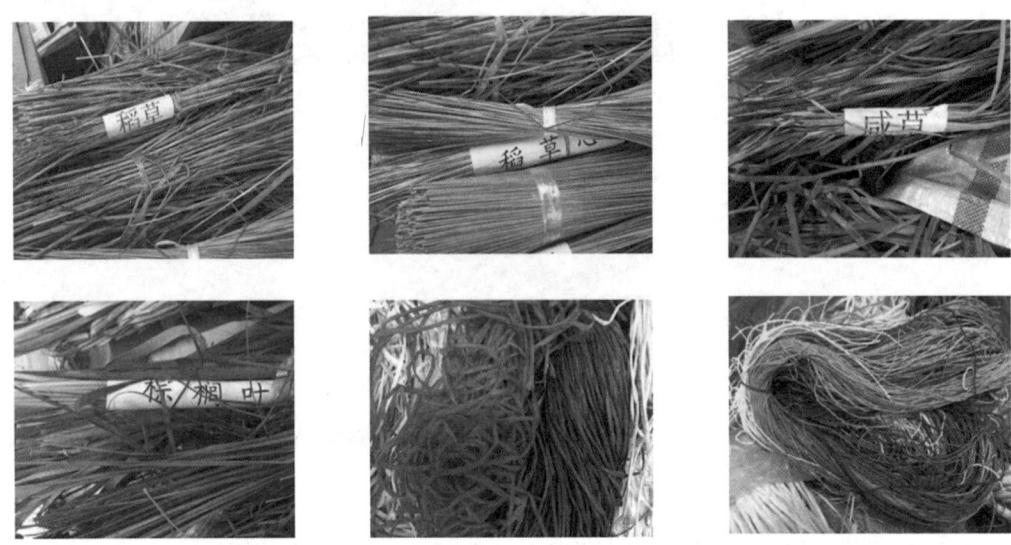

(二)介绍慈溪草编历史

1. 介绍部分历史

草编制品是我国传统的民间手工艺品,渊源流长,早在秦汉时期,草编制品已在民间广泛使用,草编制品具有丰厚的历史底蕴和文化积淀。草编制品以草为原料,将其加工以后,编制成各种实用品及工艺品。

慈溪素有"草编之乡"的美誉,慈溪草编以姚北长河为中心,鼎盛时期,曾呈现过"十里长街无闲女,家家尽是编帽人"的兴旺景象。长河金丝草帽风靡欧美大陆,对国内外的草编业都有着重要的影响,这是慈溪人民的贡献和骄傲。

2. 参观草帽业博物馆

(教师播放视频)老师带你们去长河草帽业博物馆看一看。

（三）草帽业发展

（参观草帽业工厂）参观完草帽业博物馆，你一定在想现在草帽业情况怎样了呢。老师再带你去周边参观。（视频展示周边草帽行业工人的工作情况）

（四）介绍学校草编社团

在机器的帮助下，一转眼，一顶草帽就完成了。看完视频，你一定明白了现在为什么没人用手编草帽了吧。可草编是我国非物质文化遗产，我们作为以草编为名片的慈溪的后人应该传承和发扬家乡的草编文化。为此，学校开设了草编社团，编写了校本课程教材《慈溪新草编》，对家乡的草编艺的传承和创新，创编了许多草编作品，做出了许多贡献。我们去看看。

（欣赏草编作品，同时介绍常见的几种草编技法）

这些是仿编作品。采用缠绕、扎编、辫编等技法编的稻草盘、饭窟；用辫编、双挑压法编的麦秆扇子；用镂空、双挑压法编的咸草扇子；采用折边法和单挑压法编的玉米叶服装；用单挑压法编的纸草帽子、麦秆帽子；用双挑压法编的咸草帽子。

我们再来看变废为宝的创编作品。包装绳子变成太阳帽，废弃花纸、棕榈叶、布条都变成一个个漂亮的小包。你知道吗，下面的裙装是由草纸做成的。

草编作品还有很多很多,如果你感兴趣可以来手工室参观,如果你想加入草编社团,我们欢迎你。

四、小结

这节课我们欣赏了草编作品、草材料,参观了草帽业博物馆、草帽业工厂,你对草编文化一定有所了解了。课外我们一起学一学,编一编。

第二节　走近家乡草编文化（二）

慈溪市城区中心小学　宓春丽

一、教学目标

1. 初步了解家乡草编草帽历史，初步掌握几种草编技法进行创编。
2. 通过走访草编老人、学编、创编，对家乡草编文化更进一步的了解。

二、教学重难点

初步掌握几种草编技法并进行创编。

三、教学过程实录

（一）走访艺人

（播放视频）上节课，同学们通过视频参观了草帽博物馆和工厂，欣赏了精美的作品，对草编艺人更是敬佩不已。在家长的带领下学生走访草编老人。

(二)学编实践

1. 跟"我们的制作课堂"家庭学编

回来后,同学们的积极性更高了,你看,通过"我们的制作课堂",他们都在家里学编呢!

2. 学校学编

班级是同学之间切磋草编技艺的好场所,他们学得非常认真。

3. 社区学编与展示

听说某超市有个草帽技能大赛,同学和家长也赶紧去凑个热闹。

（三）课堂汇报

通过一段时间的学习，同学们的编艺大增，还创编出许多作品，我们去看看吧！（播放视频）

四、小结

看了同学们创编的作品，我们似乎看到慈溪草编这朵古老的艺术奇葩抽出了新芽，希望不久的将来能长出茂盛的叶子，开满五彩斑斓的花。

第三节 草编花篮

慈溪市城区中心小学 余 雯

一、教学目标

1. 初步掌握立体挑压法，会灵活运用趣味编法与简易绳结法。
2. 激发学生对家乡草编的喜爱。

二、教学重难点

掌握立体挑压法基本技能，会灵活运用趣味编法与简易绳结法。

三、教学过程实录

（一）课前学编

看一看、练一练：课前家委会组织观看视频学编小篮，用卡纸替代编草，让每个孩子都能掌握平面单根挑压法。

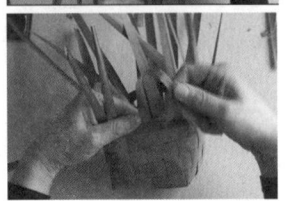 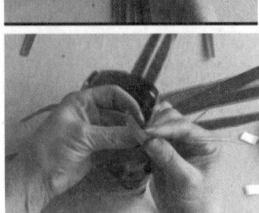

(二)课堂反馈交流

1. 反馈

师：同学们,通过"我们的制作课堂"学习,在学编过程中,你遇到了什么困难?

生1：编篮身有困难。

2. 分析篮身

师：比较生1编的篮身与老师编的篮身,你们发现有哪些不同?

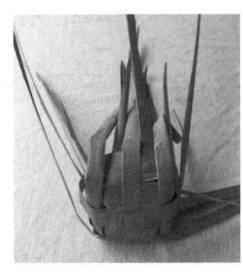  

生2：第一个错了,编的篮底面的条与篮身的条并排放了。第二个是对的,压一挑一的单根编法。

添上去的横条与篮底横条要呈田字状。如果产生双根挑压,篮身就很难编上去,容易造成错觉。

(三)教一教、学一学

1. 看短视频编篮身

我们来看看编织篮身部分是怎样添草的。

 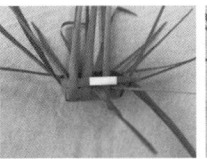 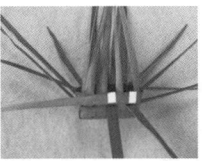 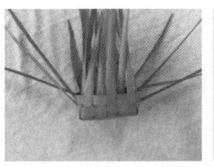 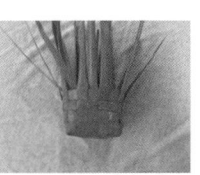

从棕榈叶稍粗平的一端开始,先粘上双面胶作固定。接着间隔挑一压一,大致半圈后,再粘一条短一点的双面胶。继续挑一压一,直至一圈。两头叠过头粘贴一条长一点的双面胶作固定,剪去多余的棕榈叶,再用双面胶作固定。共添四根,完成篮身。

2. 编一编

同学们看明白了吗？两人合作再编一编。

3. 学编提手

  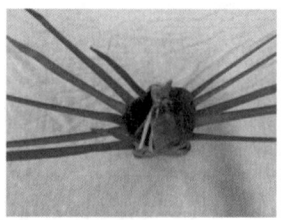

（视频解说）篮子的每一面都是四根条，编提手时选两边留下的草相对长的用文字编法编提手，先编一边，再编另一边。最后利用中间两根长的互打两个结就行。

4. 学编篮沿

四根草外面两根向中间叠，中间两根连续打两个结成蝴蝶结状就完成了一边篮沿。另一边也同样编法。

(四) 秀一秀、赏一赏

1. 秀一秀

把作品放在草垛上，我们来秀一秀。

2. 赏一赏

生1：这个篮子编得很密很漂亮。

师：是啊,我们在编的时候要注意密度,尽量紧密,不要太松散。

生2：编的提手与篮沿之间非常紧密,篮子很漂亮。

师：提手和篮沿结实了,我们的篮子就更结实了。

生3：这个花篮的蝴蝶结比较漂亮。

师：开始编的时候紧,耳朵打得松,打出的蝴蝶结就漂亮。

（五）作业练习

1. 建议同学们继续以小组为单位学编使自己的技法更熟练,同时做好评价。

2. 预习活动二"创意提包"聪明屋。看"我们的制作课堂"视频"花篮手袋",小组合作或与家长合作编提包,准备好编其他款式的材料。

四、小结

同学们,这堂课我们用棕榈叶作材料学编了草篮。我们采用了家乡草编中最常见的挑压法与绳结法,还结合现代趣味编编制棕叶草篮,其实草编技法都是劳动人民在生活中创作的,等我们掌握更多的技法就会创作了。

第四节　创意提包（一）

慈溪市城区中心小学　景旦丹

一、教学目标

1. 通过比较各种草材料制作的作品，了解不同草材料带给作品的不同美感。初步掌握融合草编技法的基本方法，会模仿编提包。

2. 体验草编文化给生活带来的美。

二、教学重难点

能利用融合草编技法编成自己喜欢的提包。

三、教学过程实录

（一）课前学编

在同伴和家长的帮助下预习"创意提包（二）"聪明屋。观看《我们的制作课堂》视频中的"花篮手袋"，小组合作学编提包，并准备好编制其他款式的材料。

(二)课堂反馈交流

1. 欣赏

同学们,我们先来看这些提包的材料,有纸草、油光纸、硬质花纸、软质花纸。

2. 交流

(1)不同质地的材料带来的不同美感。

师:这些不同材料的包给你们带来什么样的感受?

生1:纸草颜色多,有一定质感,便于编出提包的棱角。

生2:油光纸软手感好,色泽艳丽,贴上小饰物给人以色彩鲜艳、靓丽的感觉。

生3:花纸漂亮图案自然,纸张有厚的也有薄的,纸张的选择按编的款式而定。

(2)不同材料在制作中带来的困难。

师:不同的材料给提包带来不同的美感,但也给制作带来不同的难度。你们有制作上的困难吗?

生:有!

生1:纸草细,编起来慢。

师:第一款是把纸草展开来编的,粗了,速度快。但初学者不容易掌握粗细,影响提包美观,等你们熟练了就会编了。

生2:海绵纸黏性差,不容易变换款式。

生3:软的花纸和油光纸很薄,编的时候立不起来,立体挑压很难。

(3)技能特点。

师:这些提包在技能上有什么相同点和不同点?

生1:都采用了草篮挑压法。

生2：提包底部都是两行，包身的行数根据款式而定。

生3：提手采用的编制方法不同，有辫编法、套圈法、缠绕法等。

生4：包沿方法不同，有直接粘贴、折边粘贴等。

生5：包装方式不同，有剪贴，做成的小花朵、小香囊使包更漂亮了。

（三）教一教、学一学

1. 互动解决编包时的困难问题

（1）选用软纸编制时立不起来。

师：刚才同学有编时立不起的困难，谁能帮助解决？

生1：我可以解决。可以先剪好所需的双面胶，然后两人合作粘贴，编时一个帮忙扶着，一个人编。

（2）起头编制包身时第一行添草容易搞错。

生2：我的困难是包身起头时第一行添草容易搞错，大家有什么好方法？

生3：两人编好底面要一起检查，编包身第一行添草时更要一起盯着看有没有双根编了，发现错了及时纠正。

（3）到第二行编的时候发现错了。

生4：那到第二行编的时候发现错了怎么办？

师：不赞成全拆了。先仔细观察错在哪一步，思考纠正哪几根，然后用挑的方法修正。如果错的地方正好粘了双面胶，轻轻拉起上面一张纸，用指甲把粘在纸上的双面胶刮去，再挑压，把错的纠正过来。当然，编包身时编好一行就检查，容易纠正。特别是留意粘贴双面胶的地方，及时纠正更好。

 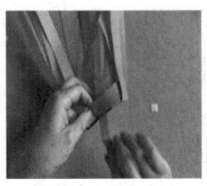  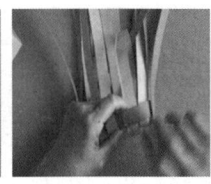 

（4）包口粘贴不美观

师：边小结边演示，首先纸条宽细一致。纸裁时用尺量。先纸两头做记号，纸长的话可以多做几个记号，再连起来，剪的时候可以两张叠起来剪。粘贴包沿时双面胶要贴平，包的时候撕一点,粘一点,粘平整。

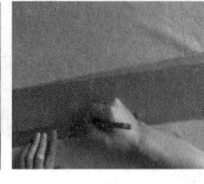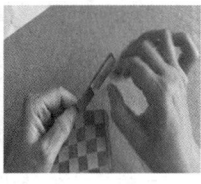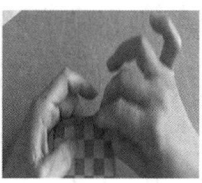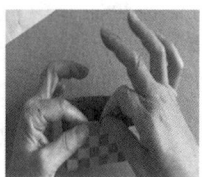

(5)小结

装饰的手法不同,美感就不同;采用的草编方法不同,呈现出的美观效果也不同。

2. 尝试制作

同学们,学会了吗？现在可以两人合作编一款提包了。

(四)秀一秀、赏一赏

1. 学生评

生1：结构紧密,分布均匀。

生2：包沿很平整。

生3：提手很牢固。

生4：装饰很美观。

2. 教师评价小结

同学们真会动脑筋,编的款式很多,除提手款、双肩款外还有公文包款。提手花样多,采用编法也很多,有三股辫、四股辫、趣味文字编、扎编法、折编法、套编法。包沿采用的方法也很多,有直接包沿、塞边包沿,还有装饰包沿。老师这里有一棵提包树,我们欣赏一下。希望同学们课外继续创编,创出更美、更新颖的包。

(五)作业练习

1. 观看《我们的制作课堂》视频"手拎袋",即镂空提包。小伙伴相互合作或与家长合作,用自己喜欢的材料编一个镂空提包。

2. 收集简易的镂空工艺品,向长辈学打结或学编简单工艺编法。

第五节　创意提包（二）

慈溪市城区中心小学　张先萍

一、教学目标

1. 初步掌握利用已学过的平结、云雀结、生活中的结艺等创编"结文化"提包。
2. 体验家乡人民的勤劳、智慧，发掘身边草编工艺品的美，培养变废为宝意识。

二、教学重难点

灵活运用已学过的平结、云雀结等生活中常用的结艺，结合挑压法小组合作创编一个"结文化"提包。

三、教学过程实录

（一）课前学编

观看《我们的制作课堂》视频"手拎袋"，即镂空提包。小伙伴相互合作或与家长合作，用自己喜欢的材料编一个镂空提包。

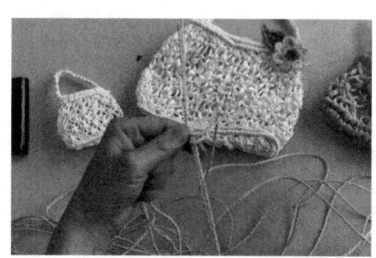

(二)课堂反馈交流

1. 交流体会

师：同学们,通过课外学编和收集,大家有哪些体会呢?

生1：我用丝带仿编了一个小包,虽然很粗糙,但是我自己觉得很漂亮,你们看!

师：很漂亮。

生2：我用布条编小包很实用,但来不及编好。

师：没关系。等会课堂上我们继续编。

生3：我收集了一个镂空工艺品,大家看。

师：真漂亮。

生4：我收集了两个小筐。

 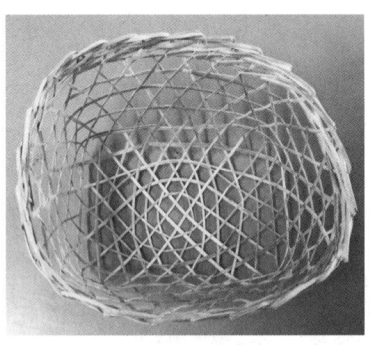

师：更漂亮了。

生5：如果我们也会编就好了。

师：是啊,家乡人民真聪明,慢慢地我们也能编。

生6：这是我爷爷用包装袋编制的篮子。我爸爸也会一点,于是,我提议用废纸来编,这是我们全家编的。

   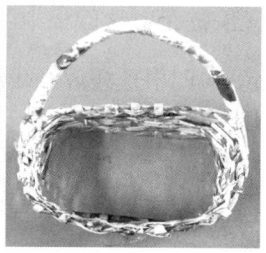

师：爷爷真能干。你们一家人真棒，向你们学习！

2.遇到的困难

师：你们在课外学编中遇到了哪些困难？

生1：底面形状很难固定。

生2：我和妈妈在编包身时编到3、4行，四根条是哪一行的搞不清楚了。

生3：收口时松紧把握不好。

生4：提手编不牢固，容易滑脱。

（三）教一教、学一学

1.教师解决编包困难

（解说并示范）镂空包除包底的边圈和包口采用云雀结外，其余都打平结。四根打一个平结，除两根作底圈，编包的根数，最少16根。底面打4个平结，完成一圈就是包底。

 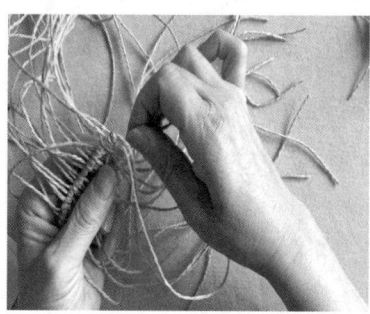 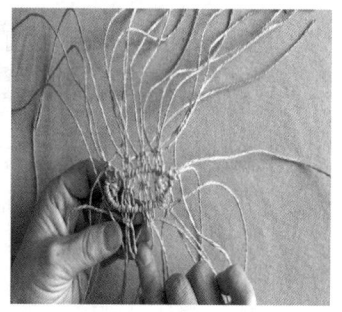

关于编制包身时容易弄错行数这个问题，像这个小包底面一圈共9个平结。每编好一圈，数一下有几个平结，就比较清楚了。

包口锁边时手不要拉得太紧，也不要太松。锁边编云雀结，作经线的是包底做圈的两根，编包身时变成了四根，这四根还要做提手，所以起头时比其他纸绳长一倍多。

编提手时这四根中两根短的作经线,长的用来编。提手长度差不多了,经线穿过对边包口,四根重叠成经线编几个平结,就牢固了。

下面请同学们两人合作继续完成课前的镂空包。

2. 学一学

两人合作继续完成镂空包,教师巡视指导。

(四)秀一秀、赏一赏

1. 学生评

生1:我认为用蓝色的纸绳编的包,编得好匀称,很漂亮!

生2:那个红色的小包很精致。

生3:张同学的布包很有特色,又能变废为宝。

生4:用丝带编的小包很漂亮。

生5:用皱纸编的包虽然不精致,但我认为把镂空作装饰放到提手上作为包的边,很有创意。

2. 教师评价小结

老师认为同学们编得也很漂亮,各有特色。大家采用的材料不一样,还变废为宝,会作装饰,给人不一样的美,真棒!如果我们把结文化、草编文化、变废为宝三者结合起来又会是一个怎样的效果呢?

(五)巩固拓展

1. 欣赏

我们来看这两个作品,材料都是采用纸草,左边这个只用了草篮挑压法、编辫法。而另一个除了草篮挑压法、编辫法,还用了镂空编的方法,更漂亮了。课前我们向家人学了打结,就把结文化和草编文化结合起来创编一个小包,小组讨论一下。

2. 设想

用编草篮的方法和生活中常用的结相结合创编一个小包。(小组讨论交流)

师:谈谈你们组的设想。

生1:我们打算用布条编,底面用挑压法,包身、提手都用平结编制。

生2:我们用纸草编,底面用纸草展开,挑压法,包身和提手都用套环结编制。

生3:我们用棕榈叶编,底面挑压法,包身和提手都用红领巾结编制。

生4:我们用纸草编,底面用挑压法,包身和提手都用抽结编制。

生5:我们用纸绳编,底面用编辫法和挑压法,包身用平结编制。

生6:我们用包装绳编,底面用和结,包身用挑压法编制。

师:你们的设想真不错,老师很期待哦!那我们就牛刀小试。

(小组创编、欣赏)

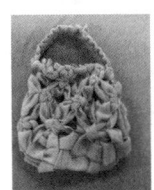  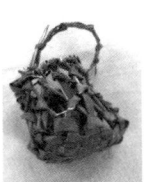 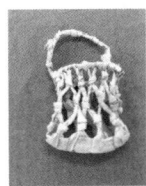  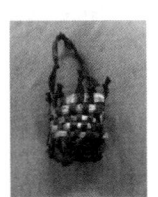

师(小结):同学们的作品太有意思了,把结文化和草编文化、变废为宝三者结合起来真有创意。真能干。我提议,同学们课外互做小老师,教一教,学一学。老师还有一个更有意思的想法,但会增加编的难度,想知道就快去看看金点子给你们什么提示了。

(六)作业练习

1. 互相学习打结。

2. 预习金点子尝试设计。

3. 听长辈介绍端午节文化,听长辈讲小时候过端午节的故事。

第六节 创意提包(三)

慈溪市城区中心小学 马 上

一、教学目标

1. 初步学会设计含有草编文化、传统节日文化、中国结文化、变废为宝为一体的提包图样。初步学会用棕榈叶打几种简单的结,用棕榈叶编挂经平片。

2. 初步感受祖国编文化、节日文化、结文化的博大精深,立志学习。

二、教学重难点

设计含有草编文化、传统节日文化、中国结文化、变废为宝为一体的提包图样。初步学会用棕榈叶打几种简单的结,用棕榈叶编挂经平片。

三、教学过程实录

(一)课前学编

学生相互学习打结;预习金点子尝试设计;听长辈介绍端午节文化,听长辈讲小时候过端午节的故事。

(二)课堂反馈交流

1. 交流

师:课外学编、听故事、设计图样的过程中,同学们有哪些体会想和大家分享?

生1:我向同学学习了两种打结法。(其他同学:我们也是)

生2:我觉得设计很难,因为我们学会的草编方法很少。

生3:我也这样认为。听奶奶、妈妈讲,她们小时候过端午的习俗有包粽子、吃粽子、编粽子袋、挂粽子、做香囊串、挂香囊串、做香包、挂香包等,我听了觉得好有趣啊,前面我们学过做香囊串,我们可以用棕榈叶做这些东西。

师:好的,好的。

生4:我用绳子、纸草编结,编篮子都很难,滑滑的棕榈叶不是更难编了吗?

生5:老师,我们想编,教教我们吧。

师:同学们想挑战自己,行!

2. 教一教、学一学

(互教互学)那我们相互做小老师用棕榈叶学打结。

(教师边小结边教)学得差不多了,我们一起来巩固一遍。

和结:两根合并打圈后,双根从下往上穿出。

套结:打圈再打圈,圈与圈之间要匀称。

红领巾结:两根草,一根以另一根为经打圈,从上往下穿出。

抽结:两根草,一根以另一根为经连续打两圈,从下往上穿出。

平结:先右手的草打耳朵,压在经线上,左手上的草绕过刚才一根从下往上穿出右耳,拉紧,然后反方向再做一次就成了平结。

3. 学草编挂经平片

上节课,小明同学拿来的筐用的是挂经法(出示筐)编制的,竖的是经,横的是纬。先挂经固定,将10条棕榈叶用双面胶固定在盒子上,然后编纬。起头固定,用挑一压一法编完一行,接着从刚才的反方向编一行,就这样,编到自己想要的长度,就完成了平片。

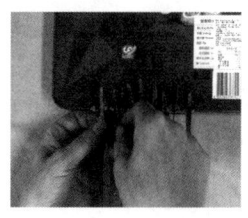 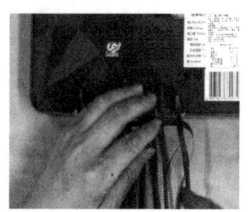 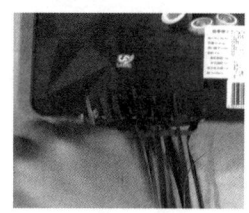 

(三)作业练习

1. 预习巧手站,起心法编包,并用棕榈叶学编平片。
2. 学编巧手站中的扎香囊。

四、小结

今天这堂课,根据同学们的建议,我们用棕榈叶学习打各种日常的结,学了挂经平片,为更好地创编做准备,希望同学们在课外多加练习。

第七节　创意提包（四）

慈溪市城区中心小学　史群波

一、教学目标

1. 根据编文化、传统节日（端午）文化、中国结文化，设计创意香包图样。会扎、编香囊、香囊串，用十字起心法编棕榈叶平片，并用单个抽结、连环结、平结等连成包。

2. 感受祖国编文化、节日文化、结文化的美，变废为宝的传统美德，立志传承并发扬。

二、教学重难点

根据编文化、传统节日（端午）文化、中国结文化，设计创意香包图样。会用十字起心法编棕榈叶平片，并用单个套结、连环结、平结等连成包。

三、教学过程实录

（一）课前学编

1. 复习第二单元编香囊知识，并用棕榈叶编香囊。

2. 预习巧手站，用花色细线扎编香囊与香囊串，学编十字起心法平片。

（二）课堂反馈

1. 交流与欣赏

课外我们复习了第二单元编香囊的知识，并用棕榈叶编了小香囊，还用花色细线扎编了香囊与香囊串。我们互相欣赏一下。

2. 巩固十字起心法,用棕榈叶编平片

师:同学们香囊、香囊串编扎得真不错。十字起心法平片学得怎样?

生(齐声):会一点。

师:那我们用棕榈叶再来编一下。用一根细棕榈叶将10根棕榈叶一上一下绞编成经草,然后用编草篮挑压法一上一下地编。其实,下学期的草编草帽就是这样起头的。因为十字起心平片用来创编包,所以编到第三行或第四行才开始两边少一根。到剩下6根,用单个抽结作固定。另一边也同样编。

(三)教一教、学一学

1. 平片连包

(1)十字起心平片连成包:先从底下靠起心的两根开始打和结,打好后往里塞,就像一个小粽子。这样两根两根打,直至把作为纬的草打完。两边一样。

下面编提手。把刚才固定的草解开,向一边折两根,折出包口,然后,把这一边的草,中间长的留两根,其余草分两份打两个套环结后作经草,打单个抽结,提手差不多长了,连在一起,互打一个抽结。另一边也一样。就成了包。

    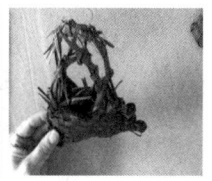

(2)挂经法平片连成包:上节课的挂经平片怎样连成包呢?把平片对折。看,挂经法平片两边是光的,只要用一根细草穿起来就行。先将草对折,草头部剪一点掉,容易穿了。细草交叉往上穿,另一边也一样。编提手和起心片一样。向两边折,打结成提手。

(3)小结：这两款包各有特色。从速度来讲，十字起心包编平片快，连起来慢；挂经法包编平片慢，连起来快，根据需要而定。会做两款包，我们可以设计"创意香囊包"图样了。

2. 设计创意香囊包图样

(1)出示图样。

创意香囊包设计图样

作品名称	
作品设计要求	作品体现校本课程《慈溪新草编》——草编文化、节日文化、中国结文化、变废为宝的内涵。
小组名称	
作品图样及说明	
遇到的困难与建议	

(2)温馨提示（课件出示PPT）：作品要求含有草编技法、端午节习俗内容、中国结谐音；所画作品图样要求有旁注，这也是作品名称的具体体现。

刚才我们编的包就含有草编文化，香囊、香包都是传统节日端午节文化的体现，中国结还有一个谐音文化。比如，连环结原来叫死结，慈溪土话叫"细节头"，为有个好听的名字才改为连环结。其实结是劳动人民从生活中总结出来的。古时候牛、羊一般不放养，养到一定数量才需要放养，放羊时把牛羊用绳子套着牵出去，绳子系木桩的结，土话叫"牛桩结"，拉一下绳，结会越拉越紧，牛羊想逃都逃不了。

(3)作品名称与图样说明：我们在爱心义卖时学会了编吉祥如意结、蜻蜓、小鹿等造型的结，放在包上就取名为吉祥如意结香囊包、福禄香囊包等，我们用草编成礼物赠送就是变废为宝。同学们会设计了吗？（会了）那我们就小组讨论，先议一议，再写一写。

(4)议一议、写一写：小组先讨论，再画图把想法写下来。

(5)交流图样：我们交流一下，小组代表把图样拿上来展示一下，大家互相看看，其他组有什么好的心意值得你们借鉴的。

(6)修改图样：请同学们借鉴其他小组设计的图样，作适当修改，但不能完全和别人一样，要突出自己的特色。

(四)作业练习

1. 根据小组设计的"创意香囊包"图样尝试创作。

2.设想还想编制的图样,送给亲朋好友。

四、小结

这节课我们主要学习了把平片编成包,设计了"创意香囊包"的图样。课外根据图样试着做一做,有什么困难或问题下节课可以提出来。

第八节　创意提包(五)

慈溪市城区中心小学　景丽芳

一、教学目标

1. 根据设计图样创作出含有草编文化、传统节日文化、中国结文化、变废为宝为一体的提包。课外根据设计的其他图样继续编织,把亲手编的带着一份浓浓情的香包送给亲朋好友。

2. 感受祖国编织文化、节日文化、结文化的美,感受变废为宝的传统美德,自豪地把亲手创编的香包带着一份端午节祝福,浓浓的情爱送给亲朋好友。

二、教学重难点

根据设计的几款图样,创编出含有草编文化、传统节日文化、中国结文化、变废为宝为一体的香囊包。

三、教学过程实录

(一)课前学编

根据小组设计的"创意香囊包"图样尝试创作,设想希望编制的图样,送给亲朋好友。

（二）课堂反馈

1. 反馈

师：课外，同学们根据小组设计的图样尝试制作，大家有什么困难或问题吗？

生1：我原来设计的是将吉祥如意结挂在下面，但尝试后觉得贴在包上更合适，但不牢固，有什么好办法吗？

师：哪位同学有办法？

生2：可以在如意结背面贴双面胶，上面挂钩、左右耳朵插在挑压条上，下面两根草就用老师教我们的办法打结就牢固了。

师：你能活学活用，真棒！

生3：我们也是这样的问题，不过图纸不干净了。（其他学生：我们也是）

生4：老师，我有个想法，不用两人合拼我也能完成一个香包。

师：我知道了。老师重新发一张图样就解决了你们的问题。

2. 修改图样

生5：老师这张图样与昨天的不一样，有四张图。

师：对。大的图就是根据昨天的图样进行了修改，用来参加今天的香囊包创意大赛。其余三幅图就把还要送给朋友的编制图样画下来，可以是昨天其他小组设计的图样，既表达了心意，也可以资源利用。

画好了设计图样，我们就来一个创意香囊包大赛。本次比赛的要求也有创意哦！快看看温馨提示。

3. 创编

师：现在开始创编。

（三）秀一秀、赏一赏

1. 秀一秀

做好的作品可以先挂在草垛上秀起来，再继续做第二个或帮同桌完成。做得快的小组,草不够了可以向其他组要,也可以给其他组做帮手。

2. 赏一赏

时间差不多了,我们准备的草料已经变成了满草垛的香囊包,我们一起来赏一赏。请几位同学说说自己想表达的心意。哪位同学先上来说。

生1:这是我们小组做的吉祥如意香囊包,是送给我外婆的,祝她吉祥如意。

生2:这是我们小组做的青青香囊包,祝妈妈永远年轻,下面挂了四个漂亮小香囊,祝妈妈漂漂亮亮的。

生3:这是我们小组做的心心相印香囊包,我要送给爸爸妈妈。上面有蝴蝶结、爱心、小香囊,祝他们心心相印,永远幸福。

生4:这是我们小组做的福禄包。上面有小鹿有吉祥如意结有小粽子,我要送给爷爷奶奶,祝他们身体健康。

生5:我们组还做了一个爱心路上香囊包,想送给贫困地区的小朋友们,给他们带去温暖,送去希望。让他们不再害怕,希望他们未来的路更加宽广。

3. 教师评价小结

"家乡草编情"这个主题活动到今天快要接近尾声了。同学们在这次活动中的表现,从满草垛的香囊包就可以看出,老师用一个字评价就是:棒。因为你们用灵巧的双手编织出了我们家乡的草编情怀、端午节节日情怀、中国结情怀、变废为宝的意愿,这是老师对每位同学的评价。

课外请同学们继续编织、继续赠送,《慈溪新草编》的理念也将由你们创编的棕榈叶香囊包来传递。

（根据同桌和亲朋好友的意见及老师的评价,做好本次活动的评价苑）

最后,请拿好草垛上的香囊包,带着你端午节的祝福和浓浓的情送给亲朋好友。

(四)作业练习

1. 继续编织棕榈叶香囊包送给亲朋好友。

2. 根据同桌和亲朋好友的意见及老师的评价,做好本次活动的评价苑。

《慈溪新草编》课程纲要

一、课程开发背景

　　慈溪是传统工艺之乡,慈溪的草编具有悠久的历史,闻名中外。学校从2002年开始编写关于草编的校本课程。十余年来,从《奇妙的工艺》《编艺》《编织》到《慈溪新草编》,校本课程与时俱进,不断探索,不断完善。《慈溪新草编》作为拓展性课程,传承了地域文化,体现了学校特色。修改后的教材更具实用性和时代性,运用"翻转课堂"教学模式将身边的资源充分利用起来,如:学校专长教师制作微视频,学校网络平台中设置"我们的制作课堂"和互动区,班级家委会QQ群等;注重以教材的趣味性和知识性来满足学生的需求,以多样化课型并存形式保证课程实施的常态化。

　　课程介绍了家乡草编、绳编、竹编、线编、工艺纸带编等编织方法的优势,并将其渗透于每一个草编主题活动中,且更注重活动过程中变废为宝的创编设计与实践能力的培养,使学生能亲自开展调查与考察,体验课题探究的过程与方法,引起对生活的关注,增强环保意识,养成有责任心的社会态度,促进学生自我健康成长,同时提高学生自主学习、探究问题的能力,并在实践活动中形成合作精神。《慈溪新草编》突显课程的兴趣性、活动性、层次性和选择性,满足学生的个性化学习需求。

二、课程目标

(一)课程总目标

　　1.通过学习,初步了解并掌握草编的基本方法。

　　2.在草编学习、了解家乡草编文化的实践活动、创编活动中,体验草编的乐趣,获得积极的体验和丰富的经验,培养学生热爱家乡、热爱学校的情感。

　　3.在合作学习过程中,培养学生的动手能力、团队意识,启发创新精神。

　　4.在成果展示过程中,学习和运用编艺欣赏和评述的方法,培养学生的审美能力,陶冶高尚情操。

(二)具体目标

	知识与技能目标	过程与方法目标	情感态度与价值观目标
第一学段（低段）	1.初步认识草编的各种基本材料。 2.初步学会搓、揉、编辫、盘、扎等基本方法。 3.能在教师指导下合作完成较简单的编艺作品。	1.欣赏精美的草编作品，激发学生参与学习的兴趣和热情。 2.通过看一看、摸一摸、闻一闻、玩一玩等方法，体验草编活动的乐趣。	培养学生从小爱家乡、爱祖国民间艺术的情感。
第二学段（中段）	1.欣赏、比较各种草材料制作的作品，了解不同草材料作品的不同美感。 2.初步掌握平面折编、趣味编，立体单挑压法、挂经法、十字起心法、扎编、缠绕、镂空、日常绳结法等方法合作完成编艺作品，美化自己的生活。	通过上网查询、采访身边的草编老人，实地寻找草料等方式，搜集相关资料，学习家乡人们就地取材的节俭品德和环保意识，激发学生的创作热情和灵感。	培养学生传承家乡传统文化的精神。
第三学段（高段）	1.了解家乡草编起源、历史和发展。 2.掌握起心法、折边法、双挑压法、收边法、编结法等方法尝试设计，大胆创作新型的草编作品。 3.会利用身边的废弃材料创作DIY作品，培养学生的创新意识和实践能力。	1.欣赏不同时代的草编作品，从而了解到传统草编文化与时代编文化的联系和不同，尊重家乡草编文化遗产，会对美的作品和现象进行简短评述，表达感受和见解。 2.通过上网查询、实地参观草帽业工厂、博物馆，寻访草编能人等方式，详细了解慈溪草编的渊源历史、现状及发展趋势，给家乡带来的经济、文化的繁荣，培养学生的实践能力和合作能力。	1.提高学生的艺术修养。 2.激发学生对家乡、人民、草编文化的热爱之情。

三、课程内容

《慈溪新草编》在传承古典传统与现代创新的基础上弘扬家乡传统编文化，同时渗透时代创新气息与全球环保意识来拓宽学生的创作思路。课程以家乡传统的草编艺作纽带，在研究探讨家乡编织艺术的演变与时代接轨中渗透当代变废为宝的DIY创意元素，传承与发扬相结合，绿色环保与现代创新相结合，引领学生追求人与自然的和谐美。为降低学编难度，课程中的草编技能编排尽量选取一些适合学生年龄特点、兴趣爱好、生活场景中常见的家乡草编艺与现代趣味编法，并从低到高循序渐进，螺旋式上升，突显了课程的生活化、童趣化。在教材的巧手站、交流坊中突出草编基础要点，将草编技能化繁为简。

按课程的特点和实施原则,各年段草编技能内容具体编排如下。

一、二年级(低段):搓盘法、编辫子、缠扎法。

低段教材前四个主题编写模式都是由活动一的草编引出活动二的创编,而主题五——我的"草"朋友,既是课程学年内容整合汇报,又是课程生活化、童趣化特色的突显。

三、四年级(中段):平面折编法、趣味编法;立体单挑压法、扎编法、缠绕法、挂经法、十字起心法、镂空法、日常绳结法等漏法。

五、六年级(高段):双挑压法、折边法、收边法、锁边法、编结法;综合创编(即将草编、绳编、竹编、线编、叶编等融合)。

中段与高段第一个主题教材适用于综合实践活动,而后四个主题既适用于劳动与技术教育、草编社团,也适用于班队、教室文化等与学校德育主题教育相结合的活动。中间三个主题编写模式也是由活动一的草编引出活动二的创编拓展,且主题五——我来秀一秀在中段称"花园",在高段为"秀台",主要目的是通过几个学期学习编绘向学校、社区等作展示汇报以传承和发扬家乡草编文化。

四、课时安排

年段	主题	活动及课时
第一学段（低段）	走近"草"世界	看一看,1课时;玩一玩,2课时
	有形的天地	草编搓盘,2课时;创意搓盘,3—4课时
	缤纷的花朵	辫盘花朵,2课时;创意辫编,3—4课时
	漂亮的相框	简易相框,1课时;活动二,3—4课时
	我的"草"朋友	万花筒,2课时;变变变,3—6课时
第二学段（中段）	走进"草"世界	确定研究主题,1课时;实践与研究,3课时;研究成果展示,1课时
	妈妈辛苦了	草编文字,2课时;创意挂件,3—4课时
	漫步夏天	草编扇子,2课时;创意扇子,3—4课时
	家乡草编情	草编花篮,2课时;创意提包,3—4课时
	我来秀一秀	畅谈收获,1课时;变废为宝,3—6课时

续表

年段	主题	活动及课时
第三学段（高段）	畅游"草"世界	确定研究主题，1课时；实践与研究，3课时；研究成果展示，1课时
	草编草帽	编小草帽，3课时；创编草帽，3—4课时
	吉祥如意	草编中国结，1课时；创编中国结，3—4课时
	家乡草编情系大自然	叶编动物，2课时；创编人和动物，3—4课时
	我来秀一秀	畅谈收获，1课时；与时俱进，3—6课时

低、中、高每个年段各约30课时，如果不利用微视频及"翻转课堂"教学，每个年段30课时是远远不足的。草编工艺靠手口相传，利用家委会资源、家庭三代同乐资源，通过微视频指导不但替代了教师草编基础指导，而且在"家乡草编文化登山型"课程角度上来说是帮助孩子寻找适合自己的登山途径过程。兴趣是孩子们学习最好的老师，只要孩子感兴趣就会利用更多课堂以外的时间学编、创编。

五、评价

评价内容主要包括三个方面：(1)评价学生参与活动的课时量与态度，它可以通过学生的许多外显行为表现出来。(2)评价学生活动中所获得的体验情况，创新精神和实践能力的发展状况。(3)评价学生对知识和技能、学习方法和研究方法的掌握情况。它主要指评价学生查阅资料、实地观察记录、调查研究、运用工具、交往与表达等实践活动水平。

评价的范式有行为评价(参与实践活动的态度、效果的表现性评价等)和作品评价(技能掌握、成品制作、创意与贯通、活动记录、信息采集表等作品评价等)。

评价的方法分为A、B、C、D四种。

A.学生自评：根据年龄、兴趣特点，低、中、高段分别设置"笑脸""星星""大拇指"作为即时评价。

B.小组评议：同学之间或小组之间通过交流、分享，对彼此学习情况进行评价。

C.教师评价：教师通过观察、记录学生在草编技能学习和运用的过程中的表现，进行过程评价。

D.综合评价：根据学生的平时学习情况，进行学生自评、小组互评、家长评价、教师评价等综合评价，并分别设置"小巧手""合作之星""创意之星"作为学校艺术星娃的奖项条件之一。

在具体操作时，三个学段略有不同。低段设置三个笑脸涂色作评价标志。评价内容：每个主题有外形美观、粘贴牢固整洁、设计创新等，在"变变变"主题活动中有最佳合作奖、最佳创意奖、"小巧手"称号等奖励。评价形式是自评、同伴评、教师或家长评相结合；作品评定与学编过程态度相结合；合作学习与互相帮助相结合。第一个笑脸为自评，第二个笑脸为同伴评，第三个笑脸为教师或家长评。

中段设置五颗星星涂色作评价标志。评价内容：每个主题造型美观、实用牢固；在综合实践活动中有技能掌握、参与热情、团结合作、创新精神、大胆展示、我的感受等，在"变废为宝"主题活动中有最佳合作奖、最佳创意奖、"小巧手"称号等奖励。评价形式是自评第一颗星星，同伴评包括合作学习与互相帮助第二颗星星，教师或家长评为第三颗星星，对作品评价为第四颗星星，学编过程中的情感态度为第五颗星星。

高段设置三个大拇指涂色作评价标志。评价内容：每个主题造型美观、具备创意与贯通、造型与效果良好；在综合实践活动中有技能掌握、参与热情、团结合作、创新精神、大胆展示、自我感受等，在与时俱进主题活动中有最佳合作奖、最佳创意奖、"小巧手"称号等奖项。评价形式是自评、同伴评、教师或家长评相结合；作品评定与学编过程态度相结合；合作学习与互相帮助相结合。第一个大拇指为自评，第二个大拇指为同伴评，第三个大拇指为教师或家长评。

另外，每学期综合评价为特别优秀或作品在学校级以上获奖的学生作为学校艺术星娃评比条件之一。

第六章

甬剧艺术

"根之茂者其实遂,膏之沃者其光晔。"甬剧根植于宁波大地,是宁波乡土文化的精粹,体现了宁波人民向往美、追求美的高尚情操,需要代代相传。作为非物质文化遗产保护和弘扬的一种尝试,宁波市鄞州区高桥镇望江小学在"在传承中创新,在创新中传承"的理念引领下,实施"草根化"和"精品化"齐头并进的发展策略,以少儿甬剧基础课程建设为基础,以甬剧课本剧开发为核心,探索甬剧文化育人之法,营造甬剧风格的校园文化,发展学生综合素质,提高学生的艺术品位,培养学生热爱家乡的思想感情,促进学生形成正确的人生观和价值观,达到甬剧文化传承和学生综合素质提升双丰收。

甬剧课本剧开发是本校经过五年的探索逐步形成的创新传承路子。所谓甬剧课本剧就是以语文课本、思想品德课本等学习内容,或结合当地传说、以名人故事等为蓝本,进行系统性开发创作,使其成为一个类似甬剧"折子戏"型的小剧目,进而组织排演。为此,我们安排了从作品创作到搬上舞台的系列社团课程。自2011年起,我校成立了以甬剧课本剧开发为核心的八个联盟社团,分别是新芽社(剧本创作)、乡音社(宁波话念白培训)、乡韵社(唱词配曲)、蝶衣社(戏服制作)、DIY道具社(道具制作)、美蝶社(角色化妆)、舞美社(舞台背景制作)、蝶舞社(艺术表演),制订了《甬剧课本剧开发社团课程纲要》,让学生在社团课程学习中历练成长。这些社团课程是国家课程的有效拓展,如:新芽社是语文学科的升华;乡韵社是音乐课的拓展;DIY道具社、蝶衣社、美蝶社是美术课的延伸……各社团紧扣主题,逐渐摸索出如何分解任务、如何分工合作的运行方式,使之焕发活力和生机。新芽社剧本一旦新鲜出炉,就有各社上门催要。蝶舞社要赶紧去熟悉剧情,选角色入戏了。乡音社忙着根据剧本内容编配曲调;乡韵社组织研究剧本中念白的表达;蝶衣社和DIY制作社研究剧中角色的服装道具的风格特点,以便及早准备服装、道具,赶在展演前使用。舞美社和美蝶社也各自研究起来,发挥自身的作用。

甬剧课本剧开发的八大系列社团,既是独立的学习团体,又凝结成学习共同体。各社团都有自己专业方面的知识学习。新芽社要独立学习课本剧构思、编写等方面的基本知识;乡韵社要了解和掌握众多甬剧的曲调;乡音社学习宁波话的发音规律;蝶衣社要学习服装裁剪的基本技能；DIY道具制作社要了解各种材料的使用特点和工具的使用技巧等内容。各方面的基本知识学习和基本技能培养，让学生有了表现自己的实力。一旦接到开本剧开发各项任务，才有可能发挥他们的智慧和才干，为作品的诞生提供全方位技术支持。

为了让学生乐学善学，开辟校外学习空间，各社团引入了微课教学。音乐教师制作了甬剧知识微过关、甬剧戏剧微欣赏、甬剧表演微模拟等视频；乡韵社制作了众多甬剧曲调唱词搭配微课视频、宁波话规律微探索视频；蝶衣社制作了皇冠微制作、盘扣微制作视频；DIY社制作了兵器、铠甲微制作视频等。短而精的微课视频解决了学生的困惑，点明了努力的方向。

本章微课内容正是由各社团的微课汇编而成，是学校开展少儿甬剧后成果的集中体现。

第一节 蝶衣社课程——冕冠的制作

宁波市鄞州区高桥镇望江小学　盛瑜琤

一、内容的选择

冕冠，简称为冕，是古代王侯所戴的礼帽，古代帝王最高等级的首服。冕冠由冕板、冕旒、笄、纮、充耳等组成。冕冠与冕服、赤舄、佩绶等在祭祀等大典时穿用。"冕冠的制作"是学校蝶衣社手工制作课程中的一课，是学生最感兴趣的活动之一，也是学校甬剧课本剧《负荆请罪》的表演需要，旨在培养学生的动手能力和创新能力，让学生学会合作。

二、教学目标

1. 培养学生的动手能力，丰富学生的课余生活。

2. 让学生初步了解古代皇帝帽子的名称及代表的意义，引起学生对古代文化的学习兴趣。

三、教学过程实录

（一）出示实物，引发制作兴趣

（出示冕冠）提问：这是什么？叫什么名字？

这种帽子叫冕冠，是汉服中的冠式，也是中国古代最重要的冠式之一，始于

周代,俗称"平天冠",也称"旒冠",在祭祀等大典时穿用。今天我们就来学习冕冠的制作。

(二)学习冕冠的制作方法

1. 介绍冕冠各部分的组成和名称

冕冠主要由冕綖、帽卷、冕旒、帽缨等部分组成。

冕綖:冕冠顶部的盖板,名綖,冕板上黑下红,象征着天地,前圆后方,象征天圆地方之意。为了有更好的舞台效果,我们稍微改变了冕冠的颜色和式样。冕綖略向前倾斜,象征天子勤政爱民。冕的名称由此而来。

帽卷:即帽身。

冕旒:綖的前后两段垂旒,用五彩丝线穿五彩圆珠而成,旒的多少视佩戴者的身份决定,有三、五、七、九、十二之分,以十二旒最为尊贵,是帝王的专用。

帽缨:冕板左右垂下的红丝绳,在颔下系结,用于固定。

2. 学习冕綖的制作方法

首先取一块长约39厘米,宽13厘米的硬纸板作为冕綖的主体,然后用细铅丝做一个长35厘米,宽5厘米的长方形,用双面胶把它固定在纸板的中央作为冕綖的支撑,防止冕綖过软或折断。接着用黄色绸布裁剪出一块长43厘米,宽28厘米的布。用白胶把纸板正反面各刷一遍,然后用裁剪下来的黄色绸布包住纸板。

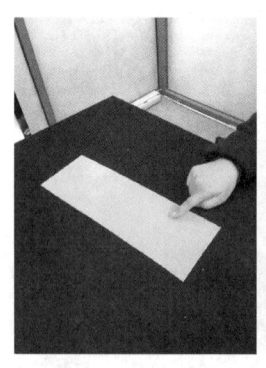 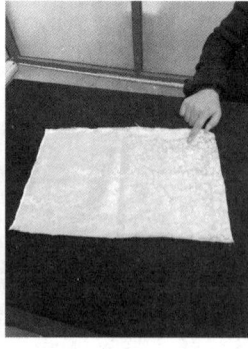  

3. 学习帽卷、玉笄、缨的制作方法

用同样的方法制作一个长39厘米,宽10厘米的长方形,然后把它圈成一个圆柱,为了圈起来的效果更好,可以用一个差不多大小的圆柱形物体作为模板,然后再卷,最后用玻璃胶粘合。接着我们来做帽缨。在圆柱周边的中心位置对穿一个洞,中间穿过一条细铅丝,在铅丝的两端各穿上一颗珠子作为装饰,最后在铅丝末端各系上一条黄色丝带作为帽缨。这样帽卷、帽缨都做好了。

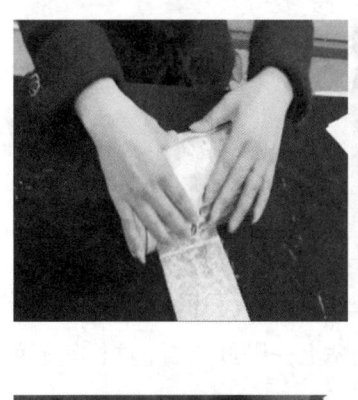
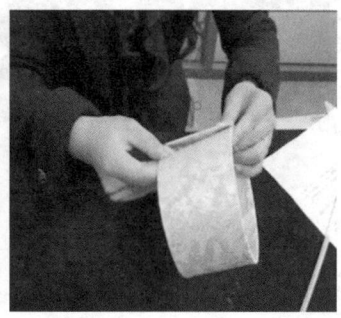

4. 冕綖和帽卷黏合

用玻璃胶把帽卷固定在冕綖的中央。

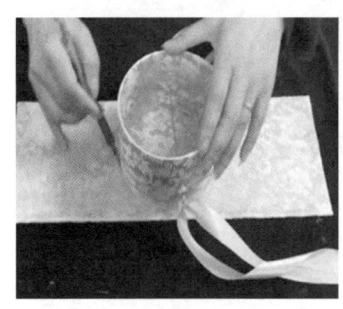

5. 学习冕旒的制作方法。

用丝线穿好 12 条珠链,每条珠链 9 颗珠子。最后把珠链用针线固定在冕綖的两端,每端挂 6 串珠链。

6. 装饰冠冕

为了更佳的舞台效果，我们还要给冕冠做一些装饰。取一条蕾丝花边，用热熔胶条粘在冕綖顶部的四周和帽卷的上、下圈。在帽卷的中心处贴上一颗红宝石，这样冕冠就完成了。

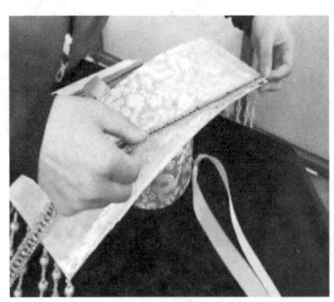  

第二节 乡韵社课程——甬剧的慈调和唱词编配

宁波市鄞州区高桥镇望江小学　褚炳君

一、内容的选择

甬剧唱腔曲调包括甬剧老调、新调、四明南词、小调以及滩簧等派别，是宁波人民在生活劳动中形成的相对固定的旋律。慈调是四明南词的一种调式，由于该调旋律优美、风趣，又有比较明显的四明山人风格，所以深受广大戏迷喜爱。今天我们主要学习的是七字开口韵改编的慈调。所谓"七字开口韵"就是在相对固定的慈调旋律中配备七个字数的唱词，又如七律故事的诗句，最后一个唱词的韵节为开口呼。本微课是乡韵社课程中的一课，教学时通过呈现和赏析慈调的旋律，分析所给的唱词意蕴结构和该旋律适宜表达的情绪，引导学生进行有机地词曲编配，在反复比较中，体会词曲编配的规律，进而为唱词配曲奠定音韵基础。

二、教学目标

1. 认识甬剧慈调调门的情感适配，了解唱词所表现的情绪状态。
2. 能根据简单的词曲搭配方法和步骤，给唱词编配慈调曲调。

三、教学过程实录

（一）介绍慈调

同学们，今天我们要学习甬剧曲调中的慈调和唱词调的编配方法。首先我们一起来认识慈调。

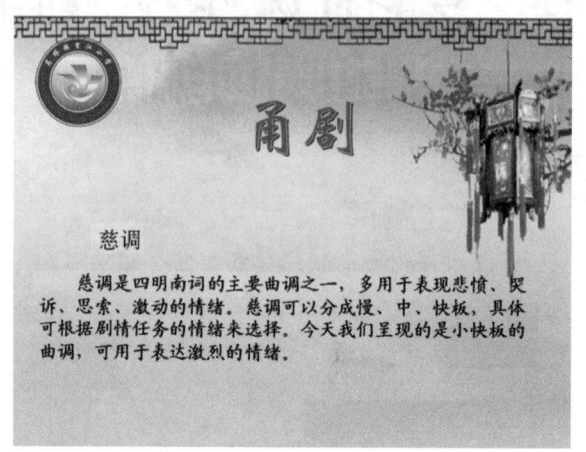

今天我们来熟悉一段小快板慈调。（播放相应的音乐）

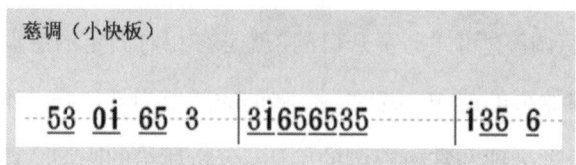

（教师示范）请跟随老师来唱这段慈调旋律。老师先来示范一下，请你注意听。（先由老师范唱一遍，再由学生跟老师唱三遍）

（二）熟悉唱词

同学们已经熟悉了慈调的旋律，下面我们来看唱词。甬剧课本剧《负荆请罪》中，廉颇去请罪的路上悔恨交加，羞愧难当，于是情不自禁唱道："我弗去祝贺他，穷苦功高智勇双全，反恨其……"

大家一起来读读唱词。不错，这句唱词正好反映了廉颇得知蔺相如胸襟宽阔、一心为国的情怀后，马不停蹄地去请罪的自责状态，很适合编配以上的慈调。可是怎样编配呢？

(三)编配

1. 分节

以一个小节或者两个小节为单位配成一句话,或者配成一个短语。同学们数数这个旋律共有几个小节?

我们可以把唱词分成三个句子或短语,第一小节对应第一句,第二小节对应第二句,第三小节对应一个短语。这样第一步就成功了。

| 5 3 0 1̇ 65 3 | 3 1̇ 6 5 6 5 3 5 | 1̇ 3 5 6 |
| 我弗去祝贺他, | 劳苦功高智勇双全, | 反恨其 |

2. 搭配

句子分节后,先按照一个音符对应一个字的方法搭配词曲,如遇到音符多于词的情况,可以考虑把个别的字用上两个或两个以上的音符,或者句子最后一个字配多个音符。如遇到词多于音符,就替换字数更少的词,保证意思不变。

大家看,我们按照这一步的要求,把字和上面的音符一一对应起来了。(教师讲解)

| 5 3 0 1̇ 65 3 | 3 1̇ 6 5 6 5 3 5 | 1̇ 3 5 6 |
| 我弗 去祝 贺他, | 劳苦功高智勇双全, | 反恨其 |

3. 修整

(教师解说)接下去我们就要进入第三步检验修整阶段了。其方法为:词曲配好后唱一唱,检验编配得是否合理、顺口,是否有利于更好地表达情绪,如不太合理再做简单地调整。

大家和老师一起唱唱这段。(教师示范)

唱着唱着,我们有了新的发现:最后一个小节有四个音符搭配三个字,是中间的"恨"字占两个音符好,还是最后一个"其"字占两个音符好呢?我们把这两种唱法都演唱一遍,同学们判断一下。

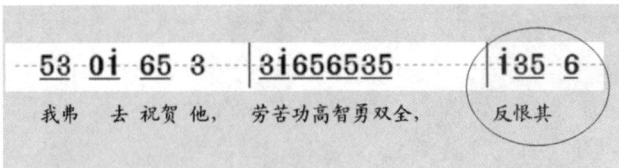

（教师示范，学生认真听）

聪明的你一定觉得"恨"字占两个音符表达效果更好，一方面是因为唱起来比较顺口，另一方面"恨"更能强调廉颇的悔恨情感。好，最终的唱腔出炉了，我们一起来唱一唱。

（师生一起唱）

（三）总结

经过这个实践，相信同学们都知道编曲三部曲了吧，一起来回忆一下。

（四）作业练习

学习了三部曲编配法，同学们都急不可待，想大显身手了吧！老师给大家一个机会，先给大家另一句慈调旋律，在《负荆请罪》中廉颇的唱词为"如此为国立大功，封为上卿理应该"。请同学们根据刚才的方法和步骤，把唱词和下面的曲调搭配一下。

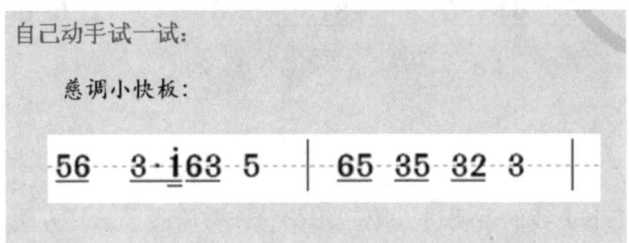

第三节　乡音社课程——宁波方言名词后缀"子、头"的构词学习

宁波市鄞州区高桥镇望江小学　杨　艳

一、内容的选择

　　本节课要求学生掌握名词后缀"子、头"的构词特点，目的是引导学生能结合词语说宁波方言。宁波方言词法特点主要包括名词、动词、形容词、数词、量词等词类的构词法和用法。吴方言与普通话同出一源，因此，在构词法方面有许多相同之处，如用词根复合法构成新词是现代汉语的重要特点之一，吴语也不例外。从复合的情况看，"词根+词根"复合而成的词，两者之间的差别较小；"词根+词缀"复合而成的词以及重叠式合成词差别较大。我们设计和制作此微课，希望在课堂教学中借助微课突破"词缀+词根"的构词特点这一难点，在课堂教学外运用微课供学生自主学习。

二、教学目标

　　1. 掌握名词后缀"子、头"的构词特点。
　　2. 学会结合词语说宁波话。

三、教学过程实录

(一)复习导入

同学们,回忆下我们上节课都学习了哪些内容。

(二)探究新知

今天我们来学习宁波话中的名词后缀"子、头"。

1."子"尾

宁波方言中,"子"出现在词语最后的形式很丰富,很多普通话用"儿"作结尾,宁波方言一般用"子"结尾。宁波方言里有一首顺口溜:"正月嗑瓜子,二月小顽放鹞子,三月上坟坐轿子,四月种田下秧子,五月端午吃粽子,六月稀客出门带扇子,七月西瓜劈芯子,八月月饼夹馅子,九月吊红夹柿子,十月金柑夹橘子,十一月落雪子,十二月冻杀凉亭叫花子。"这一顺口溜形象地表明了"子"在宁波话的作用。

大家可以跟着我来念念下面的词语。

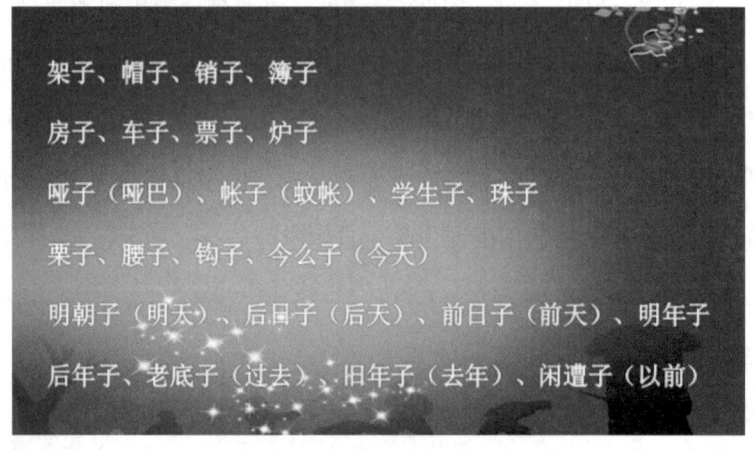

架子、帽子、销子、簿子

房子、车子、票子、炉子

哑子(哑巴)、帐子(蚊帐)、学生子、珠子

栗子、腰子、钩子、今么子(今天)

明朝子(明天)、后日子(后天)、前日子(前天)、明年子

后年子、老底子(过去)、旧年子(去年)、闲遭子(以前)

2."头"尾

宁波方言里用"头"作为词语结尾,运用很广泛,普通话里用"头"尾、不用词缀,甚至有些用"子"尾、"儿"尾,宁波方言里也可以用"头"尾。宁波方言有首顺口溜:"老太婆,梳勒个绕绕头,走到街头,买梗鱼头,拎到河埠头,仗好鱼头,驮到灶头,老猫拖鱼头,老太

婆拔出起拳头,打杀老猫头,拎起猫头,走到山头,铺落猫头,眼泪鼻头,一眼吭告话头。"就是讲"头"尾之多的。

宁波方言的"头"尾,构词能力很强,许多名词性、动词性、形容词性、数量词性、方位词性的语素加"头"都可以构成名词。大家与我一起念念下面的词语。

> 名词性语素+头：纸头、钟头、斧头、鼻头、牌头、日头、砖头、灶头、犁头、被头、石头。
>
> 动词性语素+头：听头、看头、讲头、忖头、姘头、寻头、来头、扳头。
>
> 形容词性语素+头：苦头、甜头、弯头、都头、小头、大头、虚头、亮头、滑头、独头、老实头、甜嫩头。
>
> 数量词性语素+头：大块头、一角头、一分头、一元头、独只头。
>
> 方位词性语素+头：东头、西头、里头、外头、下头。

四、小结

你有什么收获?课外拼一拼,读一读宁波方言,也可以向亲人、邻居请教哦!

第四节 乡音社课程——甬剧方言数词形式特点

宁波市鄞州区高桥镇望江小学　杨　艳

一、内容的选择

　　甬剧中数词用例俯拾皆是,且往往与其他词语组合构成整体,以表现数词自身难以传达的意趣。这些数词,有的是历时以来常用的成语或四字短语,如:推三阻四、三长两短、三头六臂、三从四德、三妻四妾等;有的是方言影响下数词结构的灵活运用,如:说三说四、笨三笨四、一含二含、七搭八搭等,且这些活用也并不仅限于四字短语,还包括于浙江一带尤其是宁波地方流行的俗语和谚语等。纵观甬剧作品中的数词,其运用的灵活性主要表现在形式、意义、语法以及修辞等几个方面。我们设计和制作此微课,是从数词形式特点入手,希望在课堂教学中借助微课突破教学难点,在课堂教学外运用微课供学生自主学习。

二、教学目标

　　1. 掌握甬剧方言数词在形式方面的各种表现。
　　2. 了解从数词角度展现宁波方言影响下甬剧作品语言的活力。

三、教学过程实录

(一)导入

同学们,先让我们一起来复习上节课都学习了哪些内容,今天让我们一起来了解甬剧作品中的数词结构形式特点。

(二)探究新知

1. 参差嵌入式

参差嵌入式数词结构中的两个数字一般为相邻数,跟老师一起读下面这些词语。

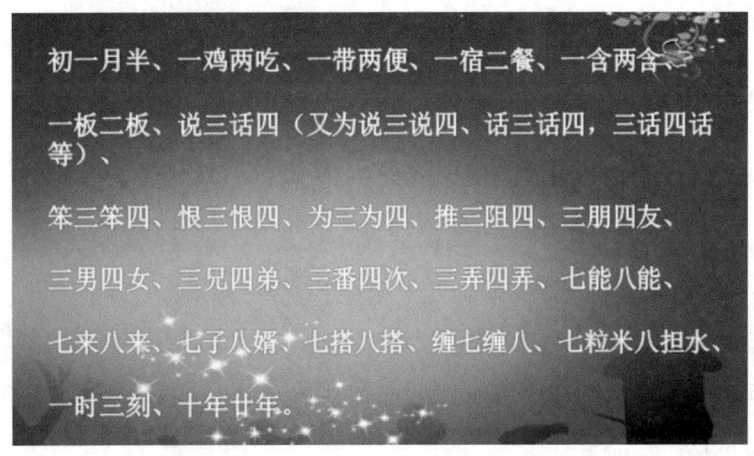

有一些数词,两数虽不相邻,但其性质相同,即同为奇数或同为偶数,如:三头五角、四亲八眷。三与五非相邻数,但皆为奇数,四与八非相邻数,但皆为偶数,亦可嵌入其他词语,构成数词结构。

2. 口诀算术式

甬剧作品中口诀或算术一般不单独使用,而是与其他表意词语结合完成意义表述,这样的语句更值得探究,先听老师说一遍。(学生同桌合作,练习发音)

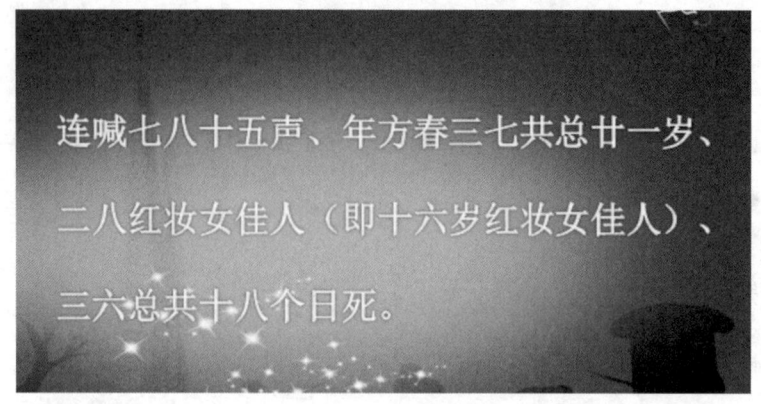

3. 重叠式

此类结构中的数词主要为相邻数,且重复,即 AABB 式。如:三三四四、三三两两等,能拖长音节,使之韵律更为鲜明。

4. 陈列式

陈列式数词结构中的数词可以只有一个,如:乱话三千、板板六十四、瞎缠三官经、百色生意;也可以是几个数词依次而列,如:连喊三五六七声、揣揣七八二五斤、丝头会断二三根、单头会上二六八。

在以上几种结构中,有的可根据具体语境进行临时创改,如口诀算术式数词结构中"年方春三七共总廿一岁",也可说"年方春二八共总十六岁",但碍于甬剧中韵律比较强,这种创改是极少的。另外,参差嵌入式数词结构中,形容人很笨可以说"笨三笨四",形容人目的性强可说"为三为四"。同理,如果形容人耍赖亦可说"赖三赖四",形容人喜欢瞎搅和可说"搅七搅八"等。但是,这种情况一般仅限于较为灵活的几个特定的数词结构,一般情况下,人们习惯于用传统的数词表达方式来表现其意,如:"日高三丈,只知其一不知其二"就不会被改说为"日高五丈,只知其三不知其四"等。

四、小结

同学们对甬剧方言数词有更多的了解了吗?课外拼一拼、读一读。

第五节　新芽社课程——综述甬剧知识

宁波市鄞州区高桥镇望江小学　张柳栋

一、内容的选择

在前面的课程中,学生对戏曲知识有了一定的了解,也对戏曲产生了兴趣。这节微课的主要内容设定为在了解一些有关甬剧的知识,让学生在对戏曲有大致印象的基础上,产生编写剧本的兴趣和热爱甬剧的情感,并能在今后的学习和活动中运用这些知识。

二、教学目标

1. 了解一些甬剧的知识,能在之后的学习和活动中运用这些知识。
2. 通过学习,产生编写剧本的兴趣和热爱甬剧的情感。

三、教学过程实录

(一)直接导入

同学们,今天我们来了解一些关于甬剧的知识。

甬剧,早期曾名"串客、宁波滩簧"。它起源于浙江宁波地区,流行于浙江东部和上海市的地方戏曲剧种之一,与浙江的姚剧、湖剧一样,同属滩簧腔系。2008年,甬剧入选第二批国家级非物质文化遗产名录。

今天,我们将从曲调、音乐、化妆、服装、道具等方面来了解甬剧。

(二)甬剧的曲调

在甬剧剧目题材扩大的同时,曲调也有了丰富与发展。1942年,演唱《四明宣卷》的艺人贺显民与徐凤仙等一起,探索甬剧音乐的改革,加强甬剧唱腔的旋律性,将原来26定弦的"基本调"改为52定弦的新"基本调",使甬剧音乐更具抒情性,受到广大甬剧艺人的欢迎并得到广泛应用,也为后来创造甬剧"慢板"唱腔打下了基础。

(三)甬剧的音乐、化妆

甬剧音乐曲调丰富,约有九十种。主要有从农村田头山歌演化而来的"基本调",从宁波乱弹班中带来的"月调""三五七""快二簧""慢二簧"、四明南词和一些地方小调。

有关甬剧的化妆,四明文戏时期宁波滩簧的表演,旦角脸部开始用铅粉打底化妆。嘴唇化妆一般用盖有金印的摺状胭脂板块,因其携带方便。而那些经济条件较差的戏班,演出化妆以红纸沾水之后搽敷脸面,以锅底灰作煤黑。20世纪40年代,甬剧化妆大都采用水粉,而眉毛略用毛笔舔墨描画,直到1950年以后,甬剧才开始用上油彩化妆。

下面两幅图是甬剧《典妻》中的人物,我们可以看看他们的化妆。

(四)甬剧的服装

中华人民共和国成立以后,甬剧开始重视服装造型和服装用料。在清装戏中,官服裤子、红缨帽、内箭衣用料轻柔,色彩避免过沉,宽窄适当并按体型裁剪,减弱重、硬感;而女性服装料子多用绫、罗、缎、纱、纹料,取织棉暗花,并加以高开叉,有的还适当减狭阔边,配以百裥裙。下面是甬剧《半把剪刀》中的人物图,看看他们的典型服装。

（五）甬剧的道具

在道具方面,甬剧在串客时期演员表演对子戏时大都只有随身道具,舞台上最多是一桌二椅,或一桌一椅。中华人民共和国以后,甬剧主要以现代戏为主。由于剧情的需要,有的道具的功能已不仅仅是起装饰和衬托作用,而且成为戏剧矛盾展开不可缺少的组成部分。

（六）甬剧的特点

要注意的是,戏曲有程式化和生活化两大特点,但甬剧没有生活化这个特点,只有程式化这个特点。程式化是甬剧的一个艺术特征,是指甬剧的动作及戏剧结构都有一套固定的程式。

四、总结

今天我们学习了一些有关甬剧的知识,对甬剧有了一定的了解,希望这些知识对你之后的编剧之路有帮助。

第六节 DIY 社课程——道具火戳枪矢的制作

宁波市鄞州区高桥镇望江小学 谷明勇

一、内容的选择

火戳枪矢也是古代战场上士兵常用的兵器之一，同时也是学生们特别喜欢的玩具之一，以此为基础，结合甬剧课本剧《负荆请罪》士兵演出所用的兵器，拓展学生的思维，激发学生的探究欲望。让学生从常见木材、常用木工工具入手设计制作道具火戳枪矢。

二、教学目标

1. 初步掌握火戳枪矢兵器道具的制作方法和步骤。
2. 初步了解古代兵器的相关知识。

三、教学过程实录

（一）导入

同学们，我们 DIY 道具制作社团接到了一项任务，要为甬剧课本剧《负荆请罪》做几个火戳枪矢道具。大家看这就是老师做的火戳枪矢。你们看看这种兵器由几个部分组装成的。

大家都看出来了吧，它是由枪刃（左图）和枪杆（右图）组成的。在制作时，我们先做好枪刃，再把枪刃和枪杆拼装起来涂上油漆，火戳枪矢就做好了。那么要制作火戳枪矢需要哪些材料和工具呢？

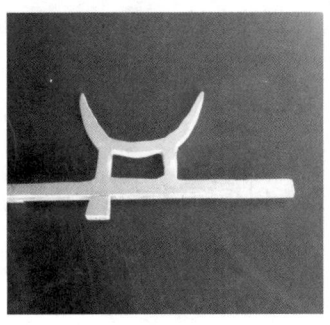 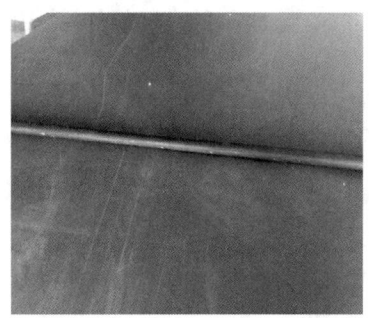

（二）材料的准备

下图是我们在制作过程中需要用到的主要材料，包括：长55厘米、宽40厘米的多层板1块（左图上），直径2.5厘米、长1.2米圆木1根（右图上），锤子1个，铁钉若干，铅笔、尺子（左图下），丙烯颜料黑色、银色各1瓶，刷子2个，电动木锯1把（右图下）。

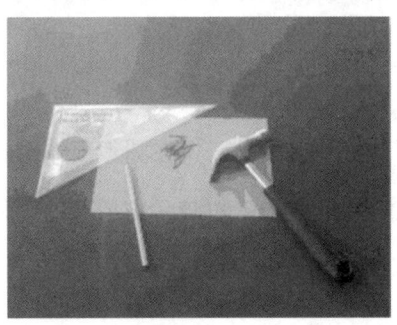 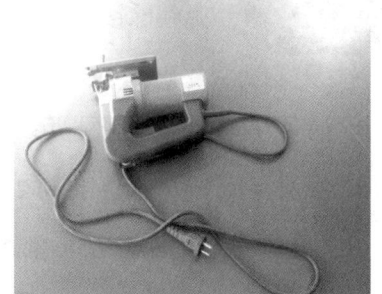

（三）制作的工序

第1步：画兵刃主杆。先在离板面的左边线5厘米处，画兵刃的直杆部分，兵刃的直杆是一个长55厘米、宽2.6厘米的长方形。

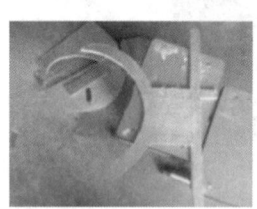

第2步：画两个半圆。以板面的右边线中点为圆心，画一个半径为22厘米的外半圆弧和半径为19厘米的内半圆弧。

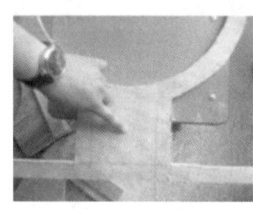

第3步：画刀刃。从内半圆弧的两端开始，画两条向外半圆弧自然连接的弧形线，使之形成两个锋利的弯月形刀锋，注意上下刀锋形状尽量对称。

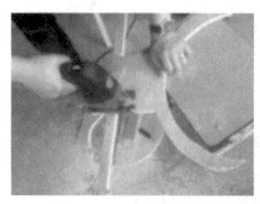

第4步：画桥架。以外圆线中点为基准，向上下两边6cm和8.6cm处，画4条横向的连接线，使弯月刀锋和兵刃的主杆连接起来。

第5步：切割。对绘制好的模型沿着边沿进行切割，外围切割完成后，把上下桥架中间左面到兵刃主杆的部分，右面到外圆弧线除镂空，这样兵刃模板就做成了。

第6步：柄和刃拼装。我们要把兵刃和圆木柄拼装起来，先在圆木顶端沿着圆形横截面的任何一条直径往下切割，割出高2厘米的L形口子。再将兵刃模型的主杆与切割好的口子，用短钉进行结合固定，要尽量做好兵刃主杆和圆木柄在一条直线上，这样火戳枪矢整个道具的模型就做好了。

第7步：抛光打磨。接着进入抛光打磨阶段，用细沙皮对兵刃、圆木柄及其连接处进行抛光、打磨，让兵刃看起来比较顺滑。

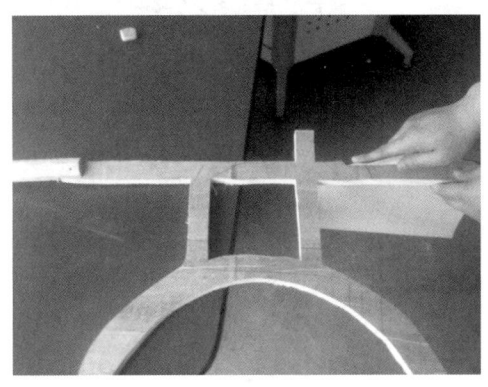

第8步：两度上漆。选择银色丙烯颜料对兵刃部分进行涂色。选择黑色丙烯颜料对圆木部分进行涂色，等干了后再进行二度涂色。这样一杆油光发亮的火戬枪矢就做好了！

同学们，请你按照刚才的方法做一把火戬枪矢吧。记住，用硬板纸代替多层板，不需要用危险的电锯，相信大家能够轻松搞定。

第七节 蝶美社课程——甬剧化妆的表现方法

宁波市鄞州区高桥镇望江小学　陈颖平

一、内容的选择

甬剧化妆可以改变演员的外貌，塑造舞台人物形象所需要的外部特征，可以掩饰面部缺点，展示优点，也可以掩饰优点，将缺点进行夸张，把与剧本中人物不相符的地方进行改造，使演员与剧本中的人物尽可能的一致。本节课是在前一阶段的教学基础上认识甬剧化妆中的专用工具和材料，如上妆油、油彩等，运用这些特殊的材料，更好地运用所学化妆基本技能进行人物形象塑造。

二、教学目标

1. 认识甬剧化妆中的专用工具和材料，为剧中人物不相符的地方进行弥补。
2. 掌握甬剧中人物形象的特点，更好地运用所学化妆基本技能塑造人物形象。

三、教学过程实录

（一）讲述甬剧化妆的特点

甬剧是一门综合的舞台艺术，分工包括编剧、导演、美工、服装、灯光、道具、化妆等部门，由上述部门合作形成甬剧舞台作品。甬剧中的主题思想是通过人物来体现的，剧中的人物要靠演员的生动表演来体现，化妆师要通过专业的技术给演员设计出符合剧情的人物形象。

甬剧化妆可以改变演员的外貌，塑造舞台人物所需要的外部特征，可以从年龄、民族、性格、健康及文化背景、生活的年代等多个方面与剧本中的人物接近，既可以掩饰演员面部缺点，展示优点，也可以掩饰优点，将缺点进行夸张，弥补与剧本中人物不相符的地方，使演员与剧本中的人物尽可能地一致。

（二）甬剧化妆的用品及材料

同学们，除了我们上面学过的化妆工具和材料以外，我们还需要用甬剧化妆中特定的用品和材料来弥补演员饰演剧中人物的不足之处。

1. 上妆油

妆油的作用是将化妆品与皮肤隔离，保护皮肤，可使用日霜、凡士林等作为化妆前的妆油。

2. 油彩

油彩含有大量的油脂成分，色泽鲜艳，色彩丰富，是影视与戏剧化妆中重要的化妆品。因含油脂成分，所以很容易在皮肤上晕染。戏剧化妆使用的油彩可以分为两类，一类为基础色，用于改变演员的肤色，如肉色、中年底色、老年底色等；另一类为辅助色，用于涂阴影、画线条、描画轮廓及五官局部，如白色、黑色、蓝色、绿色、朱红等。

油彩中的各种颜色可以单独使用，也可根据角色的需要将两种或两种以上的颜色进行调配，调出适合的颜色。（调配示范，让学生进行调配）

3. 眉笔

甬剧化妆中所用的眉笔有黑、棕、灰等几种不同的颜色。黑色在青年造型中适用，棕色常用于女性演员，灰色多用于老年造型。一般都削成扁平的鸭嘴状，画眉毛时可以较好地体现眉毛的质感。

4. 肤蜡

肤蜡是可以使脸部呈现立体效果的一种由特殊材料制成的化妆品。它具有类似橡皮泥的柔软度，可用于提升鼻梁、加大鼻头或是突出额头等。

四、小结

同学们，今天介绍的这些化妆材料比较特别，都专门用于戏曲演员的化妆，用它们可以塑造出神采飞扬、妩媚动人的妆面，可以塑造出甬剧中很多不同的人物妆容。

第八节　蝶衣社课程——盘扣的制作

宁波市鄞州区高桥镇望江小学　盛瑜琤

一、内容的选择

盘扣是我国特有的一种传统纽扣。它灵巧、别致、美观，富有独特的民族韵味，将其缝制在绚丽多彩的民族服装上更是锦上添花，惹人喜爱。设计本活动，目的是让学生通过认识盘扣、欣赏盘扣到尝试自己设计制作盘扣，激发学生对民族文化的崇尚，增强民族自豪感及制作的快乐。

二、教学目标

1. 知道盘扣是我国独有的民族服装的专用纽扣，是我国的特产，激发民族自豪感。

2. 了解盘扣的特点，欣赏盘扣的多姿造型并设计制作盘扣，培养表现力、观察力、动手操作能力。

三、教学过程实录

（一）观察盘扣

布置有花形扣、一字扣、双十扣、蝶形扣、锁形扣等的"盘扣"展厅，让学生伴随古典乐曲看一看、摸一摸、说一说。

这些物品好看吗?它们有什么特点呢?它们叫什么名字,是怎样做成的?

(教师用彩带演示盘扣的制作)这些看似花朵一样的物品是用彩带经过盘制而成的纽扣,它们有一个好听的名字叫盘扣。

(播放录像,观看有旗袍、斗篷、格式练功衫等的"民族服饰展厅")

看一看盘扣有哪几部分组成,谈一谈盘扣像什么呢。

盘扣由两部分组成:带襻的是盘扣的纽脚,不带襻的是盘扣的纽头。纽头与纽脚左右对称、形状一致。盘扣多姿多彩、样式各异有蝴蝶扣、菊花扣、双凤扣、一字扣、十字扣、琵琶扣等。

想一想盘扣有什么作用呢? 它们能使衣服扣起来,能使衣服更漂亮。

盘扣是我们中国特有的工艺服饰品,是广大劳动人民智慧与艺术的结晶。它小巧玲珑,仅用一根彩带就可以塑造出千变万化的造型、神奇、有趣、奇特。将它缝制在我们各式的民族服装上就显得更加别致、新颖、美丽,这是我们每一个中国人的骄傲与自豪。

(二)设计制作盘扣

首先,在样纸上设计画好要制作的图样;其次,按图样慢慢卷曲彩带或来回弯曲带子;最后,将做好的盘扣对称粘到衣服纸样上。

(引导学生相互欣赏制作、交谈体会,交流心得)

(三)作业练习

1.将学生的作品布置成"盘扣大世界"并请家长参观,让学生当讲解员。

2.进行"中国民族服饰"表演会。

第九节　舞美社课程——甬剧课本剧《负荆请罪》背景图片的制作

宁波市鄞州区高桥镇望江小学　韩　琳

一、内容的选择

学生已经基本掌握了软件中各种工具的操作,但不是特别熟练。为了巩固已学操作,本微课首先让学生复习 Photoshop 软件中所学工具的操作。接着让学生运用裁剪编辑第一张远山图片,并将第二张中的房屋部分裁剪下来放入第一张图片中,运用套索、橡皮擦等编辑工具自然地做成一张新的背景图片。通过这节微课学习,让学生学习合理地运用这些操作来编辑图片,制作出甬剧课本剧《负荆请罪》的背景图片。

二、教学目标

1. 熟悉 Photoshop 软件,学习使用 Photoshop 中的套索、裁剪、橡皮擦等功能。
2. 学习将两张图片中需要的内容合成甬剧课本剧《负荆请罪》的背景图片。

三、教学过程实录

（一）导入

同学们,你们知道这张图是怎么做成的吗？对,这张背景图片是由两张不同的图片合在一起的。今天我们要来学习制作甬剧课本剧《负荆请罪》的背景图片。

（二）运用所学的工具编辑两张图片

首先打开 Photoshop 软件，在文件菜单中选择"打开"项，分别打开远山和房屋两张图片。

但房屋的图片有天空背景，不能直接放在远山图片中，这时候我们就需要运用裁剪将房屋图片中的天空部分去掉。Photoshop 软件中的裁剪工具位于工具栏中，可以运用裁剪工具将图片中多余的部分除去。

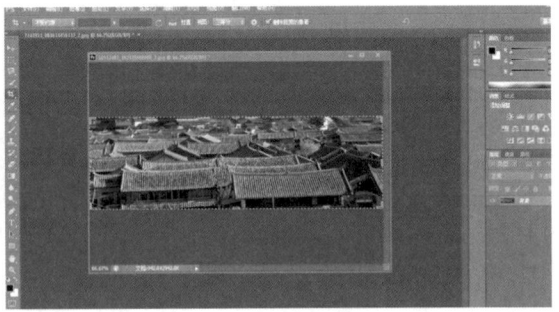

我们可以直接用鼠标将裁剪后的房屋图片拖入远山图片中，然后再通过鼠标拖动将房屋图片放在合适的位置上。

这时候,同学们会发现在拖入的房屋图片占据的比例过多,遮住了太多的远山背景。在这种情况下,我们可以使用磁性套索工具将多余的部分选定并使用橡皮擦去除,使整个图像看起来更加相融合。

磁性套索工具是套索工具组中的选取工具之一。一般用于颜色与颜色差别比较大的图像选择。

最后将合成的图片储存到指定位置。这样,《负荆请罪》的背景图片就制作完成了。

第十节　蝶舞社课程——甬剧旦角身训组合：台步训练

宁波市鄞州区高桥镇望江小学　盛瑜琤

一、内容的选择

甬剧是宁波地方剧种，是中华民族戏曲大家庭的一员，是浙江文化的重要组成部分。它作为宁波非物质文化艺术，有着悠久的历史和丰厚的积淀，体现了宁波人的审美观和价值观。甬剧表演包括唱腔和身训两部分，身训练习最基本的就是台步。戏曲中有句行话："先看一步走，再看一张口。"足见其在戏曲表演中的重要性。表演者在进行舞台表演的时候，其整体感觉的优劣以及台风的好坏，都是从脚下功夫体现出来的，因此台步训练是所有戏曲演员所有科目训练的基础。

二、教学目标

1. 掌握台步表演的基本动作要领，学会走台步。
2. 了解台步在甬剧表演中的重要性，培养对甬剧表演的兴趣和热情。

三、教学重难点

掌握台步表演的基本动作要领，能表现古典女性的阴柔之美、妩媚之态，以及足不外露的特点。

四、教学过程实录

（一）导入

介绍甬剧，导入主题。

（二）动作示范

1. 结合音乐教师完整示范台步，圆场一圈。（首先教师完整地示范一次）

2. 结合音乐教师放慢速度，完整示范两个节拍的动作，放慢速度让学生再看一遍。

（三）讲解要领

1. 边讲解边做正面示范

下面，请大家看一下台步的基本要领。准备姿势：双脚成踏步，双手兰花指背腰。身体直立、挺胸、立腰。右脚起步，绷脚背，脚尖轻触地面，沿着左脚内侧滑至左脚前，勾脚。脚跟着地，脚掌慢慢往下踩，同时左脚跟慢慢抬起。左脚起步，动作同右脚，反复轮换前进。

注意：当前面一只脚踩地时，身体重心应由后面的脚移至前一只脚上。

2. 侧面示范

姿态还原,学生再看一遍步骤。(两个八拍的口令)

(四)分解动作

1. 正面练习(教师讲解,学生按要求做动作)

下面进行分解动作练习。准备:双脚成踏步,双手兰花指背腰。(教师及时纠正学生的错误动作)注意收的位置应该在臀部上面,兰花指紧贴在臀部上,双手不能分得太开。踏步时两脚之间的距离不能过大。

右脚起步,绷脚背,脚尖轻触地面,沿着左脚内侧滑至左脚前,勾脚。(教师及时纠正学生的错误动作)勾脚时,脚尖尽量向上勾起,感到小腿肌肉紧绷、酸胀,动作就到位了。继续脚跟着地,脚掌慢慢往下踩,同时,左脚跟慢慢抬起。

左脚起步,动作同右脚,反复轮换前进。注意:当前面一只脚踩地时,身体重心应由后面的脚移至前一只脚上。

2. 侧面练习

(教师喊口令,学生练习)

姿态还原,侧面练习。(两个八拍的口令)

(五)作业练习

教师和学生结合音乐完整地练习两遍。

《少儿甬剧综合课程》课程纲要

一、课程适用年级

小学一至六年级

二、课程目标

（一）背景

根据我校制订的《望江小学中期发展规划》，我校的育人目标为培育具有"敢先、自信、蕴美"品质的望江学子，少儿甬剧课程目标正是依循学校规划提出的要求，结合甬剧艺术学习的特点制订的。为更好地实施教学，我们把课程目标进行年段分类，与学生的年龄特征相结合，控制好难易度，分阶段定目标，螺旋式提升学生素质。

（二）具体分类、分层目标

我们依照新课程标准关于目标指向的方法，从知识、能力、情感态度与价值观四个维度对甬剧学习设定目标。在甬剧知识学习方面，主要以甬剧的前世今生、甬剧的经典剧作、甬剧的曲调特点和甬剧名家的相关信息等方面作为目标确定的指向；能力方面，主要从唱、演、编、制几个方面来展开；情感态度方面，主要从对甬剧的情感、学习甬剧的态度和对家乡文化的认同这些内容来定位。

儿童身心发展呈现从感性到理性的过程，能力提升也是呈现从低到高的发展状态，在设置目标时必须依年龄特征而定。我们根据年龄特点把学习目标的难度分解到低、中、高三个学段，低段以达到认知和情感态度目标为主，中段侧重达成摹唱片段和参与活动的技能目标，高段主要目标是提高创新能力、展演能力和气质培养要求。

1. 课程总目标

（1）通过甬剧传承活动，了解甬剧历史、经典、名家、唱腔等知识，帮助学生感受甬剧艺术的美感，初步了解甬剧艺术的风格和特点。

（2）通过甬剧传承活动，提高学生创新、动手、表演、社交等能力，形成对戏曲艺术高雅的审美情趣。

（3）通过甬剧传承活动，使学生形成自信、大方、蕴美的艺术气质，培养学生敢于担当、勇于创新的品质，激发学生爱国爱乡情怀。

2. 各学段目标

低段甬剧学习活动目标：

（1）知道甬剧是宁波地方剧种，了解甬剧的经典剧目和简单的发展历史，感受甬剧唱白语言与普通话的区别。

（2）初步感受甬剧的美感，能对甬剧曲目感兴趣。能主动地关注甬剧艺术，愿意参与欣赏甬剧的活动。

（3）能在众多戏剧中辨别甬剧，哼唱一两句甬剧经典曲调。尝试学唱甬剧版校歌。

中段甬剧学习活动目标：

（1）进一步了解甬剧基本曲调的分类和旋律特点，了解甬剧表演角色的分类和形象特点。

（2）感受甬剧艺术的美感，喜爱经典剧目，对甬剧表演有兴致，能积极参与组织甬剧艺术活动。

（3）初步领略甬剧艺术的审美情趣，会用宁波话唱甬剧曲调版的各类甬剧小曲，如：甬剧版校歌、安全歌、一日常规歌等，能独立表演经典的甬剧片段。

高段甬剧学习活动目标：

（1）能了解甬剧课本剧作品形成的基本流程，懂得剧本创编、词曲编配、宁波话学习、化妆舞美、道具制作、戏服设计等方面的知识；具备一定的戏曲鉴赏知识。

（2）对甬剧艺术产生浓厚的兴趣，在主动参与甬剧活动中体验快乐，形成大方、自信、创新的良好艺术气质。

（3）能初步掌握甬剧唱腔技术，尝试进行甬剧课本剧创编活动，能用眼神、动作、表情表现人物特征；具备与他人共同合作制作甬剧课本剧的能力。

三、课程实施

我们按照由表及里的规律，把甬剧课程发展规划成三段进程，即亲近阶段、传承阶段、发展阶段，各阶段提出与目标对应的学习内容。亲近阶段学习时间为半年，进入传承阶段一年后，进入到发展阶段。

（一）亲近阶段

亲近阶段的重点在于引入甬剧文化。我们制订了切实可行的《少儿甬剧基础课程纲要》，把甬剧基本知识学习内容安排在基础教学课程中，这些学习内容包括甬剧与其他戏剧的区别，甬剧艺术的前世今生，甬剧的经典剧作和唱段，甬剧表演名家介绍，了解甬剧的曲调和生、旦、净、丑等。为了使学生对甬剧产生兴趣，我们还布置全息式校园文化，组织学生观看演出，邀请甬剧艺术家签名等，还组织学生开展灵活多样的宁波话学习活动，实现学生与家乡的戏曲文化零距离接触，唤起学生对家乡戏曲文化的认同感。

（二）传承阶段

传承阶段重点是在了解、熟悉甬剧相关文化的基础上，能够更加深入认识甬剧曲调的构成，能够表演简单的甬剧唱段。甬剧曲调方面，学习老调、四明南词、小调等各种基本旋律，掌握唱段中上韵、中韵、下韵和过门的基本规律。在身训方面，学习台步、指法、眼神、水袖、折扇等基本表演技巧，学习简单的宁波话，用宁波话来演唱简单的经典甬剧唱段，学习演唱或表演甬剧版校歌、《杜鹃》《姐妹花》等8个甬剧经典片段。在课程中安排甬剧沙龙、戏曲比赛、校外展演活动。这部分内容也在甬剧基础课程中进行落实。

（三）发展阶段

发展阶段的重点是学习更多的甬剧课本剧创作、合成、表演方面的知识。由此制订了《甬剧课本剧开发课程纲要》，安排的学习内容有：甬剧课本剧的创编相关知识与技巧、甬剧唱词和曲调的编配知识和技能、甬剧简单的服饰和道具制作方法、戏剧的舞美设计知识以及更高的表演艺术。在学习宁波话方面，掌握宁波话拼读的规则，使用宁波方言的发音规律学习宁波话。这部分内容落实在社团联盟活动课程区块，通过建立甬剧课本剧开发社团联盟，开辟社团活动阵地，寻找社团学习资源，开展课本剧开发实践活动，建设联盟社团学习共同体等方式来实施，具体见下图。

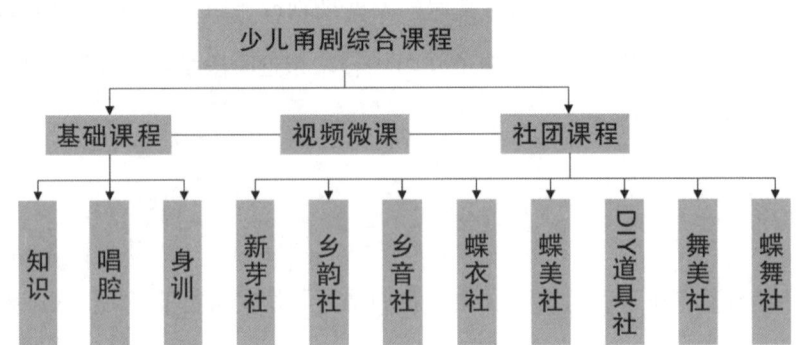

四、课程内容

由于甬剧综合课程实施时采用基础课程和社团课程结合的方式，所以，课程内容较多，这里只提供基础课程部分的教学内容。

		学习内容		活动内容	课时量
	信息获取	唱腔习得	身训习得		
低段学习计划	课前动员	—	—	观看《宁波老墙门》视频	1
	甬剧起源	欣赏老调	戏曲动作	观看《田螺姑娘》片段	2
	甬剧发展	四明南词	内练"圆"	观看《半把剪刀》片段	2
	甬剧经典	田头山歌	外练：柔韧	观看《九斤姑娘》片段	2
	甬剧名家	平调弹簧	外练：协调	观看《宁波大哥》片段	2
	温故知新	温故知新	温故知新	甬剧知识竞赛	2
	宁波方言发声规律	唱腔模仿发声练习	形体基本：手	每日一句宁波话	2
	宁波方言韵母对应1	《马灯调》方言念白	形体基本：手	每日一句宁波话	2
	宁波方言韵母对应2	《马灯调》旋律学习	形体基本：眼	每日一句宁波话	2
	宁波方言韵母对应3	《马灯调》词曲结合练习	形体基本：眼	每日一句宁波话	2
	宁波方言韵母对应4	《杜鹃》选段念白练习	形体基本：身	每日一句宁波话	2

学习内容			活动内容	课时量
信息获取	唱腔习得	身训习得		
宁波方言普通话韵母对应5	《杜鹃》选段旋律练习	形体基本：身	每日一句宁波话	1
宁波方言普通话韵母对应6	《杜鹃》选段词曲结合练习	形体基本：步	每日一句宁波话	2
宁波方言普通话声母对应6		情意表达	搜集学校文化情态词	2
宁波方言拼写方案复习	《马灯调》、《杜鹃》复习巩固	柔韧训练	组织编写《望江之歌》（甬剧版）歌词1	2
《方案》运用练习1	《半把剪刀》歌词练习	柔韧训练	组织编写《望江之歌》（甬剧版）歌词2	2
《方案》运用练习2	《半把剪刀》曲调练习	"劲"力量训练	组织编写《望江之歌》（甬剧版）歌词3	2
《方案》运用练习3	《半把剪刀》歌唱练习	"劲"力量训练	组织编写《望江之歌》（甬剧版）歌词4	2
《方案》运用练习4	《田螺姑娘》唱词练习	台步练习1（旦角）	组织编写《望江之歌》（甬剧版）曲调创作1	2
《方案》运用练习5	《田螺姑娘》曲调练习	台步练习2（旦角）	组织编写《望江之歌》（甬剧版）曲调创作2	2
《方案》运用练习6	《田螺姑娘》歌唱练习	台步练习3（小生）	组织编写《望江之歌》（甬剧版）曲调创作3	2
《方案》运用练习7	《剪刀》《田螺》歌唱复习巩固	台步练习4（小生）	《望江之歌》（甬剧版）曲调修改。	2
《方案》运用练习8	《姐妹花》唱词练习	台步练习5（文生）	组织编写《望江之歌》（甬剧版）曲调创作1	2
《方案》运用练习9	《姐妹花》唱词练习	台步练习6（文生）	《望江之歌》（甬剧版）音乐制作	2
《方案》运用练习10	《姐妹花》曲调练习	台步练习7（武生）	《望江之歌》（甬剧版）试唱	2
《方案》运用练习11	《姐妹花》歌唱练习	台步练习8（武生）	《望江之歌》（甬剧版）试唱2	2
《方案》运用练习12	《宁波大哥》唱词练习	指法训练1（武生）	参加演出准备：服装、道具	2
《方案》运用练习13	《宁波大哥》曲调练习	指法训练2（武生）	参加演出准备：音乐制作、排练曲目	2
《方案》运用练习14	《宁波大哥》歌唱练习	指法训练3（文生）	参加演出准备：音乐制作、排练曲目	2
《方案》运用练习15	《宁波大哥》《姐妹花》巩固	指法训练4（文生）	参加演出准备：音乐制作、排练曲目	2
《方案》运用练习16	《宁波巧匠郎》唱词练习	指法训练5（花旦）	参加演出	3
《方案》运用练习17	《宁波巧匠郎》曲调练习	指法训练6（花旦）	校歌比赛准备	3
《方案》运用练习18	《宁波巧匠郎》歌唱练习	眼的训练1自然流露	校歌歌唱比赛	3

中段学习计划

高段学习计划

	学习内容			活动内容	课时量
	信息获取	唱腔习得	身训习得		
高段学习	《歌唱宁波》词、曲、唱的综合应用	《歌唱宁波》唱词练习	眼的训练2目光指向	戏迷等级评定	3
		《歌唱宁波》曲调练习	眼的训练3目中有物	甬剧非物质文化遗产传承基地落成典礼准备1	3
		《歌唱宁波》歌唱练习	眼的训练4鱼光流动	甬剧非物质文化遗产传承基地落成典礼准备2	3
	《牡丹对课》词、曲、唱、演的综合应用	《牡丹对课》唱词练习	眼的训练5定睛亮相	甬剧非物质文化遗产传承基地落成典礼准备3	3
		《牡丹对课》唱词练习	肢体语言(说明)	甬剧非物质文化遗产传承基地落成典礼准备4	3
		《牡丹对课》曲调练习	肢体语言(水袖)	甬剧非物质文化遗产传承基地落成典礼准备5	3
		《牡丹对课》歌唱练习	肢体语言(水袖)	甬剧非物质文化遗产传承基地落成典礼准备6	3
		《牡丹对课》唱词练习	肢体语言(水袖)	甬剧非物质文化遗产传承基地落成典礼准备7	3
		《牡丹对课》汇报演出	肢体语言(折扇)	甬剧非物质文化遗产传承基地落成典礼	3
	《九斤姑娘》词、曲、唱、演的综合应用	《九斤姑娘》唱词练习	肢体语言(折扇)	观看名家演出	3
		《九斤姑娘》曲调练习	肢体语言(折扇)	准备精品社团展演1	3
		折子戏《九斤姑娘》排演	综合练习1	准备精品社团展演2	3
		《九斤姑娘》汇报演出	综合练习2	参加区精品社团展演	2

五、课程评价

我们在活动中发现,一些非戏迷成员对甬剧的歌唱和表演并不感兴趣,而对社团活动兴致盎然。因此,我们在评价中分戏迷评价和学习共同体成长评价两块内容来开展,使评价更科学、公正。我们还专门把学生的作品照片、活动照片、展演和参赛照片与视频制作成精致的相框、相册和光盘作为奖品送给学生,留作小学生涯最美的回忆。

我们根据三维目标设置了九项指标,对学生进行全程评价。确定非戏迷、初级戏迷、中级戏迷、高级戏迷四个等级。以学期为过程性评价节点,颁发戏迷等级证书,激发戏迷学习兴趣。评价戏迷的九大指标如下表。

识别	能够分清什么是戏曲，以及京剧、越剧、豫剧、川剧、粤剧等和甬剧的区别，能够确认音乐指导表演的是甬剧。
知识	了解掌握甬剧相关知识，包括甬剧的起源，甬剧的发展，甬剧的经典曲目，甬剧的著名艺术家，甬剧的未来等。
愿意	体现学生学习甬剧最初情感。学生对甬剧不排斥，能够接受。
兴趣	对甬剧表演艺术具有一定的兴趣，能够喜欢看甬剧的经典作品，喜欢唱甬剧版校歌，能够主动参与学校的甬剧各项活动。能够哼几句甬剧曲调。
宣传	能够对甬剧有浓厚的兴趣，能够和家长述说学校发展甬剧的意愿，并能够说服或至少让家长了解学校甬剧文化的发展情况。
语言	开始喜欢宁波方言，并能够在日常生活中有意识学习宁波方言，能够对宁波方言拼写方案有兴趣，并愿意主动去学习。愿意在甬剧的学习中主动学习甬剧的唱词。
歌唱	能够歌唱众多的甬剧经典片段，初步了解戏剧艺术的基本表现手法。
表演	能够由浅入深地学习甬剧表演的各种基本动作，配合情境表演。
创新	戏迷能够根据生活的情境，设计源于生活，高于生活的戏剧材料。对其进行创作、编排、演绎，最后制作成具有意义的作品进行展演。

以上九项指标是按照三维目标来设定的，意愿、兴趣、宣传三项指标属于情感态度目标，识别、语言、歌唱、表演、创新归为能力目标。只有同时具备了识别星、知识星、意愿星和兴趣星的同学才能获得戏迷证书。以下是戏迷评判参考：

指标 级别	识别	知识	愿意	兴趣	宣传	语言	歌唱	表演	创新
非戏迷		√							
隐戏迷	√	√	√						
一级戏迷	√	√	√	√					
二级戏迷	√	√	√	√	√	√			
三级戏迷	√	√	√	√	√	√	√	√	
四级戏迷	√	√	√	√	√	√	√	√	√

小学采用"草根"鼓励、"精品"奖励的策略，对明星作品、明星社团、明星社员进行分层次、多样化途径开展评价活动，以此来激发社员学习积极性，尽可能地让更多学生成为自己心目中的明星。

(一)个体评奖，促进步

我们对个体激励一方面是设立年度"汤显祖奖""梅兰芳奖""聂耳奖""鲁班奖""黄道婆奖"等奖项，另一方面是借助国际流行的影评方法，结合开发的课本剧评选来设置"十佳"奖项。如最佳编剧奖、最佳导演奖、最佳男主角奖、最佳女主角奖、最佳配角奖、最佳群众演员奖、最佳配曲奖、最佳制作奖、最佳化妆奖、最佳舞美奖、最佳服装设计奖、最佳唱腔奖、最佳念白奖、最佳创新奖、最佳进步奖、最佳金点子奖等奖项，每一类奖项获奖人数不限，以期最大程度激励学生。

(二)集体评奖，促合力

对社团评价方面，我们主要从社团的组织建设、活动常规、开发的质量三方面开展评价。主要设置了年度奖项有创作团队奖、协作团队奖、制作团队奖、美工团队奖、快乐团队奖等10个团队奖项，各社团参评作品可以是实物、图片，也可以通过音响、节目等方式呈现出来。

(三)作品评奖，促质量

我们采用综合评定的办法，对作品形成的各个环节各个因素进行综合考量。如：作品选材是否具备教育意义、艺术价值、趣味生成；编写的剧本是否具有戏剧性、文学性、创造性；作品展演的整体效果，道具的环保程度，服装的时代性等。作品评价主体来自学生、教师、家长、专家和社会人士。我们设立"草根奖""进步奖"和"精品奖"让每一份付出都能得到认可。

第七章

信芳京韵

中华文化博大精深，京剧艺术更以其深厚的文化底蕴影响了一代又一代的中国人。京剧因糅合了大量中华古典元素和民族文化元素被誉为中国的国粹。

浙东慈城是一座具有千年历史的古县城，这里鼎甲相望、进士辈出。在这块神奇的土地上孕育了一位中国京剧界的大师——周信芳。周信芳大师出生于梨园世家，少年时期前往北京科班学戏，青年时期只身闯荡上海，百般艰辛，以七龄童出世，更以麒麟童闻名。他唱腔独特，功底深厚，开风气之先河，创闻名于世的"麒派"京剧，弘扬国粹，名动四方。

自2009年10月起，宁波市中城小学充分挖掘古镇慈城的人文特色，成立了"周信芳京剧传承基地"，开发《信芳京韵》校本课程，提出"唱京戏、学麒派、修品行、展自我"的努力目标。在音乐课中开展京剧普及教学，并开设京剧社团活动作为京剧教学的提升，经过多年的努力，形成了《信芳京韵》微课程。

《信芳京韵》微课程一共由八节微课组成，这八节微课介绍了京剧文化的部分基础知识。本课程的学习，能让学生走进京剧世界，了解京剧基础知识，感受博大精深的京剧文化。本课程旨在让孩子们弘扬国粹文化，传承京剧艺术的精髓，浸润心灵，促进学生个性的发展。

前五节微课介绍了京剧行头的文化知识。"行头"是戏曲道具服装的术语。旧时戏曲班社总是不停地到各地巡演，演出服装和道具便成了不可缺少的装备。行头分为衣、盔、杂、把四箱，一套完整的行头，在演出时均有一定的使用章程和规范，以保证演员穿、扎、戴、挂、拿有条不紊地进行。

后三节微课分别介绍了京剧的脸谱、四大行当和京剧的伴奏乐器。京剧脸谱是一种具有汉族文化特色的特殊化妆方法。由于每个历史人物或某一种类型的人物都有一种大概的谱式，京剧脸谱艺术是广大戏曲爱好者非常喜爱的一门艺术，国内外都很流行，已经被大家公认为是汉族传统文化的标识之一。京剧经过上百年的继承和发展，根据京剧舞台上的各色人物的性别和性格色彩被划分为四个基本类型，也就是通常所说的四大类表演行当——生、旦、净、丑。京剧伴奏乐器分打击乐与管弦乐,组成的乐队称为场面,场面由以管、弦、弹拨乐器为主的文场和以打击乐器为主的武场组成,打击乐是京剧伴奏乐器中的灵魂,京剧的"唱、念、做、打"完全按照打击乐器规定的节奏进行,有板有眼、抑扬顿挫。

  通过观看学习这八节课,我们希望学生能对京剧艺术知识有个初步了解。中国京剧艺术博大精深,知识面包罗万象,可称得上是一部大百科全书,其中在《信芳京韵》校本课程中涉及的麒派大师周信芳艺术成就的内容也是极其丰富的,我们将在日后的工作中逐步设计和制作更多、更精彩的微课程,并希望有更多的人了解保护和传承京剧国粹这个世界非物质文化遗产。

第一节　五花八门的京剧行头 —— 盔帽

宁波市中城小学　冯冰峰

一、内容的选择

《五花八门的京剧行头 —— 盔帽》是《信芳京韵》低段第十一课的内容。本课主要介绍了京剧行头中独具特色的帽、靴、髯。本微课的学习,使学生对京剧行头中的盔帽有个清晰的认识。

二、教学目标

1. 情感目标:欣赏独具特色的盔帽,了解京剧丰富的服饰艺术,培养热爱祖国传统文化的情感。

2. 知识目标:初步认识各种盔帽,知晓不同人物角色的盔帽是不同的奥秘。

3. 能力目标:学会辨别不同人物角色不同的盔帽穿戴。

三、教学重难点

重点:培养学生的审美情趣。

难点:辨别不同人物角色不同的盔帽穿戴。

四、教学过程实录

(一)京剧大天地

京剧中的盔帽五花八门,剧中人物不同的穿戴代表人物身份和等级的不同。每一位人物出场,我们根据他头上的盔帽就可以大概知道他演哪一类角色了。

盔帽包括冠、盔、巾、帽。

1. 冠是专门供贵族戴的帽子,特指皇家成员的礼帽。有皇帝戴的平天冠、九龙冠,年轻的皇子、太子戴的紫金冠,皇后戴的凤冠等。

平天冠　　　　　　　　九龙冠　　　　　　　　凤冠

2. 帽,最具代表性的是乌纱帽,是古代官员戴的一种帽子。

3. 盔,是武将在战争时用来保护头部的帽子。帽上有绒球、珠子等装饰品,帅盔上还有缨子。

4. 巾,是日常生活中随便戴的便帽。

(二)梨园活动台

1. 请你模仿。(播放视频)

戏曲演员利用耍帽翅来表达角色的心理活动,这种表演叫作帽翅功,俗称闪帽翅。

2. 纱帽上各式各样的帽翅真有趣,它还代表着身份和等级呢!请你找资料,填一填左图中有哪些样式,分别用于什么角色。

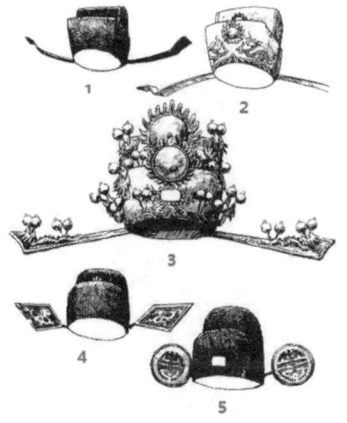

序号	名称	角色
1		
2		
3		
4		
5		

四、小结

　　同学们,今天我们一起愉快地学习了《五花八门的京剧行头——盔帽》,学到了许多京剧中的知识,认识到了祖国京剧艺术的博大精深。希望同学们在今后的生活中更多地关注中国的戏曲文化,做一个热爱民族音乐艺术的中国人。

第二节　五花八门的京剧行头 —— 髯口

宁波市中城小学　冯冰峰

一、内容的选择

《五花八门的京剧行头 —— 髯口》是《信芳京韵》低段第十一课的内容。本课主要介绍了京剧行头中独具特色的帽、靴、髯。通过本微课的学习,学生可以对京剧行头中的髯口有清晰的认识。

二、教学目标

1. 情感目标:欣赏独具特色的髯口,了解京剧丰富的服饰艺术,培养热爱祖国传统文化的情感。

2. 知识目标:初步认识各种髯口,知晓不同人物角色的髯口是不同的奥秘。

3. 能力目标:学会辨别不同人物角色不同的髯口穿戴。

三、教学重难点

重点:培养审美情趣。

难点:髯口功的模仿。

四、教学过程实录

(一)京剧大天地

京剧舞台上,生、净、丑各行角色所戴的胡子,又称口面,表示人物面部的两腮和颏下部分生长的胡须,在京剧表演中称髯口。一般用挂钩将髯口挂在耳朵上,起到夸张、装饰的作用。髯口的式样也很丰富,有满髯、三绺髯图、一字髯、八字髯、虬髯等。

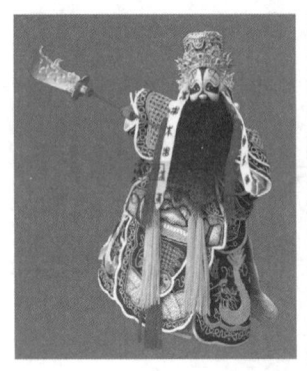
满髯

三绺髯

一字髯

八字髯

虬髯

髯口的种类很多,按照剧中人物的年龄、身份、面貌和性格的不同而定,一位人物出场,我们从他的髯口也可以大概知道他演哪一类角色了。髯口的名称也是根据颜色、式样的不同而定。

髯口的颜色一般有黑、灰、白三种,以区别角色、年龄。少数形象怪异或性格暴烈的人物以及神怪,也有戴红、紫、蓝髯口的。

（二）京剧小票友

演员们能通过各种髯口的表演技巧,如理髯、甩髯、掏髯、卷髯等,再配以优美的身段造型来刻画人物,这就是"髯口功"。让我们一起来学学髯口功。

（三）梨园活动

试一试,请你为下列角色配上合适的髯口。

包公　　　　　陈世美　　　　　单雄信　　　　　灯官爷　　　　　徐策

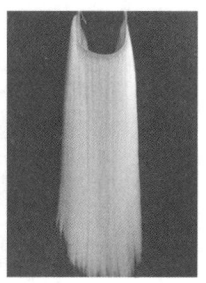

四、小结

同学们,今天我们一起愉快地学习了《五花八门的京剧行头 —— 髯口》,学到了髯口的知识，髯口不仅是遮盖演员演唱时口型的美化手段，也是一种刻画人物心情与神态的艺术工具。我们知道了演员通过各种髯口、优美的身段造型来刻画人物。我们还知道了髯口可以通过其形状、样式、长短、疏密及颜色来表示剧中人的年龄、身份、容貌和所处的境遇。希望同学们在欣赏京剧节目时学会观察人物的装扮，收获将是其乐无穷的。

第三节　五花八门的京剧行头 —— 戏服

宁波市中城小学　冯冰峰

一、内容的选择

《五花八门的京剧行头 —— 戏服》是《信芳京韵》低段第九课的内容。本课主要介绍了京剧行头中绚丽多彩的戏服。本微课的学习，学生可以对京剧行头中的戏服有个清晰的认识。

二、教学目标

1. 情感目标：通过绚丽多彩的京剧戏装学习，让学生了解京剧丰富的服饰艺术，培养学生热爱祖国传统文化的情感。

2. 知识目标：初步知晓不同人物角色穿着服装差异的奥秘。

3. 能力目标：学会观察服饰的款式不同，知晓人物角色不同与服装穿着的不同。

三、教学重难点

重点：培养审美情趣。

难点：辨别不同人物角色不同的戏服穿戴。

四、教学过程实录

（一）京剧大天地

京剧舞台上，不同的角色在衣饰上应有明显的身份象征，例如官位高低、老幼尊卑、男女、辈分等，都可以用戏服来区分，使观众对这些程式化的戏服习惯后认同，不需说明便知道该角色的身份。服饰再配合化妆，便可暗示角色的特性了。

京剧的服装是怎样演变的呢？我们来了解一下。

京剧服装的样式是以明朝服饰为基础，融合了部分清朝服饰的特点，以适合表演为原则，加以综合和美化而成，既没有朝代的差别，也没有季节的区分。

明朝服饰

清朝服饰

京剧服饰

（二）京剧小票友

京剧中常用的服装有褶、蟒、帔、靠、衣五类，不同样式的服装往往是人物身份的标志。蟒也称蟒袍，帝、王、将、相或后、妃、贵妇、女将在正式场合所穿；靠也称铠甲，男女武将的戎装；褶也称褶子，戏衣中最常用，大领、大襟、大袖、衣长及足，文武贵贱、男女老幼均可穿用；帔也称披风，长领、对襟、大袖、左右胯下开衩，男女角色均可用；衣泛指其他多种戏服。

（三）梨园活动台

请你用色彩笔为下列素装勾画出精美的戏服。

四、小结

同学们，今天我们一起愉快地学习了《五花八门的京剧行头——戏服》，京剧是国粹之一，其服饰也带有强烈的中国特色，京剧服饰保留了汉族民族服饰的基本特征，是表现汉族人民传统文化观念和审美思想的民间艺术瑰宝。京剧舞台又是美术创作，将布景、灯光、人物服饰配合后，便成为一幅幅构图和谐、色彩协调的图画，再加上乐器、歌声、人声、舞蹈做手，便构成有声、有色、有动感、有美感、有艺术性的戏曲了。

第四节　五花八门的京剧行头 —— 戏服图案

宁波市中城小学　冯冰峰

一、内容的选择

《五花八门的京剧行头 —— 戏服图案》是《信芳京韵》低段第九课内容。本课主要介绍了京剧行头中绚丽多彩的戏服。本微课的学习，学生可以对京剧行头中的戏服有个清晰的认识。

二、教学目标

1. 情感目标：绚丽多彩的京剧戏装学习，了解京剧丰富的服饰艺术，培养热爱祖国传统文化的情感。

2. 知识目标：初步知晓戏装图案之间的差异奥秘。

3. 能力目标：初步学会观察戏服图案知晓人物角色的不同。

三、教学重难点

重点：培养学生的审美情趣。

难点：学会观察戏服图案知晓人物角色的不同。

四、教学过程实录

（一）京剧大天地

京剧戏装中常用的图案有龙、凤、花、鸟、鱼、兽、云、水等，花纹可以体现人物的身份和性格。

帝王、后妃的服装有龙、凤的图案。

文武大臣穿的服装绣有蟒（四爪为蟒）的图案。

骁勇的武将及绿林英雄的服装绣有狮、虎的图案。

深谋远虑、运筹帷幄的人物的服装绣有阴阳八卦图的图案。

迂腐、放荡的丑角人物在服装上就绣八宝、团花的图案。

龙凤图案的服饰

蟒图案的服饰

狮、虎图案的服饰

阴阳八卦图案的服饰

八宝、团花图案的服饰

（二）京剧小票友

戏服的图案有兽、龙、菊、凤、桃、花、蟒、纹、鹤等。

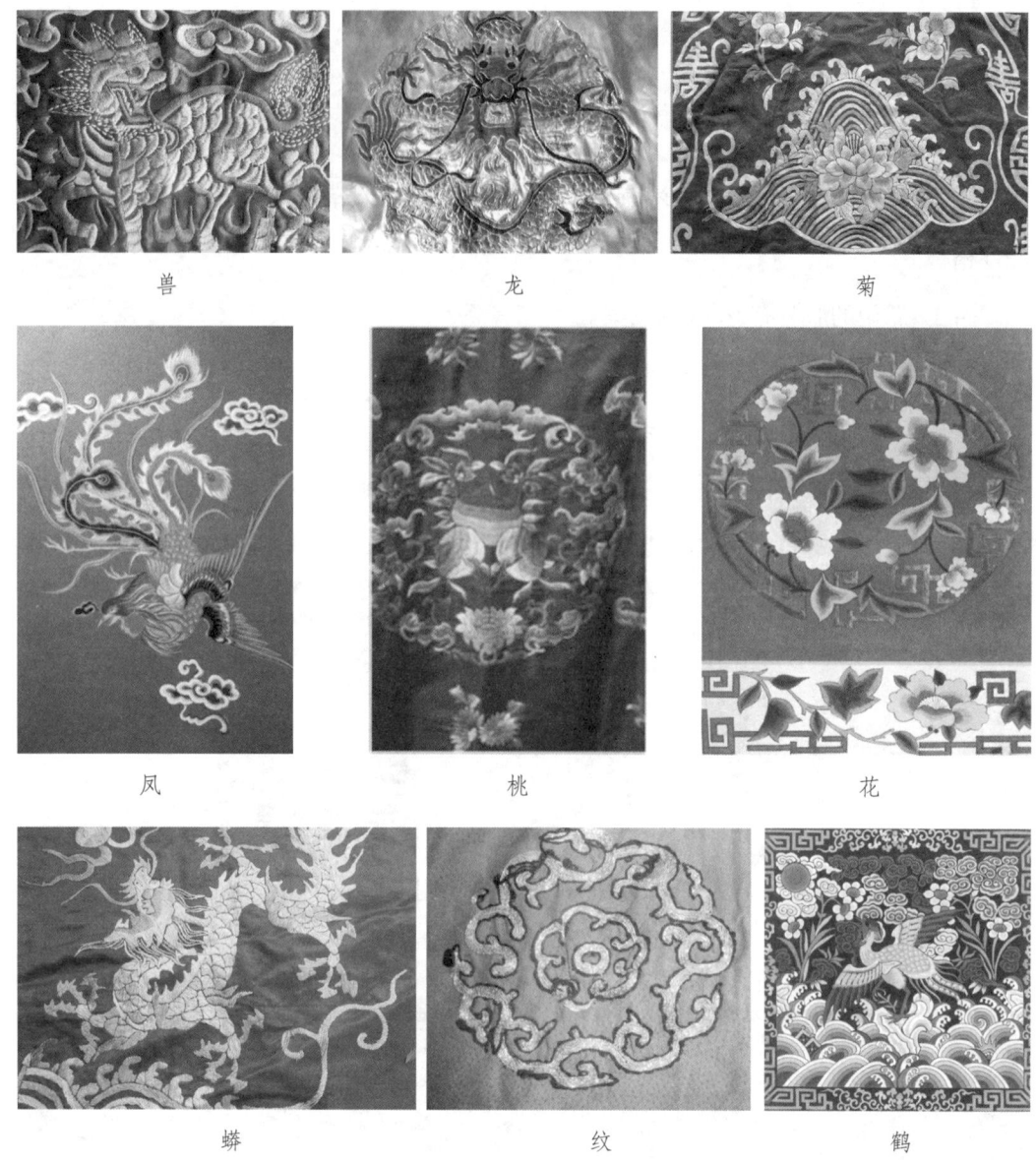

兽　　　　　龙　　　　　菊

凤　　　　　桃　　　　　花

蟒　　　　　纹　　　　　鹤

（三）梨园活动台

请你为下列角色挑选合适的戏服：皇帝、文官、武将、夫人、小姐。

四、小结

同学们,今天我们一起愉快地学习了《五花八门的京剧行头 —— 戏服图案》,学到了许多京剧戏服的图案知识,通过观察戏服图案的纹样和颜色,就可以区分剧中人物身份。让我们学会观察、学会分析,做一个快乐的小戏迷。

第五节　五花八门的京剧行头——鞋靴

宁波市中城小学　冯冰峰

一、内容的选择

《五花八门的京剧行头——鞋靴》是《信芳京韵》低段第十一课内容。本课主要介绍了京剧行头中独具特色的帽、靴、髯。本微课的学习,学生可以对京剧行头中的鞋靴有个清晰的认识。

二、教学目标

1. 情感目标:欣赏独具特色的鞋靴,了解京剧丰富的服饰艺术,培养热爱祖国传统文化的情感。

2. 知识目标:初步认识各种鞋靴,知晓不同人物角色的鞋靴是不同的奥秘。

3. 能力目标:学会辨别不同人物角色不同的鞋靴穿戴。

三、教学重难点

重点:培养审美情趣。

难点:辨别不同人物角色不同的鞋靴穿戴。

四、教学过程实录

（一）京剧大天地

京剧中的鞋靴样式也五花八门，有厚薄高低之分。一位人物上场，根据角色的身份要穿戴上得体的服饰、盔帽和髯口，还要配上特定的鞋靴。

厚底是男性人物穿的高腰厚底靴。

朝方是文丑行当专用的一种高腰薄底靴子。

登云履是男性神仙人物的鞋靴。

彩鞋是女性人物的鞋靴。

旗靴是清代旗人的鞋靴。

其他还有虎头靴、鱼鳞洒、黑白道打鞋、小孩靴、僧雪靴等。

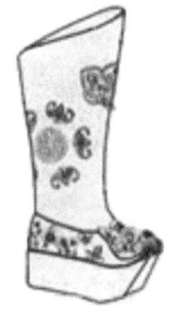
厚底

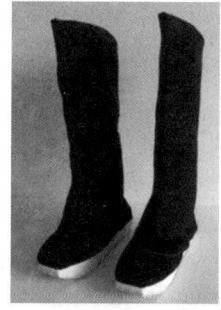
朝方

登云履

彩鞋

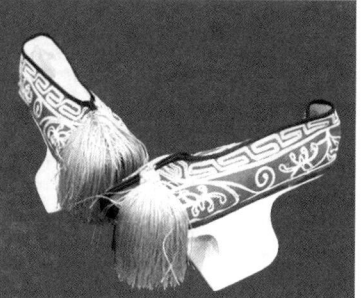
旗靴

（二）京剧小票友

厚底的官靴，靴底加厚，其作用是为了增加演员的身高，要和宽大、夸张化的服装搭配。尤其是穿蟒的，穿靠的，本来就很夸张，如果穿个薄底的靴子，就很不相称了。由此可见,厚底靴本身就是一种夸张化的服装,或者说是专为表演和舞蹈服务的一种服装。

薄底靴子的靴筒虽然较长,但靴底是很薄的,一般是给扮演官吏或太监丑角穿的。行动比较轻巧的一类人物角色,也穿薄底靴子。还有一种快靴,靴底更薄,靴筒也较短。一般武戏的角色,像武生、武旦、武净都穿快靴。如前面讲的穿快衣、快裤,抱衣、抱裤的角色,都穿快靴,为的是在战斗的时候动作轻捷、灵便。女式的快靴有个专名词,叫"小蛮靴",其意思和快靴一样。

便鞋是经过略加美化、装饰的快靴,比如老年人穿的叫夫子履。一般的兵士、差役穿的是洒鞋,是一种较紧绷的粗制的鞋,鞋上没有什么特别的标志。《打渔杀家》里萧恩穿的鞋,为了表示他是渔夫,在鞋上加些鱼鳞片,它的专有名词叫"鱼鳞洒"或"鱼鳞洒鞋"。妇女一般都穿绣花的、带色的彩鞋。彩鞋一般前边都加穗子。

穿旗装、旗袍的角色所穿的花盆底鞋,就是在普通彩鞋的中间(指鞋底的正中间)加上一个花盆形的厚底。凡穿花盆底鞋的人物角色走起路来有个特殊要求:两肩膀必须微微地摇晃,两只胳膊为了保持平衡,也必须慢慢地左右甩动,走起路来两脚平起平落。同时,姿势还要优美洒脱,展现一种慢条斯理、端庄、优美的姿势。所以说,扮演旗装的角色,穿花盆底鞋,就需要特殊的训练。

 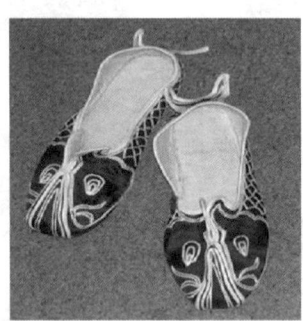 

厚底家官靴　　　　　　　便鞋　　　　　　　花盆底鞋

(三)梨园活动台

戏要开场了,请你给这些人物配上合适的鞋靴,你能行吗?

四、小结

同学们,今天我们一起愉快地学习了《五花八门的京剧行头 —— 鞋靴》,学到了许多京剧的鞋靴知识,认识到了祖国京剧艺术的博大精深。京剧中不论穿着哪一类鞋靴,都要熟练地控制,否则连走路都走不好,就更谈不上什么艺术表演了。

第六节　五彩的脸谱

宁波市中城小学　冯冰峰

一、内容的选择

《五彩的脸谱》是《信芳京韵》低段第七课的内容。本课主要介绍了京剧脸谱知识,认识脸谱中花纹和图案区别,识别角色性格和身份。

二、教学目标

1. 情感目标:欣赏五彩的京剧脸谱,了解京剧丰富多彩的脸谱艺术,培养热爱祖国传统文化的情感。

2. 知识目标:知晓脸谱的花纹与颜色能代表不同人物性格这一知识。

3. 能力目标:学会用身边的材料制作脸谱、画脸谱。

三、教学重难点

了解脸谱知识,感受体会京剧的韵味,对京剧产生浓厚的兴趣,提高对音乐的表现力。

四、教学过程实录

(一)京剧大天地

脸谱可分为大花脸和小花脸,是在演员脸上用油彩勾画的图案。从京剧的脸谱上,我们可以找到黑、白、蓝、黄、绿、红、赭、紫、粉、灰、金、银等丰富艳丽的色彩,甚至在一张脸谱中，我们可以发现七八种颜色。这些色彩又构成了各种各样大胆夸张的图案。它们有的像蝴蝶，有的像鹰嘴，有的像老鼠；有的脸谱上画了葫芦，有的画了蝙蝠，还有的绘有花朵等图案。

（二）京剧小票友

嘿，同学们！京剧脸谱具有夸张想象的艺术特征，是我们中华民族的瑰宝，在世界上享有盛誉。瞧，就像象形文字一样，京剧脸谱也有象形脸谱哦！通过对脸谱的观察，还可以判断出此人的好与坏、老或少，以及获得人物的性格、身世等信息。各种人物有自己特定的色彩，能够突出人物的性格特征，因此被誉为角色"心灵的图画"。

  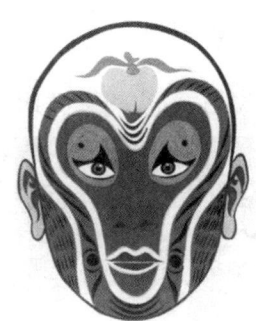

同学们，脸谱小精灵们神采奕奕，艺术家通过大胆想象，灵巧的双手创作出奇特新颖的面孔，有鸡蛋、书签、邮票、挂件、剪纸、青瓷等。（学生欣赏图片）

 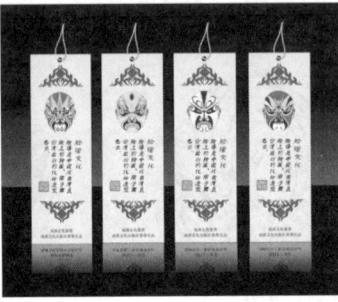 

鸡蛋　　　　　　　书签　　　　　　　　　　邮票

挂件　　　　　　　剪纸　　　　　　　　　　青瓷

（三）梨园活动台

1. 画一画

你能用身边的材料 DIY 一个精美的脸谱吗？

 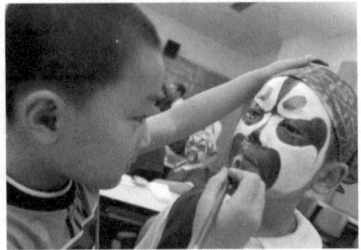 

请你在画纸、鸡蛋、T恤衫、面具……画脸谱。

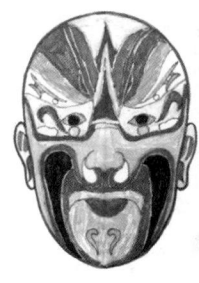

2. 写一写

脸谱的颜色绚丽多彩,不同的色彩可以表现人物不同的性格。

黄色代表——

红色代表——

黑色代表——

白色代表——

除了这些颜色,我还知道其他颜色所代表的人物性格……

3. 活动建议

戴上自己制作的精美脸谱面具,开个化妆舞会,把照片拍下来与同学、老师一起分享。

四、小结

同学们,京剧是我国艺术大花园里的一颗璀璨的宝石,而小小的脸谱蕴含着丰富的寓意,怪不得外国人把它叫作"Peking Opera"!希望同学们通过本课的学习,了解它!爱上它!发扬它!让我们在《唱脸谱》这首歌中结束这节课,同学们再见!

第七节　京剧四大行当

宁波市中城小学　冯冰峰

一、内容的选择

《京剧四大行当》是《信芳京韵》中段第六、九课的内容。本课主要介绍了京剧生、旦、净、丑四个行当的知识，认识不同行当的角色特征，并能识别各行当角色。

二、教学目标

1. 情感目标：通过认识四大行当和模仿秀，培养热爱祖国传统京剧文化的情感。
2. 知识目标：通过认识四大行当和模仿秀，初步了解京剧行当的基础知识。
3. 能力目标：通过模仿净、丑的台型，培养表现能力。

三、教学重难点

重点：认识四大行当。

难点：认识不同行当的角色特征，并能识别各行当角色。

四、教学过程实录

（一）京剧大天地

俗话说"三百六十行，行行出状元"，京剧中也有行当之分。行当就是对演员角色的分类，是经过长时间的舞台实践后形成的一种戏曲舞台人物造型的表演模式。在京剧形成之前,中国古代戏曲中就已经有了行当之分,并且随着戏曲的发展,行当的划分越来越科学。京剧的行当分为生、旦、净、丑。

(二)京剧小票友

1. 生

"生"是指扮演男子的角色。根据角色的年龄、性格等不同,又可以分为老生、小生、娃娃生、武生等。老生是指戏中中年以上的男子角色,口戴髯口。小生是戏中青年男子角色,不戴胡须。武生是剧中武艺高强的角色。娃娃生是指扮演儿童的角色。演出时,老生都戴有假胡须,有的胡须是白色的,有的胡须是黑色的,你知道其中的缘由吗?

仔细看图,你发现老生、小生还有什么不同吗?其中,老生又可分为唱工老生、做工老生、武老生和红生;小生又可分为文小生和武小生;武生又可分为长靠武生和短打武生。

小生　　　做工老生　　　武生　　　唱工老生

2. 旦

京剧中的女性角色统称"旦"。旦行中又分为青衣、花衫、花旦、刀马旦、武旦、老旦和彩旦。正旦又叫青衣,扮演正旦可要有唱的功夫!花旦多扮演天真活泼或泼辣的青年妇女的角色,以做工和说白为主。老旦是在剧中扮演老年妇女的角色。刀马旦是在剧中扮演武功高强的妇女角色。彩旦俗称丑婆子,是以滑稽和风趣的表演为主的喜剧性角色。

正旦　　　　　　　　花旦　　　　　　　　老旦

刀马旦　　　　　　　彩旦

3. 净

"净"俗称花脸,以在面部用各种色彩和图案勾勒脸谱为特色,一般都是扮演男性角色。按扮演的人物身份、性格及技术特点,净可细分为铜锤花脸、架子花脸、武花脸等。

铜锤花脸也就是唱工花脸,扮演的多是朝中重臣,如包公、廉颇、铫期等,这类人物一般端庄稳重,刚直不阿。架子花脸以"做"工(表演)为主,如张飞、曹操、窦尔敦等。武花脸要以武功为主,如金兀术、杨七郎;有的武花脸形象很奇特,如钟馗。架子花脸和武花脸经常"哇呀呀"大叫,架子花脸和武花脸表现的是鲁莽粗直或勇猛霸道的人物。

《铡美案》包拯　　　　《将相和》廉颇

《芦花荡》张飞

《群英会》曹操

《挑滑车》金兀术

《钟馗嫁妹》钟馗

4. 丑

丑行是传统戏曲中的喜剧角色。丑角的化妆特点是用白粉在鼻梁眼窝间画一个面积不大的脸谱（扮演女性可例外），故称"小花脸"，又称"三花脸"。按扮演的人物身份、性格及技术特点，又可分为"文丑"和"武丑"。表演以念白为主的丑角又叫文丑，以武打、跳跃和抑扬顿挫的念白为主要表演形式的丑角叫武丑。

文丑

《十五贯》娄阿鼠　　　　　《战宛城》胡车

丑行在鼻梁上用白粉涂的那块还很有讲究呢！有方的，有元宝形的，还有枣核形的等。原以为丑行是专门扮演坏人的，其实不是这样的。像一些社会地位不高的劳动人民，如渔夫、樵夫、书童也大都由丑角来扮演。

（三）梨园活动台

让我们看着剧照学做几个"丑"行的造型吧！力求一人千面，切忌千人一面。

四、小结

同学们，今天我们一起愉快地学习了《京剧四大行当》，学到了许多京剧中的知识，认识京剧界头牌明星，感受到了祖国京剧艺术的博大精深。希望同学们在今后的生活中不只追随当今影、视、歌坛最红的明星人物，也要关注中国的戏曲文化，做一个热爱民族音乐艺术的中国人。

第八节　京剧伴奏乐器

宁波市中城小学　冯冰峰

一、教材分析

《京剧伴奏乐器》是《信芳京韵》低段第十一课的内容。本课主要介绍了京剧文场和武场乐器。本微课的学习,学生可以对京剧的伴奏乐器有个清晰的认识。

二、教学目标

1. 情感目标:欣赏京剧的场面,文场与武场乐器,了解京剧乐队丰富多彩的表演形式,培养热爱祖国传统文化的情感。

2. 知识目标:体验京剧的场面,知晓文场与武场乐器的演奏等。

3. 能力目标:初步辨别京剧的文场与武场乐器,并能简单的演奏。

三、教学重难点

重点:知晓文场与武场乐器。

难点:乐器演奏。

四、教学过程实录

(一)京剧大天地

京剧在世界上被称为北京歌剧。

欣赏京歌《我是一个中国人》，听辨有哪些民族乐器的声音。

京剧表演需要乐队伴奏，乐队叫作"场面"。京剧演出自始至终都具有严格的节奏性，离不开乐队的伴奏。优美的伴奏乐曲不仅可以衬托演员的唱腔，还可以营造舞台气氛，交代故事场景以及点明人物的性格和心态。场面是对京剧伴奏乐队的俗称，按伴奏乐器的种类可以分为文场和武场。

（二）京剧小票友

1. 文场乐器

京剧的文场乐器大约有十几种，以民族管弦乐器为主，主要有京胡、京二胡、月琴、弦子、笛子、笙、唢呐、海笛子等。

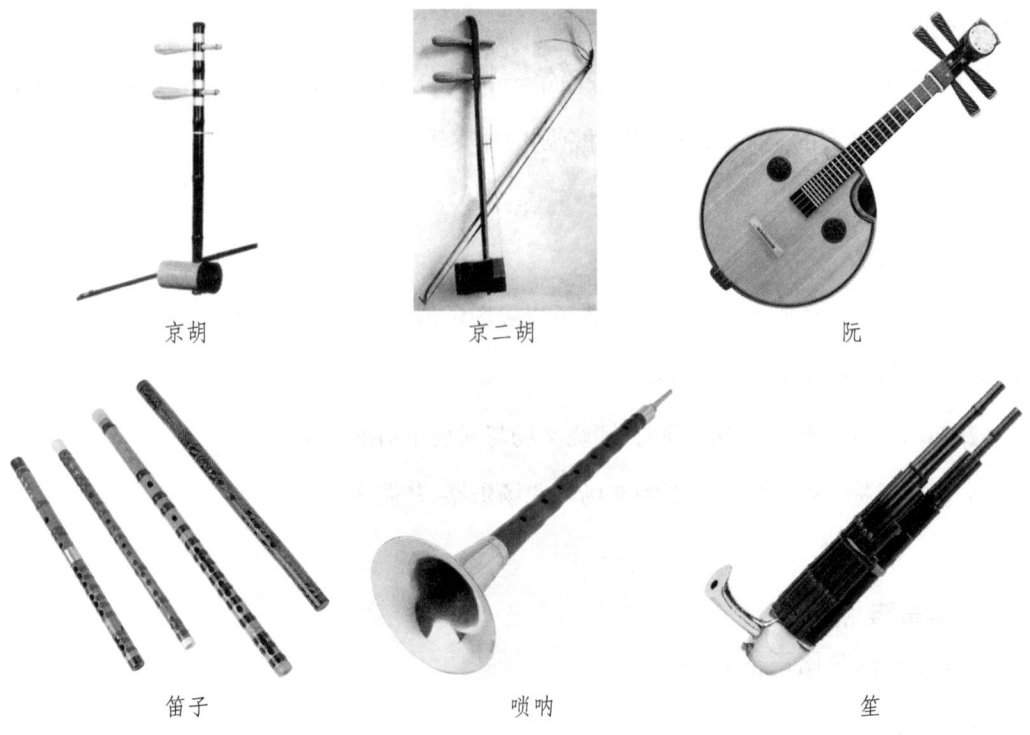

京胡　　　　　京二胡　　　　　阮

笛子　　　　　唢呐　　　　　笙

2. 武场乐器

武场基本乐器有四件：板鼓、大锣、铙钹、小锣。板鼓为板、单皮鼓两件乐器，由一人演奏，故合称为板鼓。铙钹在过去由月琴手兼用，所以武场三大件为单皮鼓、大锣、小锣。其他武场乐器还有池锣、京鼓、梆子、云锣等。鼓师是乐队的指挥，鼓师通过手势、打法以及鼓板的点子,来引领其他演奏人员进行伴奏,俗称"看鼓箭子"。

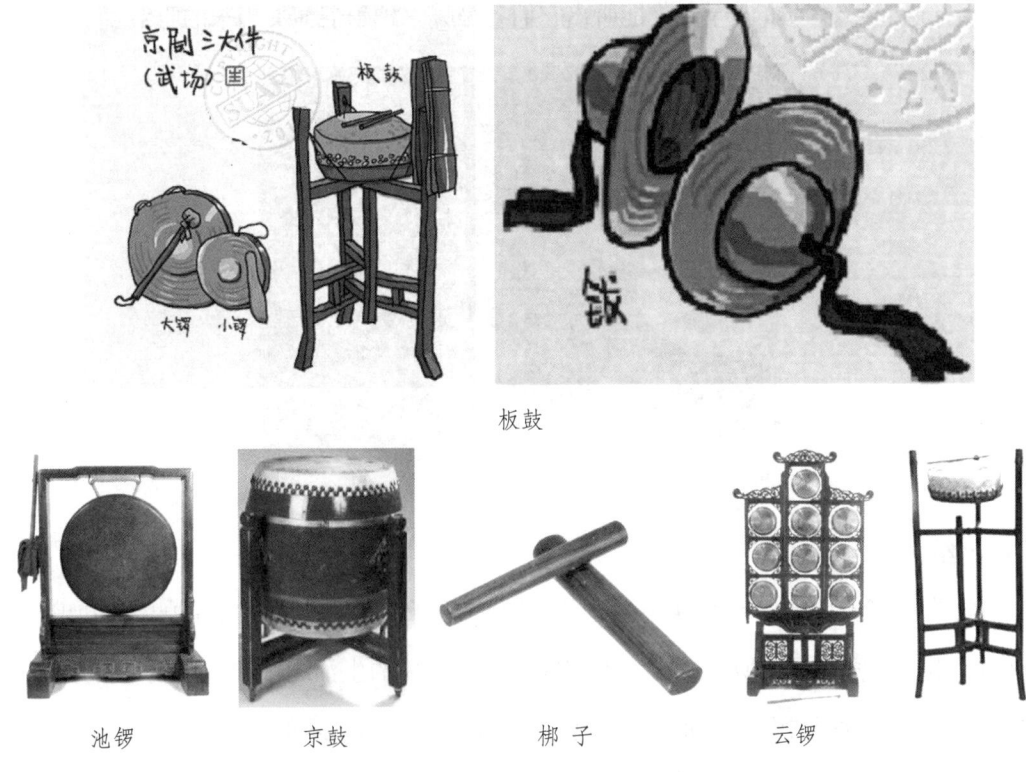

板鼓

池锣　　　京鼓　　　梆子　　　云锣

3. 文武场

文武场是戏曲乐队的重要组成部分,音响强烈,节奏感鲜明,一般重武打的武戏,以打击乐伴奏为主,因此传统习惯称打击乐为武场,能帮助演员准确表达人物情绪,烘托和渲染舞台气氛。

(三)梨园活动

我们就来认识一下京剧的乐器,看看它的样子,听听它的声音,会演奏的同学还可以大显身手呢！

听一听，多么好听的声音！你能听出它们各是哪一种乐器演奏出来的吗？

四、小结

同学们，今天我们一起愉快地学习了《京剧伴奏乐器》，学到了许多京剧中的知识，认识到了祖国京剧艺术的博大精深。希望同学们在今后的生活中不要只欣赏外国乐器演奏的音乐，也要关注中国的戏曲文化，做一个热爱民族音乐艺术的中国人。

《信芳京韵》课程纲要

一、课程背景

宁波市中城小学地处素有"鼎甲相望、进士辈出"之称的浙东千年古镇慈城,一方水土养育一方人,慈城孕育了一位中国京剧界麒派大师周信芳。周信芳(1895—1975),原名士楚,艺名麒麟童,是我国卓越的京剧表演艺术家,老生流派——"麒派"艺术的创始人,曾任中国戏剧家协会副主席、上海京剧院院长。周信芳先生继承和发扬了我国民族戏曲的现实主义表现手法,有着自己独创的风格,他是集编、导、演于一身的全才,代表作品有《徐策跑城》《乌龙院》《萧何月下追韩信》等,他的一生上演过近600出戏,其中以连本戏为主,是世界级演员中唯一有此记录者。

中城小学是宁波市首批艺术特色学校。学校一贯重视艺术教育工作,创导个性化的艺术教育作为陶冶、丰盈学生心灵品质的重要途径。得天独厚的人文地理优势给予了传承京剧不可推卸的责任和使命。自2009年10月起,中城小学充分挖掘古镇慈城的人文特色,成立了"周信芳京剧传承基地",在音乐课中开展京剧普及教学,并开设京剧社团活动作为京剧教学的提升,学校特别聘请浙江省京剧团作曲家罗守信老师、宁波市文化馆京剧票友会名家白海英和王利定老师每周来校辅导。让慈城的学生传承信芳京韵,可以使学生了解更多的艺术形式,接触更高雅的传统文化,从小接受国粹的艺术熏陶。对于中城学子来说,更为重要的是通过信芳京韵的传承,从家乡先贤身上获取宝贵的精神品质,以深厚的人文精神滋润他们的心灵。在文化、艺术、思想各方面继承祖国优秀文化传统,取其国学精髓,真正成为拥有文化底蕴、适应社会发展的优秀人才。

所以,《信芳京韵》个性化课程的研究是传承中华传统文化的需要,是慈城区域社会文化建设的需要,是基础教育课程改革的需要,也是我校的校园文化建设的需要。开发《信芳京韵》校本课程是一个全新的课题,作为校本课程首先必须考虑可实施性和操作性,其次要符合学校特色和学生需要。毫无疑问,我校有着良好的艺术基础,有着得天独厚的区域艺术氛围。在充分酝酿和斟酌后,学校决定了该校本课程的体系,并将其作为学校的个性化办学的一项特色。

二、课程目标体系

学校制订传承与弘扬信芳京韵的总目标:以走近京剧大师——周信芳为线索,提出"唱京戏、学麒派、修品行、展自我"努力目标。学生通过《信芳京韵》课程学习并参与丰富多彩的艺术实践活动,探究、发现、领略京剧艺术的魅力,培养对传统京剧的持久兴趣,传承周信芳麒派京剧艺术,和谐身心,陶冶情操,健全人格。学习并掌握必要的京剧基础知识和基本技能,拓展视野,知道京剧在人类文化发展史上的地位以及在国际上的影响。通过鉴赏、表演、创作京剧作品,培养对京剧艺术的听觉与欣赏能力、表现和创造能力,形成良好的艺术素养。丰富情感体验,感受家乡先贤的高尚品质,培养良好的审美情趣和乐观的生活态度,传承和发展麒派京剧,感受国粹艺术魅力。

在总目标的引领下,我们对低段、中段和高段的学生提出了适合各自学段的目标。

分类	一、二年级	三、四年级	五、六年级
年段总体目标	小学低段学生好奇、好动、模仿力强,教学中,充分注意这一学段学生以形象思维为主,激发低段学生对京剧的兴趣,善于利用儿童自然的嗓音和灵巧的形体,教学唱腔、念白、动作,通过视频、图片、游戏相结合的综合手段,进行直观教学。	小学中段学生的生活范围和认知领域进一步扩展,体验、探索、创造的能力不断增强。教学中,丰富欣赏与唱腔的内容和形式,增加表演与创造活动的分量,以生动活泼的教学形式和艺术魅力吸引学生。	小学高段学生参与的意识和交往的愿望增强,获得京剧的知识和信息的途径增多,在学习上形成自己的初步经验。通过多种形式的京剧表演实践活动,培养丰富的生活情趣和乐观的态度,增进群体意识,锻炼合作与协调能力,巩固和提高表现京剧的基本技能,扩大京剧欣赏的范围,更有意识地将京剧的人文内涵融入教学中。
教学资源	周信芳大师儿时的故事和代表作品片段。 著名的京剧大师。 京剧知识:脸谱、行头(服装、帽、靴、髯)和常用乐器。 京剧故事和京剧名段的片段。 多姿多彩的神话京剧。	周信芳大师从艺的故事和麒派代表作品。 慈孝文化为背景创作的京剧原创作品。 京剧及戏曲的历史。 京剧四大行当简要的特点及代表作品。 京剧基本知识:剧目的分类、唱腔、身段。	周信芳大师爱国的故事,麒派代表作品与艺术特征。 麒派风格的原创曲目。 "四大名旦"和"四大须生"的艺术成就、艺术特征及其代表作品。 著名的京剧大师与流派,以及京剧艺术特征。 京剧知识:音乐以及伴奏乐队(文场、武场);"西皮"与"二黄"两种主要声腔,"流水"等板式。

续表

分类	一、二年级	三、四年级	五、六年级
实践应用	欣赏周信芳大师代表作品片段。 聆听短小、趣、形象鲜明京剧故事和京剧名段。 欣赏光怪陆离、多姿多彩的神话京剧。 演唱或念白短小、简洁的京剧名段。 歌舞结合运用形体参与京剧的表演。	欣赏周信芳大师代表作品，演唱独具风采的麒派唱腔，体验抑扬顿挫的麒派念白。 欣赏和表演以慈孝文化为背景创作的京剧原创作品。 欣赏四大行当的代表作品。 欣赏京剧名段和折子戏。 上网查阅有关京剧文化的资料和下载视频。 演唱行云流水的京剧唱腔和表演精彩优美身段。	欣赏周信芳大师代表作品，了解韵味独特的麒派京剧的主要特征，演唱麒派代表作品，表演麒派风格的创作曲目。 讲、听、查"四大名旦"和"四大须生"的故事和代表作品。 参与简易的锣鼓经演奏。 参与京剧活动，通过群体合作，编排经典京剧折子戏，表演原创京剧作品。 简单鉴赏和评价京剧表演，并能说出戏中人物的行当及特点。
达成目标	初步认识周信芳大师。 初步认识我国著名的京剧大师。 知道京剧是我国戏曲的代表和国粹。 能辨认京剧脸谱，了解京剧中五花八门的行头（服装、帽、靴、髯）和常用乐器，知晓常见的剧中人物。 能说一说、演一演、画一画或查一查短小、有趣、形象鲜明的京剧故事。 能演唱、念白短小、简洁的京剧名段，并通过歌舞结合运用形体参与京剧的表演。 初步学会静下心来听京剧的习惯。	进一步了解周信芳大师，学习大师对京剧艺术的敬业精神，欣赏其代表作品，演唱独具风采的麒派唱腔，体验抑扬顿挫的麒派念白。 欣赏和表演以慈孝文化为背景创作的京剧原创作品，激发学生爱家乡的情感和培养学生慈孝的美德。 知晓京剧及戏曲的历史，熟悉京剧四大行当的简要特点，欣赏各行当的代表作品。 了解京剧的剧目的分类：传统戏、新编历史戏（古装戏）、现代戏。 学会上网查阅有关京剧文化的资料和下载视频。 能初步演唱行云流水的京剧唱腔和表演精彩优美身段。 初步养成欣赏京剧的习惯。	深入感受一代宗师周信芳的人格魅力，了解韵味独特的麒派京剧的主要特征，演唱麒派代表作品，表演麒派风格的创作曲目，传承和发展麒派京剧艺术。 了解"四大名旦"和"四大须生"的艺术成就、艺术特征及其代表作品。 了解著名的京剧大师与流派，以及京剧艺术特征：综合性、虚拟性、程式性。 了解京剧的音乐以及伴奏乐队（文场、武场）知识，并参与简易的锣鼓经演奏。 增进学生对京剧的兴趣，使学生关注并乐于参与京剧活动，通过群体合作，编排经典京剧折子戏，表演原创京剧作品。 提高京剧感受与评价鉴赏的能力，并能说出戏中人物的行当，唱段中分清"西皮"与"二黄"两种主要声腔，懂得"流水"等板式。 养成良好的欣赏京剧的习惯。

三、课程内容及课时安排

一年级

学期	单元	课程资源	实践应用	三维目标	课时
第一学期	1.走进慈城	千年慈城的文化古迹、历代名人与百年中城小学等	走访慈城、讲慈城故事。	1.情感目标：通过走访慈城，让慈城的学生了解千年古镇文化，从而培养学生爱家乡的情感。 2.知识目标：通过走访、讲故事，让学生了解优秀的慈城文化知识。 3.能力目标：通过走访、讲故事提高学生综合能力。	1

续表

学期	单元	课程资源	实践应用	三维目标	课时
第一学期	2.大师周信芳	慈城的京剧大师周信芳、周信芳儿时故事、周信芳名段介绍	认识京剧大师周信芳、少儿周信芳故事会、名段介绍《徐策跑城》和《四进士》片段	1.情感目标：通过认识慈城的周信芳，让学生了解有一种优秀文化叫京剧，培养学生爱祖国传统文化的情感。 2.知识目标：通过认识慈城的周信芳、少儿周信芳故事会、欣赏精彩片段，让学生了解少儿周信芳勤学苦练故事。 3.能力目标：通过欣赏、讲故事逐步培养学生的欣赏能力。	1
	3.看大戏	少儿京剧视频《杨家将》《水浒传》《苏三起解》《智取威虎山》，样式精美的古戏台，慈城戏台、天津戏台和台顶等	欣赏生动活泼的少儿京剧表演，认识格式精美的古戏台，慈城戏台、天津戏台，知晓台顶菠萝草茎藻的作用。	1.情感目标：通过少儿京剧视频，让学生了解京剧丰富多彩的表演形式，培养学生爱祖国传统文化的情感。 2.知识目标：让学生认识格式精美的古戏台，慈城戏台、天津戏台，知晓台顶菠萝草茎藻的作用，积累京剧知识。 3.能力目标：通过欣赏少儿京剧和欣赏精美的戏台，逐步培养学生的欣赏能力。	2
	4.《打龙袍》选段	传统京剧《报灯名》、丑角念白数板子	欣赏传统京剧《报灯名》，了解丑角，实践操作念白数板子。	1.情感目标：通过欣赏传统京剧《报灯名》，让学生了解京剧丰富多彩的表演形式，培养学生爱祖国传统文化的情感。 2.知识目标：体验京剧的丑行念白及数板子的音乐情绪，能初步具有分辨京剧的行当、角色的知识。 3.能力目标：初步尝试参与表演丑行名段《报灯名》的能力。	2
第二学期	5.剧中人物	京剧中常见的人物：包公、杨贵妃、典韦、穆桂英等，及他们打斗、舞姿、甩须的欣赏	欣赏生动活泼的剧中人物表演，同时鼓励学生收看中央电视台戏曲频道京剧节目。	1.情感目标：欣赏生动活泼的剧中人物表演，让学生了解京剧丰富多彩的表演形式，培养学生爱祖国传统文化的情感。 2.知识目标：体验京剧武术、打斗、舞姿、甩须等表演。 3.能力目标：尝试收看中央电视台戏曲频道京剧节目。	1
	6.《大闹天宫》选段	神话京剧《大闹天宫》，著名演员杨月楼	欣赏神话京剧《大闹天宫》，认识著名演员杨月楼，学会与家长一起查找有关资料。	1.情感目标：欣赏神话京剧《大闹天宫》，让学生了解京剧丰富多彩的表演形式，培养学生爱祖国传统文化的情感。 2.知识目标：体验京剧武术与打斗，认识著名武生演员杨月楼。 3.能力目标：学会与家长一起查找有关资料。	1
	7.五彩的脸谱	五彩的京剧脸谱，脸谱的花纹与颜色能代表不同人物性格，动手画脸谱	欣赏五彩的京剧脸谱，知晓脸谱的花纹与颜色能代表不同人物性格，动手画脸谱。	1.情感目标：欣赏五彩的京剧脸谱，让学生了解京剧丰富多彩脸谱艺术，培养学生爱祖国传统文化的情感。 2.知识目标：知晓脸谱的花纹与颜色能代表不同人物性格的知识。 3.能力目标：学会用身边的材料制作脸谱、画脸谱。	1

续表

学期	单元	课程资源	实践应用	三维目标	课时
第二学期	8.《唱脸谱》，角色表演《唱脸谱》	京歌《唱脸谱》，角色表演《唱脸谱》	学唱京歌《唱脸谱》，角色表演《唱脸谱》。	1.情感目标：学唱京歌《唱脸谱》，角色表演《唱脸谱》，让学生了解京剧丰富多彩脸谱艺术，培养学生爱祖国传统文化的情感。 2.知识目标：学会京歌《唱脸谱》，并初步体验表演《唱脸谱》。 3.能力目标：让学生学会京腔京韵唱《唱脸谱》，初步体验一招一式的表演。	2

二年级

学期	单元	课程资源	实践应用	三维目标	课时
第一学期	1.绚丽多彩的服装	绚丽多彩的京剧服装：蟒、帔、靠、褶、衣五大类，比较帔团花图案，不同人物角色服装穿着	认识绚丽多彩的京剧服装：蟒、帔、靠、褶、衣五大类，学会观察不同帔上团花图案的区别，初步知晓不同人物角色服装穿着不同，和图案的差别。	1.情感目标：绚丽多彩的京剧服装，让学生了解京剧丰富服饰艺术，培养学生爱祖国传统文化的情感。 2.知识目标：初步知晓不同人物角色服装穿着不同与图案之间的差异奥秘。 3.能力目标：学会观察图案的区别与服饰的款式不同，知晓人物角色不同，服装穿着的不同。	1
	2.京剧唱腔诗二首	京腔诗二首：《静夜思》《江南春》	京腔诗二首，欣赏《静夜思》，演唱《江南春》。	1.情感目标：欣赏《静夜思》，演唱《江南春》，古诗京韵，培养学生爱祖国传统文化的情感。 2.知识目标：初步体验古诗京韵唱腔韵味。 3.能力目标：学会欣赏《静夜思》，演唱《江南春》古诗京韵。	2
	3.独具特色的帽、靴、髯	独具特色的盔帽、鞋靴、髯口，辨别不同人物角色不同的穿着，模仿髯口功	认识独具特色的盔帽、鞋靴、髯口，辨别不同人物角色不同的穿着，模仿髯口功。	1.情感目标：欣赏独具特色的盔帽、鞋靴、髯口，让学生了解京剧丰富服饰艺术，培养学生爱祖国传统文化的情感。 2.知识目标：初步知晓不同人物角色的盔帽、鞋靴、髯口穿着是不同的奥秘。 3.能力目标：学会辨别不同人物角色不同的穿着，模仿髯口功。	2
	4.《红灯记》选段一	《红灯记》选段《都有一颗红亮的心》	学唱与表演《红灯记》选段《都有一颗红亮的心》。	1.情感目标：通过学唱现代京剧《红灯记》选段《都有一颗红亮的心》，让学生了解京剧丰富多彩的表演形式，培养学生爱祖国和传统文化的情感。 2.知识目标：体验京剧的花旦的唱腔、音乐情绪、能初步分辨京剧的行当和人物角色。 3.能力目标：学唱与初步尝试表演《红灯记》选段《都有一颗红亮的心》的能力。	2

续表

学期	单元	课程资源	实践应用	三维目标	课时
第二学期	5.京剧中的神话人物	京剧中的神话人物：美猴王、天兵天将、沉香、白娘子、钟馗、哪吒等，台步训练	欣赏生动活泼的京剧中的神话人物：美猴王、天兵天将、沉香、白娘子、钟馗、哪吒等，京剧台步训练，学会网络查找京剧人物。	1.情感目标：欣赏生动活泼的京剧中的神话人物：美猴王、天兵天将、沉香、白娘子，让学生了解京剧丰富多彩的表演形式，培养学生爱祖国传统文化的情感。 2.知识目标：体验和参与京剧神话人物的武术、打斗、服饰、化妆艺术等。 3.能力目标：初步训练京剧台步，学会网络查找京剧人物。	1
	6.京剧中常用乐器	京剧的场面，文场与武场乐器，奏一奏开个音乐会	欣赏京剧的场面，文场与武场乐器，奏一奏开个音乐会。	1.情感目标：欣赏京剧的场面，文场与武场乐器，让学生了解京剧乐队丰富多彩的表演形式，培养学生爱祖国传统文化的情感。 2.知识目标：体验京剧的场面，知晓文场与武场乐器的演奏等。 3.能力目标：初步辨别京剧的文场与武场乐器，并能简单的演奏。	1
	7.《红灯记》选段二	《红灯记》选段《穷人的孩子早当家》	学唱与表演《红灯记》选段《穷人的孩子早当家》。	1.情感目标：通过学唱现代京剧《红灯记》选段《穷人的孩子早当家》，让学生了解京剧丰富多彩的表演形式，培养学生爱祖国传统文化的情感。 2.知识目标：体验京剧的老生的唱腔、音乐情绪，能初步分辨京剧的行当、角色。 3.能力目标：学唱与初步尝试表演《红灯记》选段《穷人的孩子早当家》。	2
	8.我国著名的京剧大师	我国著名的京剧大师：谭鑫培、马连良、梅兰芳、尚小云、裘盛戎、盖叫天、梅葆玖、尚长荣、于魁智、孟广禄、李胜素，京歌《中华词联》	认识我国著名的京剧大师：谭鑫培、马连良、梅兰芳、尚小云、裘盛戎、盖叫天、梅葆玖、尚长荣，欣赏于魁智、孟广禄、李胜素，京歌《中华词联》。	1.情感目标：认识我国著名的京剧大师，欣赏京歌《中华词联》，让学生了解京剧丰富多彩的表演形式，培养学生爱祖国传统文化的情感。 2.知识目标：体验京歌唱腔、音乐情绪，能初步分辨京剧的行当、角色，认识我国著名的京剧大师们。 3.能力目标：初步认识我国著名的京剧大师，体验京歌的魅力。	1

三年级

学期	单元	课程资源	实践应用	三维目标	课时
第一学期	1.京剧的由来	京剧诞生的故事、传统京剧《武松打虎》	故事会：京剧诞生的故事，欣赏传统京剧《武松打虎》。	1.情感目标：通过故事会、京剧诞生的故事，欣赏传统京剧《武松打虎》，让学生了解京剧的悠久历史，培养学生爱祖国传统文化的情感。 2.知识目标：通过故事会京剧诞生的故事，让学生初步了解京剧是国粹艺术的精髓。 3.能力目标：学会查找京剧诞生的相关故事，培养欣赏传统京剧的习惯。	2
	2.走近大师周信芳	周信芳拜师学艺、演戏、全恩堂、麒麟童艺名，欣赏《华容道》	故事会：周信芳拜师学艺、演戏、全恩堂、麒麟童艺名，欣赏《华容道》。	1.情感目标：通过故事会周信芳拜师学艺、演戏、全恩堂、麒麟童艺名，欣赏《华容道》，让学生了解家乡的大师，培养学生爱家乡的情感。 2.知识目标：通过故事会周信芳拜师学艺、演戏、全恩堂、麒麟童艺名，让学生初步了解家乡的京剧大师。 3.能力目标：学会查找周信芳的相关故事，培养欣赏传统京剧的习惯。	1
	3.《董黯挑水》选段一	董黯、《董黯挑水》选段《孝亲歌》	认识董黯、欣赏《董黯挑水》选段《孝亲歌》	1.情感目标：通过认知董黯《孝亲歌》，让学生继承慈孝的优秀传统。 2.知识目标：通过认知董黯、欣赏《董黯挑水》选段《孝亲歌》，让学生了解家乡慈城优秀美德。 3.能力目标：让学生学会孝敬老人，并能从小事做起。	1
	4.《董黯挑水》选段二	董黯的故事、《董黯挑水》选段《挑水歌》	认知董黯、欣赏《董黯挑水》选段《挑水歌》	1.情感目标：通过认知董黯、《挑水歌》，让学生继承慈孝的优秀传统。 2.知识目标：通过讲董黯的故事、欣赏《董黯挑水》选段《孝亲歌》，让学生了解家乡慈城优秀美德。 3.能力目标：让学生学会用书画等多种形式宣传慈孝文化。	2
第二学期	5.《董黯挑水》选段三	《董黯挑水》选段《董黯颂》	学唱、表演《董黯挑水》选段《董黯颂》	1.情感目标：通过学唱、表演《董黯挑水》选段《董黯颂》，让学生继承慈孝的优秀传统。 2.知识目标：通过学唱、表演《董黯挑水》选段《董黯颂》，让学生了解家乡慈城优秀美德。 3.能力目标：让学生学会通过学唱、表演《董黯挑水》宣传慈孝文化。	2
	6.京剧中的生、旦行	生：老生、小生、武生、娃娃生。旦：正旦、花旦、老旦、彩旦生旦模仿秀	认识生：老生、小生、武生、娃娃生。认识旦：正旦、花旦、老旦、彩旦模仿秀生旦台型	1.情感目标：通过认识生旦行当和模仿秀，培养学生爱祖国传统京剧文化的情感。 2.知识目标：通过认识生旦行当和模仿秀，让学生初步了解京剧行当的基础知识。 3.能力目标：通过模仿秀生旦的台型，培养学生表现能力。	1

续表

学期	单元	课程资源	实践应用	三维目标	课时
第二学期	7.《智取威虎山》选段	现代京剧《智取威虎山》选段《甘洒热血写春秋》，上海京剧院首演	欣赏现代京剧《智取威虎山》选段《甘洒热血写春秋》，上海京剧院首演。	1.情感目标：通过欣赏现代京剧《智取威虎山》选段《甘洒热血写春秋》，培养学生爱国的情怀。 2.知识目标：通过欣赏现代京剧选段《甘洒热血写春秋》，查找现代京剧《智取威虎山》相关资料，让学生了解现代京剧和历史知识。 3.能力目标：查找现代京剧《智取威虎山》相关资料，培养欣赏现代京剧的习惯。	1
	8.《苏三起解》选段	《苏三离了洪洞县》资料	学唱、表演《苏三离了洪洞县》，查找资料。	1.情感目标：通过学唱、表演《苏三离了洪洞县》，查找资料，培养学生对传统京剧喜爱的情感。 2.知识目标：通过学唱、表演《苏三离了洪洞县》，查找资料，让学生了解京剧旦行的表演知识。 3.能力目标：通过学唱、表演《苏三离了洪洞县》，查找资料，让学生学会京剧旦行的基本表演技能。	2

四年级

学期	单元	课程资源	实践应用	三维目标	课时
第一学期	1.京剧中的净、丑行	净：铜锤花脸、架子花脸、武花脸 丑：文丑、武丑 丑行来历、模仿净丑	认识净：铜锤花脸、架子花脸、武花脸。 认识丑：文丑、武丑。 丑行来历、模仿净丑。	1.情感目标：通过认识净丑行当和净丑模仿秀，培养学生爱祖国传统京剧文化的情感。 2.知识目标：通过认识净丑行当和净丑模仿秀，让学生初步了解京剧行当的基础知识。 3.能力目标：通过模仿秀生旦的台型，培养学生表现能力。	1
	2.《奇袭白虎团》选段	《奇袭白虎团》选段《决不让美李匪帮一人逃窜》	学唱、表演《奇袭白虎团》选段《决不让美李匪帮一人逃窜》。	1.情感目标：通过学唱、表演《决不让美李匪帮一人逃窜》，培养学生爱国的情怀。 2.知识目标：通过学唱、表演《决不让美李匪帮一人逃窜》，让学生了解现代京剧和历史知识。 3.能力目标：通过学唱、表演，培养表演现代京剧的能力。	1
	3.行云流水的唱腔	唱腔：西皮、二黄、反西皮、反二黄等 传统曲目《四郎探母》选段《一见娇儿泪满腮》	认识唱腔：西皮、二黄、反西皮、反二黄等。 欣赏传统曲目《四郎探母》选段《一见娇儿泪满腮》。	1.情感目标：通过认识了解京剧唱腔特点，欣赏传统曲目《一见娇儿泪满腮》，培养学生对传统京剧喜爱的情感。 2.知识目标：通过认识唱腔西皮、二黄、反西皮、反二黄等特点，查找资料，让学生了解京剧唱腔知识。 3.能力目标：通过欣赏传统曲目《一见娇儿泪满腮》，让学生具有初步分辨京剧唱腔的能力。	2

续表

学期	单元	课程资源	实践应用	三维目标	课时
第一学期	4.《贵妃醉酒》选段	《贵妃醉酒》选段《海岛冰轮初转腾》、李玉刚《新贵妃醉酒》《大唐贵妃》	欣赏《贵妃醉酒》选段《海岛冰轮初转腾》,拓展欣赏李玉刚《新贵妃醉酒》《大唐贵妃》。	1.情感目标:通过欣赏《贵妃醉酒》选段《海岛冰轮初转腾》,拓展欣赏李玉刚《新贵妃醉酒》《大唐贵妃》,培养学生喜爱国粹京剧。 2.知识目标:通过欣赏《海岛冰轮初转腾》,拓展欣赏李玉刚《新贵妃醉酒》《大唐贵妃》让学生了解京剧舞蹈表演的知识。 3.能力目标:通过学唱、表演,培养表演京剧的能力。	2
第二学期	5.抑扬顿挫的念白	念白:韵白、京白、方言白。《霸王别姬》对白《慈城谣》	认识念白:韵白、京白、方言白。欣赏《霸王别姬》韵白,练习《慈城谣》京白。	1.情感目标:通过认识念白,欣赏《霸王别姬》韵白,练习《慈城谣》京白,培养学生喜爱国粹京剧。 2.知识目标:通过认识念白,欣赏《霸王别姬》韵白,练习《慈城谣》京白,让学生初步了解京剧念白的知识。 3.能力目标:通过欣赏和念白训练,培养表演京剧的能力。	2
	6.麒派《松下扫书》选段	麒派《松下扫书》念白、拓展欣赏	欣赏麒派《松下扫书》念白、拓展欣赏全剧。	1.情感目标:通过欣赏麒派《松下扫书》念白、拓展欣赏全剧,培养学生对周信芳麒派京剧的喜爱。 2.知识目标:通过欣赏麒派《松下扫书》念白、拓展欣赏全剧,让学生了解周信芳麒派京剧方言白知识。 3.能力目标:通过欣赏和念白训练,培养表演麒派京剧的能力。	2
	7.精彩优美的身段	京剧五法:手、眼、身、步、法	认识和学做京剧五法:手、眼、身、步、法。	1.情感目标:通过欣赏认识和学做京剧五法:手、眼、身、步、法,培养学生对京剧的喜爱。 2.知识目标:通过认识和学做京剧五法:手、眼、身、步、法,让学生了解京剧"四功五法"的表演知识。 3.能力目标:通过认识和学做京剧五法:手、眼、身、步、法,培养表演京剧的能力。	1
	8.《红娘》选段	《红娘》选段《叫张生隐藏在棋盘之下》,京剧中的舞蹈	欣赏《红娘》选段《叫张生隐藏在棋盘之下》,京剧中的舞蹈。	1.情感目标:通过欣赏《红娘》选段《叫张生隐藏在棋盘之下》和京剧中的舞蹈,培养学生对京剧表演手法的喜爱。 2.知识目标:通过欣赏《红娘》选段《叫张生隐藏在棋盘之下》,让学生了解京剧中唱腔和舞蹈表演结合的知识。 3.能力目标:京剧中的舞蹈,培养表演京剧的能力。	1

五年级

学期	单元	课程资源	实践应用	三维目标	课时
第一学期	1.一代宗师周信芳	一代宗师周信芳的爱国故事、麒派名剧《明末遗恨》	故事会：一代宗师周信芳的爱国故事、欣赏麒派名剧《明末遗恨》。	1.情感目标：通过故事会一代宗师周信芳的爱国故事、欣赏麒派名剧《明末遗恨》，培养学生爱家乡的情感。 2.知识目标：故事会：一代宗师周信芳的爱国故事、欣赏麒派名剧《明末遗恨》，让学生进一步了解家乡的周信芳大师的爱国情怀。 3.能力目标：学会查找周信芳的相关故事，培养喜爱麒派京剧的习惯。	2
	2.《小小麒麟童》	《小小麒麟童》、周信芳与家乡的故事	欣赏原创京歌《小小麒麟童》、讲述周信芳与家乡的故事。	1.情感目标：通过欣赏原创京歌《小小麒麟童》、讲述周信芳与家乡的故事，培养学生爱家乡的情感。 2.知识目标：欣赏原创京歌《小小麒麟童》、讲述周信芳与家乡的故事，让学生进一步了解家乡的京剧大师，传承麒派艺术。 3.能力目标：欣赏原创京歌《小小麒麟童》、讲述周信芳与家乡的故事，培养喜爱麒派京剧的习惯。	1
	3.《生死恨》选段	《生死恨》选段《说什么花好月圆人亦寿》、电影版赏析	学唱《生死恨》选段《说什么花好月圆人亦寿》、电影版赏析。	1.情感目标：通过学唱《说什么花好月圆人亦寿》《生死恨》电影版赏析，培养学生爱国主义的情感。 2.知识目标：通过学唱《说什么花好月圆人亦寿》《生死恨》电影版赏析，让学生进一步了解京剧大师梅兰芳的舞台魅力。 3.能力目标：通过学唱《说什么花好月圆人亦寿》《生死恨》电影版赏析，培养学生用唱腔、眼神、身段、表情表演京剧的能力。	2
	4.麒派《萧何月下追韩信》选段	麒派《萧何月下追韩信》选段《我主爷起义在芒砀》	欣赏麒派《我主爷起义在芒砀》《萧何月下追韩信》。	1.情感目标：通过欣赏麒派《我主爷起义在芒砀》《萧何月下追韩信》，培养学生学习主人公正直、爱才的品格。 2.知识目标：通过欣赏麒派《我主爷起义在芒砀》《萧何月下追韩信》，让学生进一步了解麒派京剧大师周信芳的舞台魅力。 3.能力目标：通过欣赏麒派《我主爷起义在芒砀》、《萧何月下追韩信》，培养学生对艺术严肃认真、一丝不苟的态度。	2
第二学期	5.利落传神的功夫	利落传神的功夫：把子功、毯子功、扇子功、翎子功、帽翅功等	认识京剧利落传神的功夫：把子功、毯子功、扇子功、翎子功、帽翅功等，并模仿功夫。	1.情感目标：通过认识京剧利落传神的功夫，培养学生观看喜爱京剧、喜爱京剧功夫。 2.知识目标：通过认识京剧利落传神的功夫，让学生了解京剧表演中的把子功、毯子功、扇子功、翎子功、帽翅功等知识。 3.能力目标：通过认识京剧利落传神的功夫，让学生学会观看京剧的门道，模仿功夫。	1

续表

学期	单元	课程资源	实践应用	三维目标	课时
第二学期	6.《穆桂英挂帅》选段	《穆桂英挂帅》选段《猛听得金鼓响画角声震》	欣赏《穆桂英挂帅》、学唱《猛听得金鼓响画角声震》。	1.情感目标：通过欣赏《穆桂英挂帅》、学唱《猛听得金鼓响画角声震》，培养学生民族主义的情感。 2.知识目标：通过欣赏《穆桂英挂帅》、学唱《猛听得金鼓响画角声震》，让学生进一步了解京剧表演中"打"的魅力。 3.能力目标：通过欣赏《穆桂英挂帅》、学唱《猛听得金鼓响画角声震》，培养学生用唱腔、身段表演京剧的能力。	2
	7.传奇逼真的程式	传奇逼真的程式：坐帐、走边、马趟子、起霸、走单边等	认识传奇逼真的程式：坐帐、走边、马趟子、起霸、走单边等，并模仿程式。	1.情感目标：通过认识京剧传奇逼真的程式，培养学生观看喜爱京剧、喜爱京剧表演的情感。 2.知识目标：通过认识京剧传奇逼真的程式，让学生了解京剧表演中的坐帐、走边、马趟子、起霸、走单边等知识。 3.能力目标：通过认识京剧传奇逼真的程式，让学生学会观看京剧的门道，并模仿程式。	1
	8.《沙家浜》选段	现代京剧《沙家浜》选段《你待同志亲如一家》	欣赏现代京剧《沙家浜》选段《你待同志亲如一家》。	1.情感目标：通过欣赏现代京剧《沙家浜》选段《你待同志亲如一家》，培养学生军民鱼水的情感。 2.知识目标：通过欣赏现代京剧《沙家浜》选段《你待同志亲如一家》，让学生进一步了解京剧表演中老生与老旦对唱的魅力。 3.能力目标：通过欣赏现代京剧《沙家浜》选段《你待同志亲如一家》，培养学生赏析老生与老旦对唱的能力。	2

六年级

学期	单元	课程资源	实践应用	三维目标	课时
第一学期	1.四大名旦	京剧四大名旦：梅兰芳、尚小云、程砚秋、荀慧生及其故事	认识京剧四大名旦：梅兰芳、尚小云、程砚秋、荀慧生听讲他们的故事。	1.情感目标：通过认识京剧四大名旦：梅兰芳、尚小云、程砚秋、荀慧生听讲他们的故事，培养学生真善美的情感。 2.知识目标：通过认识京剧四大名旦、听讲他们的故事，让学生进一步了解京剧大师。 3.能力目标：通过认识、查找京剧四大名旦、欣赏代表作和听讲故事，学会积累京剧知识的能力。	1

续表

学期	单元	课程资源	实践应用	三维目标	课时
第一学期	2.《三家店》选段	《三家店》选段《儿行千里母担忧》	学唱《儿行千里母担忧》，拓展欣赏《三家店》	1.情感目标：通过学唱《儿行千里母担忧》，拓展欣赏《三家店》，培养学生对父母的真挚情感。 2.知识目标：通过学唱《儿行千里母担忧》，拓展欣赏《三家店》，让学生初步学会老生唱腔与表演手段。 3.能力目标：通过学唱《儿行千里母担忧》，拓展欣赏《三家店》，学会京剧老生戏表演能力。	2
	3.四大须生	京剧前后四大须生：余叔岩、言菊朋、高庆奎、马连良、谭富英、奚啸伯、杨宝森，及他们的故事	认识京剧前后四大须生：余叔岩、言菊朋、高庆奎、马连良、谭富英、奚啸伯、杨宝森，及他们的故事。	1.情感目标：通过认识京剧前后四大须生，听讲他们的故事，培养学生真善美的情感。 2.知识目标：认识京剧前后四大须生，让学生进一步了解京剧大师。 3.能力目标：通过认识、查找京剧前后四大须生、欣赏代表作和听讲故事，学会积累京剧知识的能力。	1
	4.《铡美案》	《铡美案》选段《包龙图打坐在开封府》，慈城清风园，裘盛戎、周信芳	欣赏、学唱、表演《铡美案》选段《包龙图打坐在开封府》。	1.情感目标：通过欣赏、学唱、表演《包龙图打坐在开封府》，培养学生正直公正处事态度。 2.知识目标：通过欣赏、学唱、表演《包龙图打坐在开封府》，拓展欣赏《铡美案》，让学生初步学会净行唱腔与表演手段。 3.能力目标：通过欣赏、学唱、表演《包龙图打坐在开封府》，学会京剧净行戏表演能力。	2
第二学期	5.京剧中的龙套	京剧中的龙套知识，《曹操与杨修》	学习京剧中的龙套知识，欣赏《曹操与杨修》。	1.情感目标：通过学习京剧中的龙套知识，欣赏《曹操与杨修》，培养学生间协作的处事态度。 2.知识目标：学习京剧中的龙套知识，欣赏《曹操与杨修》，让学生了解龙套演员的表演手段。 3.能力目标：学习京剧中的龙套知识，欣赏《曹操与杨修》，学会京剧龙套表演能力。	1
	6.麒派《四进士》选段	麒派《四进士》选段《上写田伦顿首拜》《宋士杰》	欣赏麒派《四进士》选段《上写田伦顿首拜》、拓展欣赏《宋士杰》。	1.情感目标：通过欣赏麒派《四进士》选段《上写田伦顿首拜》、拓展欣赏《宋士杰》，培养学生爱麒派戏的情感。 2.知识目标：通过欣赏麒派《四进士》选段《上写田伦顿首拜》、拓展欣赏《宋士杰》，让学生进一步了解麒派戏演特征。 3.能力目标：通过欣赏麒派《四进士》选段《上写田伦顿首拜》、拓展欣赏《宋士杰》，培养分辨麒派京剧的习惯特征。	2

续表

学期	单元	课程资源	实践应用	三维目标	课时
第二学期	7.麒派《徐策跑城》选段	麒派《徐策跑城》选段《忽听得家院一声禀》、麒派传人	欣赏麒派《徐策跑城》选段《忽听得家院一声禀》、了解麒派传承。	1.情感目标：通过欣赏麒派《徐策跑城》选段《忽听得家院一声禀》，了解麒派传承，培养学生爱麒派戏的情感。 2.知识目标：通过欣赏麒派《徐策跑城》选段《忽听得家院一声禀》，了解麒派传承，让学生进一步了解麒派戏表演特征。 3.能力目标：通过欣赏麒派《徐策跑城》选段《忽听得家院一声禀》，了解麒派传承，培养分辨麒派京剧的习惯特征。	2
	8.韵味独特的麒派艺术	韵味独特的麒派艺术、名家评论等	体验韵味独特的麒派艺术、名家评论等。	1.情感目标：通过体验韵味独特的麒派艺术、名家评论等，培养学生爱京剧、爱麒派戏的情感。 2.知识目标：通过体验韵味独特的麒派艺术、名家评论等，让学生进一步认识麒派戏韵味特征。 3.能力目标：通过体验韵味独特的麒派艺术、名家评论、查阅资料等，培养学生传承麒派京剧。	1

四、课程评价

对于学生的评价,本着"淡化成绩,注重参与和体验"的原则,在具体实施中强调：

（1）每次活动的具体目标达成要有弹性，不要求人人都懂，人人都会，而侧重于人人积极参与，尽情投入；侧重于激发学生活动的情趣和开发学习的潜能。

（2）每一次活动不仅要关注形式，重视与学生生活、学习的联系，更要注重操作含量和研究含量，努力地创设探究、研究的活动环境，让学生真正"活"起来，"动"起来，在活动中自觉体验。

评价实行学分制。分为A、B、C三级。一、二年级定为A级，三、四年级定为B级，五、六年级定为C级。每级里面又分为优秀、良好两个等次。在评价过程中，坚持学生自我评价与学校评价相结合，把评价的部分权利划分给了学生，这有助于提高学生的积极性和参与性。此外，我校充分发挥"雏鹰争章"的力量，把评价活动分派到各班的雏鹰中队中去，利用班队活动课对学生在校本课程学习中的知、情、意、行进行评价。最终由音乐教师和学校大队部给学生评定成绩，并计入音乐课成绩，对于表现突出的学生颁发艺术奖章。